설법하는 고양이와
부처가 된 로봇

설법하는 고양이와 부처가 된 로봇

초판1쇄 발행 2018년 9월 11일
초판2쇄 발행 2019년 12월 5일

지은이 | 이진경
펴낸이 | 남배현

기획 | 모지희

펴낸곳 | 모과나무
등록 2006년 12월 18일 (제300-2009-166호)
주소 | 서울시 종로구 종로19, A동 1501호
전화 | 02-725-7011
전송 | 02-732-7019
전자우편 | mogwabooks@hanmail.net

표지 디자인 | Kafieldesign
본문 디자인 | 동경작업실

ISBN 979-11-87280-28-6 (03220)
이 도서의 국립중앙도서관 출판예정도서목록(CIP)은
서지정보유통지원시스템 홈페이지(http://seoji.nl.go.kr)와
국가자료공동목록시스템(http://www.nl.go.kr/kolisnet)에서
이용하실 수 있습니다.(CIP제어번호: CIP2018027039)

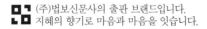 (주)법보신문사의 출판 브랜드입니다.
지혜의 향기로 마음과 마음을 잇습니다.

선불교를 철학하다

이진경 지음

설법하는 고양이와
부처가 된 로봇

모과
나무

불교마저
불교를 벗어나 사유하는 것이
불교임을 일깨워주신
정화 스님께

선禪의 매혹

1

《불교를 철학하다》를 쓰면서 내가 불교에 입문하게 된 경악스런 사건에 대해 썼고, 그때《벽암록碧巖錄》이란 책에 매혹되었던 경험을 적었는데, 그로 인해 그 책에 관해 글을 연재하지 않겠느냐는 제안을 받았다. 이번에도 법보신문의 이재형 편집장이었다. 그 책은 내가 읽은 책 중 가장 아름답고 가장 고준하지만 가장 황당한 책이었다. 나로 하여금 불교에 휘말려들게 한 책이었으니, 당연히 쓰고 싶었다. 하지만 읽는 내내 한마디도 이해할 수 없었는데, 그 책에 관해 글을 쓴다는 게 가능할까 싶어서 망설였다. 거절하지 못한 것은, 이해할 수 없었지만 손에서 떨어지지 않았던 그 매력에 대해서라면, 내가 무엇 때문에 그토록 강하게 말려들어갔던가에 대해서라면 조금은 쓸 수 있을 듯해서였다. 아니 쓰고 싶었다. 본질적인 의미에서, 글을 쓴다는 것은 자신을 매혹시켰던 알 수 없던 힘에 대해 쓰는 것이다. 그렇게 쓰면서, 조금이나마 그 힘을 알아가는 것 아닐까 싶기도 했다. 덕분에 그 책을 다시 읽고 사색할 시간을 얻을 수 있으리라는 기대가 있었다.

하지만 우려가 사라지지 않았다. 이해하지 못했고, 여전히 충분히 이해할 수 없는 책을 그대로 따라가며 쓴다면 짧은 이해로 독자를 오도하는 우愚를 범하는 게 아닌지, 이해하지 못한 것을 이해한 척 뭉뚱그리며 쓰게 되지 않을까 싶었다. 내가 솔직하게 감당할 수 있는 것에 대해서만 써야 하지 않을까? 그저 《벽암록》을 따라가며 쓴다면 그 책이나 선禪이 갖는 매력에 대해 쓰려던 애초의 방향을 잃고 그 책에 끌려가며 책의 논지를 애써 해명하게 되기 십상일 듯했다. 그건 그 책이 하지 말라고 한 것 아닌가. 또 《벽암록》은 100칙이나 되니 연재를 하더라도 하나하나 모두 다룰 수 없다는 현실적 제약도 있었다. 이런 이유에서, 차라리 내가 가진 문제의식이나 내가 말하고 싶은 주제에 따라 《벽암록》과 다른 선어록에 나오는 공안들을 적절히 선별하여 쓰는 게 좋지 않을까 싶었다.

덕분에 《전등록傳燈錄》을 포함하여 선사들의 어록을 다시 읽게 되었다. 특히 《선문염송禪門拈頌》의 공안을 선별하여 김영욱 선생이 엮은 두 권의 《정선 공안집》을 가산불교문화연구원에서 보내주셨는데 《벽암록》과는 다른 양상의 공안 비평들이어서, 선사들의 언행에 다가가는 데 많은 도움을 받았다. 이 자리를 빌어 새삼 감사 인사를 드린다.

2

《불교를 철학하다》를 출간한 뒤 얼마 후 어느 스님의 영문 편지한 통을 받았다. 자신을 드러내지 않은 그 스님은 책에 대한 기사를 읽고 쓴다면서, 불교의 가르침은 자신이 직접 선정으로 체험하고 깨달음을 얻고 써야 한다고, 그렇지 않은 이가 불교에 대한 책을 쓰는 것에 대한 우려의 말씀을 적어 보내셨다. 편지에 적힌 노파심은 이해가 되었지만, 신문기사만으로 읽지 않은 책에 대해 충고를 하신다는 말씀은 약간 당혹스러웠다. 영문으로 적은 걸 보면 한국 분이 아니실 터이니 한국어 책을 읽기가 쉽지 않아서 그랬으리라 싶긴 하지만, 그래도 그렇지, 신문기사만 보고 그런 가르침을 펴는 것은 나로선 생각하기 쉬운 일이 아니었다.

　이런 얘기를 여기에 적는 것은, 이 책은 선어록을 다루는 책이니 제목만 보고 그리 말씀하실 분들이 앞서 쓴 책 이상으로 많을 것 같아서다. 입을 열기도 전에 벌써 상대방의 마음을 알아보고, 한마디 말만 듣고 할을 하거나 몽둥이질을 하는 선승들에 대해선 익히 잘 아는 바이지만, 읽어보지도 않고 책 제목이나 신문기사 하나만으로 그렇게 한다면 '선지식을 만나야 한다'는 선사들의 말씀이 너무 무색해지는 건 아닐까 싶다. 그렇다면 달마대사가 서쪽에서 굳이 올 이유도 없었고, 선지식을 애써 만나라고 할 까닭도 없었을 터이다. 선승을 만나 깨우침을 얻고 나면 따로 깨달음을 얻을 것도 없었다고들 하지만, 석두石頭(700~791)가 말하지 않았던가? 만약 스승을 만나지 못했다면 그런 사실조차 알지 못했을 거라고.

그렇기에 선지식을 만나 방할棒喝을 당하며 내가 가진 것이 모조리 부서질 기회를 얻지 못한 금생의 인연이 나로서는 안타까울 뿐이다. 나는 여전히 내가 가진 식견을 알아보고 깨어줄 분을 만나기를 바라지만, 보지도 않고 누구에게나 똑같이 던지는 저 '일반적인' 방할에서 그런 기회를 얻을 수 있을 것 같지는 않다. 사실 그것은 그분들이 말하지 않아도 다 알 수 있는 말들이다. 아니, 나도 하려고만 하면 누구에게든 해줄 수 있는 말이다. 이는 선이 가르치는 방식이 아니라 정확하게 반대되는 것 아닐까.

공안으로 전해오는 선사들의 언행은 언제 어디서나 누구에게든 타당한 '일반적인 가르침'의 말씀이 아니다. 만나는 학인들의 그때마다 다른 상태를 포착하여 그의 식견을 깨주기에 적합한 언행을 날리는 것이다. 이 때문에 "개에게 불성이 있습니까?" 하는 질문에 조주趙州(778~897)는 상반되는 답을 한 것이다. 법안法眼(885~958)의 '병정동자丙丁童子' 공안처럼 똑같은 말이 똑같은 학인에게 때론 미혹이 되다가 때론 깨달음을 주는 것도 이 때문이다. 누구에게나 던지는 항상 올바른 대답은 누구의 식견도 깨주지 못한다. 그래서 선승들은 자신이 했던 말조차 '사구死句'라는 생각에 뒤엎고 깨부수고 하지 않았던가.

3

말난 김에 덧붙이자면, 선승들의 말씀은 선방에 앉은 선객禪客이 드는 화두話頭가 아니며, 선은 간화선看話禪과 같지 않다. 아시다시피 간화선은 대혜大慧(1089~1163)가 창안한 참구의 방법이다. 간화선이 아무리 탁월하다고 해도 그것이 선의 황금시대가 끝날 무렵 만들어진 것은 부정할 수 없는 사실이다. 심지어 대혜의 스승인 원오圓悟(1063~1135)가 쓴 《벽암록》이나 편지들을 보아도 화두 하나 들고 참구하라는 얘기는 찾아보기 어렵다. 육조혜능六祖慧能(638~713)이나 마조馬祖(709~788)부터 원오에 이르기까지 선승들의 언행은 한결같이 학인들의 식견을 부수어주고 발 딛고 선 모든 것을 와해시켜 심연 속에 밀어넣는 것이었다. 거기서 아무 가진 것 없이 시작해보라는 것이다. 간화선은 이를 일부 떼어내어 앉아서 참구하기 위한 도구로 만들었다. 그 도구가 '화두'다. 반면 마조나 석두 시대의 선사들은 심지어 앉아 있을 것 없다고 설하기도 한다. 참선하고 앉아 있던 마조를 숫돌에 기왓장을 갈아 거울 만들겠다는 거냐며 엎어준 게 남악南嶽 (677~744) 아닌가!

간화선을 하는 이들에겐 선어록도 공안도 사실 필요가 없다. 오직 의정疑情으로 밀고 갈 화두 하나면 된다. 공안이나 어록조차 그나마 일어나는 의정을 해소해버릴 수 있기에 수행의 장애물이다. 수행자들에게 책을 보지 말라고 하는 것도 이 때문이다. 의정을 통해 도를 얻는 것은 선승들이 사용한 방법이란 점에서 같지만, 이를 위해 선승들은 직접적인 언행으로 식견을 깨주며 근본적인 물음을 갖도록 해주었다. 그 물음에 담긴 의정의 힘이 생각이나 행동 전체를 바꾸어주었다. 안목 있는 선지식을 만나는 게 중요하고, 선지식을 찾아 참방하면서 묻고 답하는 게 중요하다 함은 이런 이유에서다. 선어록에 남아 전해지는 것은 바로 이런 참방과 만남의 기록이고, 묻고 답하는 지점에서 발생하는 물음들이다.

간화선은 의정의 힘을 사용하지만, 식견을 부수어주는 스승의 언행 대신 화두를 사용한다. 화두는 의정을 일으켜야 비로소 작동한다. 그러나 의정이 일어나서 학인들을 사로잡는 일은 흔하지 않다. 의정의 없다면, 화두는 아무것도 아니다. 하여 의정이 일어나지 않으면 일어날 때까지 앉아서 외우듯 반복한다. 그러다보니 화두에 집중하는 능력이 중요해지고, 깊은 잠 속에

설법하는 고양이와 부처가 된 로봇

서도 잊지 않도록 앉아서 집중하는 참선이 중요하다. 잠자는 시간마저 줄여가며 앉아서 참선을 하라는 가르침은 이 때문이다. 의정이 일어나도록 빈번하게 학인을 불러 묻고 답하는 가르침의 방법이 사용되었다고 하지만, 적어도 한국의 선방에선 찾아보기 힘든 과거지사가 되어버렸다. 이 때문에 간화선은 간看 없는 화두선이라고, 위빠사나 없는 사마타 수행이라고 비판하는 이들 또한 적지 않다.

화두선 이후에 화두선을 가르치기 위해 씌어진 《무문관無門關》과 그 이전에 씌어진 《벽암록》의 차이는 이와 무관하지 않을 터이다. 《벽암록》은 잘 알려진 선승들의 어록에 착어着語를 달아 뒤집어엎거나 비틀며 새로이 의문을 만들어내고, 그 언행에 평창評唱을 달아 맥락을 알려주지만 동시에 그 의미를 설명해주는 대신 흔히들 생각하는 의미를 부정하며 물음을 던진다. 그렇기에 그 책은 어떤 답도 없이 물음들로 가득 차 있다. 원오의 자재롭고 멋진 문장은 그 물음에 강한 매혹의 인력을 추가한다. 정말 세상에서 가장 멋진 책이다. 비록 번역이나 주석이 그 매혹의 힘을 덜어내는 경우가 있다고 해도 말이다(나는 다행히 장경각의 번역본으로 읽을 수 있었다). 반면 《무문관》은 선사들의 언행을 앞뒤 맥락마저 대거 잘라내어 '핵심'이라 생각되는 것만 남기곤, 간단한 논평을 덧붙여 그 언행을 화두가 될 질문으로 바꾸어버린다. 그렇기에 선승들의 언행 자체마저 '한 가지 맛'의 '무미한'

화두가 되어버린다. 이로 인해 간화선을 하는 데는 좀 더 적합하게 되었을지 모르지만, 선이 갖는 매혹의 힘은 대거 축소되어버렸다.

4

반복하는 말이 되겠지만, 내가 선사들의 언행을 들어 하고 싶은 것은 선이 갖는 매혹의 힘을 보여주는 일이다. 그 매혹의 이유를 살짝이나마 드러내어 다른 이들로 하여금 그 매혹의 힘에 좀 더 쉽게 말려들게 하고 싶다. 이를 통해 선승들이, 아니 부처가 가르치고자 한 삶이 어떤 것인지 생각하도록 촉발하고 싶다. 그런 삶을 통해 많은 이들에게 세상이 좀 더 평온하고 즐거운 것이 되었으면 하는 바람이다.

그렇기에 선사들의 언행이 화두를 들고 앉아 있는 이들만을 위한 게 아니며, 선이 간화선과 같지 않다는 사실이 다행이라 생각한다. 화두를 들고 앉아 있는 분들에겐 화두 하나면 된다. 그분들은 이런 종류의 책은 물론 어록조차 읽지 않을 것이기에 이런 책을 쓰는 것이 그분들의 수행에 방해가 되진 않으리라 믿는다. 책으로 남은 선승들의 저 멋지고 다채로운 언행들은 책을 읽고 사유하며 자신의 사유나 감각 자체와 대결하는 방식으로 도를 찾고 좋은 삶의 길을 찾는 이들의 것이라고 믿는다. 이 멋진 언행의 힘들이 21세기라는 지금의 연기적 조건에서 다시 힘을 얻고 작동하게 되는 사건이 되길 고대한다. 당송시대로 되돌아가 그때의 언어로 과거의 전통을 환기시키는 것이 아니라, 지금의 삶, 지금의 언어와 섞여 새로운 언행을 만들어내며 재탄생하기를 고대한다.

2018년
이진경

차례

머리글 | 선禪의 매혹 007

제1장
선사들은 왜 이리 과격한가
아상我相의 동일자同一者와 무無의 심연深淵

01 자칫하면 사자에게 물리는 수가 있다! 024
02 백척간두 아래, 허무의 심연 032
03 정법안장이 사라지지 않게 하려면 040

제2장
한 물건도 없는데, 부처는 어디 있는가
선禪의 시원始原과 여래장如來藏

01 홍인과 혜능, 3중의 단절 052
02 여래장과 청정법신 058
03 청정법신에서 똥 냄새가 진동한다! 065

제3장

기왓장을 갈아서 거울을 만들겠다고?

즉심즉불卽心卽佛과 평상심平常心

01 즉심즉불의 두 마음 074

02 과거를 구원하는 법 083

03 평상심, 혹은 표면의 깊이 089

제4장

설법하는 고양이와 부처가 된 로봇

무정불성無情佛性과 잠재성의 바다

01 잣나무가 성불할 때까지 기다려라 098

02 기왓장의 설법을 왜 그대는 듣지 못하는가 105

03 고양이의 불성, 로봇의 불성 113

제5장

말해보라, 목구멍과 입을 닫은 채!

불가능한 도道와 진정한 반복

01 침묵마저 상투구가 될 수 있으니 124

02 오르페우스와 불가능한 경전 133

03 진정 말해야 할 것은 말할 수 없는 것이다 139

제6장

아니, 목불을 태워서 사리를 얻겠다고?

우주를 흔드는 웃음과 유머가 만드는 세상

01 목불을 태우고, 불상에 올라타다 150

02 농담관계와 회피관계 158

03 웃음을 모르는 자들을 조심하라! 166

제7장

손가락 하나로 세운 세계, 주장자가 집어삼키다

손가락 끝의 폭풍과 세계의 생멸

01 손가락을 세울 때마다 하나의 세계가 180

02 문학과 선은 어디서 갈라지는가 188

03 어느 세계에도 머물지 말고 손가락을 세우라 197

제8장

'있음'을 아는 자는 어디로 가야 합니까

세계의 특이성과 존재자의 존재론

01 존재의미, 혹은 '있음'을 안다는 것 206

02 특이점의 존재론 213

03 이르는 곳마다 주인이 되려면 221

제9장

아무것도 모르는 백치와 단 하나만 아는 바보

존재자 없는 존재와 존재 없는 존재자

01 이런 바보들! 이런 백치들! 236

02 백치 달마와 혜충의 무봉탑 243

03 백치와 바보는 어디서 만나는가 251

제10장

고고한 발밑이 한바탕 망신이지

순수의 궁지窮地와 무위자연無爲自然

01 순수의 빗자루가 쓸어버리는 것들 260

02 유위에 반하는 무위 267

03 묘봉정 아래의 무위자연 274

제11장

묘희세계를 가루가 되도록 부수어버려라!

무상한 견고함과 조화를 넘어선 조화

01 무너지기에 무너지지 않는 법신 284

02 장님 코끼리 만지기가 어쨌다구? 291

03 고요한 세계와 소란스런 세계 299

제12장

귀향, 혹은 부모도 태어나기 전의 고향

본래면목本來面目과 고향의 지질학

01 고향을 잃은 자와 잃을 고향도 없는 자 310

02 지리학적 고향에서 지질학적 고향으로 318

03 본래면목, 부모 이전의 고향 326

제13장

병들지 않는 사람이 병드는 이유는 무엇입니까

병든 신체와 고통의 생리학

01 고통의 참을 수 없는 무의미 336

02 병, 내 몸에 날아든 날개의 씨앗 345

03 병들지 않는 자, 바꾸어가며 병드는 자 351

제14장

간택하지 않음 또한 하나의 간택인데…

분별 없는 윤리학, 차별 없는 존재론

01 지극한 도의 궁지 362

02 분별은 공동체를 잠식한다 373

03 존재론적 평등성 382

제15장

만법이 하나로 돌아가는데, 그 하나는 어디로 가는가
모두인 하나와 '지금 여기'의 개체성

01 '하나'를 향한 의지들 394

02 '하나'를 찾는 아주 다른 길들이 있으니 403

03 지금 저 꽃 속에서 만법을 보라 412

제16장

부처를 만났을 때, 어떻게 죽여야 합니까
초월적超越的 경험과 초험적超驗的 경험

01 그런데, 부처를 만나야 부처를 죽이지 424

02 나를 죽이라며 머리를 내밀지만 431

03 부처를 만났다고 믿는 이들이여! 441

04 초월적 경험과 초험적 경험 446

05 초험적 경험과 선禪 454

제1장

●

선사들은 왜 이리 과격한가

●

아상我相의 동일자同一者와 무無의 심연深淵

01
자칫하면
사자에게
물리는 수가 있다!

선어록, 다는 아니라 해도 이해할 수 없는 문답으로 가득 찬 책들이다. 불법을 전하기 위해, 도를 깨쳐주기 위해 선사들은 그렇게 이해할 수 없는 말을 사용했다. 왜 그랬을까? 그뿐 아니다. 그들이 주고받는 언행은 대단히 과격하고 파격적이며 극단적이다. 소리를 지르고 몽둥이질을 하는 건 아주 흔한 일이다. 그래서 '자비'를 설파하는 불교의 이미지와는 아주 달라서, 종종 사람을 당혹하게 하기도 한다. 가령 이런 식이다.

등은봉鄧隱峯이 하루는 흙 나르는 수레를 밀고 가는데 스승인 마조가 다리를 쭉 펴고 길바닥에 앉아 있었다.

"스님, 다리 좀 오므리세요."

"이미 폈으니 오므릴 수 없네."

"이미 가고 있으니 물러나지 못합니다."

수레 가는 길에 다리를 뻗고 버티는 스승이나, 그런 스승 앞에 그냥 수레를 밀고 가는 제자나 모두 난감한 분들이다. 결국 등은봉은 수레바퀴를 그대로 밀고 갔고, 마조는 다리를 다치고 말았다. 나중에 마조는 도끼 한 자루를 들고 법당으로 들어와 말했다.

"조금 전에 바퀴를 굴려 내 다리를 다치게 한 놈 나오너라!"

아니, 도끼를 들고 어쩌시려구! 그런데 등은봉은 서슴없이 나와 마조 앞에 목을 쑥 뺀다. 그걸 본 마조는 도끼를 그냥 내려놓았다(《마조록·백장록》, 장경각, 39~40). 설마 정말 도끼질을 할 생각으로 도끼를 들고 나왔으랴만, 그래도 그렇지… 참으로 난감한 분들이다.

선사들이 고함을 지르고 뺨을 때리고 주장자나 몽둥이로 학인을 때리는 일은 선가禪家의 다반사다. 학인을 가르치는 방편이라고들 하지만, 범인凡人의 눈으로 보면 일부러 다리를 뻗어 수레를 막아 시험하려는 스승이나, 가던 길 그대로 스승의 다리 위로 수레를 밀고 가는 제자나 이해하기 어렵다. 그 뒤에 도끼를 들고 올라와 '나오너라!' 소리를 지르는 스승과 서슴없이 나와 목을 쑥 내미는 제자의 모습에서 '움직이거나 멈추어 있거나 앉아 있거나 누워 있거나 항상 곧은 마음을 낼 뿐'(《육조단경》, 정화 역, 법공양, 48) 집착도 거리낌도 없는 행동의 의연하고 장쾌함을 느꼈다면, 아마도 쑥 내민 목과 도끼 사이로 조금은 시선을 밀어 넣은 것이라 하겠다.

마조와 등은봉은 이렇듯 주거니 받거니 하였지만, 어설픈 식견識見을 내거나 했다가 호되게 당하는 경우도 많다. 임제臨濟(?~867)의 제자 정상좌定上座는 자기 스승 못지않은 과격함으로 유명하다. 한 번은 진주鎭州에 있을 때 재齋를 마치고 돌아오는 길에 다리 위에서 쉬다가 강사를 하는 좌주座主 세 사람을 만났는데, 그 중 한 사람이 물었단다.

"선하禪河 깊은 곳은 모름지기 밑바닥까지 궁구해야 한다는데 무슨 뜻입니까?"

그러나 정상좌가 이 사람 멱살을 잡고서 다리 아래로 던져버리려 했다. 그러자 옆에 있던 두 좌주가 허둥지둥 말렸다.

"제발 그만두십시오. 이 사람이 상좌의 비위를 거슬렀으니, 자비를 베풀어주십시오."

"두 좌주 스님만 아니었으면 강바닥까지 처박아 넣었을 것을…."

설마 정말로 강속에 처박으려 하기야 했으랴만, 정말 사람 잡을 기세로 멱살을 잡고 흔들어 어설픈 질문을 한 좌주의 혼을 쑥 빼놓아버렸을 것이다. 비슷하게, 길을 가다 암두巖頭, 설봉雪峯, 흠산欽山과 만났을 때, 정상좌는 자신에게 질문한 흠산의 멱살을 잡고 혼을 빼놓은 적이 있다. 옆에서 대신 사과하며 말리

설법하는 고양이와 부처가 된 로봇

는 암두와 설봉 말에 "두 노장만 아니었으면 오줌도 가릴 줄 모르는 이놈을 쳐 죽여버렸을 것이다"라며 멱살을 풀어준다.

흠산도 그렇고 앞의 저 좌주도 불도를 닦는 스님으로선 당연하다 싶은 질문을 했을 뿐인데, 불도를 깨쳤다는 정상좌는 왜 이리 과격하게 대꾸한 것일까? 여기서 정상좌를 두고 말도 안 되는 트집을 잡아 폭력을 행사하는 사람이라고 한다면, 가히 눈멀었다 소리를 들어 마땅하다. 그렇다면 무엇이 정상좌의 '비위에 거슬렸던' 것일까? 정상좌는 왜 이리 난감한 폭력을 행사한 것일까?

좌주의 물음은 내가 보아도 진심으로 의정을 갖고 던진 물음이 아니다. 자신이 갖고 있는 식견을 슬며시 드러내기 위해 던진 물음이다. 정상좌는 스승 임제에게 "불법의 대의가 무엇이냐"고 진지하게 물었다가 세차게 뺨을 맞고 정신이 나가 멍하니 있다가, 옆에 있던 스님이 "정상좌, 왜 절을 올리지 않는가?" 하는 말을 듣고 절을 하다 크게 깨우쳤다. 이런 정상좌 눈에 이게 안 보였을 리 없다. '비위를 거슬렀으니'란 말도 곧이곧대로 들어선 안 된다. 나 같은 범인凡人의 눈에는 젠체하는 저 태도가 비위에 거슬리지만, 도를 깨친 정상좌가 거슬릴 비위 같은 걸 갖고 있을 리 없다. 즉 정상좌의 언행은 감정이 일어나 한 행동이 전혀 아니란 말이다. 정상좌가 한 행동은 임제가 당시 자신에게 묻던 정상좌의 뺨을 쳤을 때와 다르지 않다. 그래서 원오는 "이러한 솜씨를 보면 임제 스님의 솜씨가 있었다"고 칭찬한다(《벽암록》, 중, 장경각, 32).

사실 임제 자신도 스승인 황벽黃檗(?~850)에게 불법을 묻다가 뺨을 맞길 세 번이나 거듭한 바 있다. 왜들 이러는 것일까? 유감이 있는 것도 아니고 뭘 그리 특별히 잘못한 것도 아닌데 왜 이리 과격하게 멱살을 잡고 죽여버리니 살려주니 하는 살벌한 언행을 하는 것일까? 정상좌에게 질문한 좌주나 흠산이나, 물었을 때는 이미 그 안에 나름의 답이나 견식을 갖고 있었던 셈인데, 질문으로 그게 드러나자마자 달려들어 박살을 내준 것이다. 그런 어설픈 식견이야말로 선하의 밑바닥으로 내려가지 못하게 하는 장애물이고, 불도를 보지 못하게 하는 장막이기 때문이다.

요컨대 격한 행동이나 당혹스런 말을 통해 선사들이 겨냥하는 것은 앞에 있는 학인의 생각이나 견해를 깨부숴주는 것이다. 격하다기보다는 재치있고 유머러스한 선사의 대답 또한 다르지 않다. 가령 "한 생각도 일으키지 않을 때에도 허물이 있습니까?"라는 물음에 운문문언雲門文偃(864~949)이 "수미산"이라고 대답한 것도 그렇고, "한 물건도 지고 있지 않을 땐 어떠합니까?"라는 물음에 조주가 "내려놓아라"라고 답한 것도 그렇다. 한 생각 일으키는 게 허물이라는 생각에서 앞의 학인은 저리 물었을 터인데, 운문은 그에 대해 고지식하게 답을 해주는 게 아니라, 그렇게 물은 스님이 이미 한 생각 일으켰음을 포착하곤 그의 기대

설법하는 고양이와 부처가 된 로봇

에 완전히 반대되는 대답을 해준 것이다. 허물이 수미산이라고. 나중에 《종용록從容錄》에서 만송萬松 또한 이리 말한다. "사실 한 생각도 일으키지 않는 사람이라면 어찌 허물이 있는가 없는 가를 묻겠는가?"

이런 언행을 두고 선사들은 이렇게 말한다. "나뭇가지를 던져주면 개는 그 나뭇가지를 향해 뛰어가지만, 사자는 그걸 던진 사람을 향해 달려든다." 선사들은 학인이 던진 질문를 향해 달려가는 게 아니라, 질문을 던진 사람에게 달려들어 그를 뒤엎고 그의 견식을 깨부수어준다는 말이다. 조주 또한 그렇다. 묻는 이에 대해서 고지식하게 답하는 게 아니라, 그가 갖고 있는 생각을 알아보고 그것을 뒤집어버리는 답을 해준 것이다. 그런데도 이 눈치 없고 둔한 스님은 다시 묻는다. "한 물건도 지고 있지 않은데 어찌 내려놓으라 하십니까?" "그럼 그냥 지고 다니거라!" 이 얼마나 재치 있고 멋진 대답인가!

그러나 다시 의문이 들 법하다. 왜 선사들은 묻는 말엔 대답하지 않고 묻는 이의 견식을 깨주려는 것일까? 저 강한 응답을 통해 깨주려는 것은 견식 정도가 아니라 학인이 어느새 전제하고 있는 모든 관념, 옳다고 믿는 모든 생각이다. 이점에서 선불교는 아주 남다르다. 사실 어떤 종교도, 나아가 어떤 '이념'도 자신과 비슷한 생각을 하는 이들을 보면 반가워하고, 다른 생각을 하는 이들을 보면 자기 생각에 맞춰 설득하려 한다. 비슷한 생각을 공유한 이들을 '우리' 안에 있는 내부자로 간주하고, 그렇지 않은 이들은 '우리' 바깥의 외부자로 간주한다. 이는 심지어 '상식' 또한 다르지 않다. 그렇기에 비판이나 토론은 대개 상대방이 갖고 있는 관념이나 전제를 겨냥하여 묻지 '나'나 '우리'의 전제를 향해 묻지 않는다. 자신이 옳다고 믿는 말을 하거나 묻는 이를 보면, '그렇지' 하며 그 다음 얘기를 하려 한다.

선승들이 학인을 가르칠 때는 이와 반대로 한다. 무언가를 물을 때는, 무엇이 옳고 무엇이 그른지에 대한 판단이 어느새 깔려 있게 마련이다. 선승들은 멱살을 잡고 몽둥이질을 함으로써 묻는 학인들이 어느새 전제하고 있는 이 옳고 그름의 기준을 깨주려 한다. 학인들이 전제한 것은 필경 불도의 '이념'이나 '상식'일 것이다. 왜 깨주려 하는가? 그 이념이나 상식, 통념적인 전제를 내려놓고 근본에서 다시 묻고 다시 생각하게 하려 함이다. 학인뿐 아니라 같이 공부하는 동료, 때로는 심지어 스승에게까지도 그렇게 시험의 칼을 슬쩍 들이민다. 그것은 타인을 향해 휘두를 때조차 실은 자신의 전제를 향해 몽둥이를 날리는 것이다. 선승들은 불도를 찾는 이란 점에서 자신 또한 공유하고 있을 전제를 의문에 붙이는 일이기에 말이다. 불교의 전제된 가정 '다음' 얘기를 해주지 않고, 그 전제 '이전' 얘기를 해보라고 밀치는 셈이다.

그러니 선사들 앞에서는 상식화된 교의나 잘 알려진 말을 입에 올리는 순간, 박살난다. 부처는 무엇이고, 달마대사가 서쪽에서 온 것은 무엇을 전하려 했음이고 등등… 그렇게 모든 전제나 관념을 깨부숴놓곤, 모든 것을 처음부터 스스로 다시 생각해보라며 등을 떠민다. 그게 성공하면, 필경 '홀연히 깨치는' 순간이 올 것이다. 모든 것을 근본에서부터 다시 생각한다면, 이전과 같은 말이라도 이전과 같을 리 없다. 아무것도 잡을 것 없는 상태에서 스스로 생각한 것이라면 어떤 것도 그저 머리 속에 맴돌고 있는 관념이 아니라 절실하게 몸에 달라붙은 생각일 게 틀림없다.

02
백척간두 아래,
허무의
심연

학인의 전제, 자신이 속한 집단이 옳다고 믿고 있는 전제를 깨주는 선사들의 이 과격한 방법은 생각해보면 불교의 근본에 매우 충실한 것이다. 그들이 깨주려는 것, 자신이 옳다고 믿고 있는 전제란 바로 '아상我相'이기 때문이다. 아상을 내려놓는 것, 그것이 불교의 핵심적인 가르침 중 하나 아닌가! 그러나 그 말을 백번 옳다고 수긍해도 그것을 실제로 내려놓기는 극히 어렵다. 반대로 내려놓았다는 생각 뒤에까지 숨어서 어느새 세상일을 분별하게 한다. 모든 판단의 전제가 되어 매 순간의 언행을 만들어낸다. 어느새 자신이 전제하고 있는 것으로 상대방을 설득하려 하고, 그것을 받아들이게 하려 한다. 자기와 동일한 언행을 하면 반가워하고 다른 언행을 하면 밀쳐낸다.

이것이 이념이나 종교, 지식으로 뒷받침되게 되면, 올바른 '대의'나 '신념', 혹은 신실한 '믿음' 같은 형식을 취하기에 더욱 쉽게 정당화된다. 그리곤 그 생각이 어느새 '나'를 넘어 '남'에게, '우리'를 넘어 '그들'에게 확장되어야 한다는 믿음을 갖게 된다. 가령 '계몽啓蒙'이란 관념이 바로 그렇다. 이성의 이름으로 자신과 다른 것을 야만이나 미개 속에 밀어 넣고, 거기에 자기 견해의 불을 비추어 '일깨워주려' 한다. 다른 관습이나 생활, 관념이나 생각을 가진 이들을 자신의 관념이나 믿음에 맞추어 동일화하려 하게 된다. 그게 안 되면 배제나 추방의 힘을 발동시키기도 하고, 심하면 전쟁을 벌이기도 한다. 근대 이후의 식민주의나 제국주의가 바로 그렇지 않았던가? 그들은 '선교'나 '교화', 혹은 '문명화'라는 이름 아래 극단적인 폭력을 동원하여 자기 관념으로 남들을 동일화하려 했다. 인류학자 레비-스트로스(1908~2009)가 '미개인'들이 사는 열대의 적도에서 느껴야 했던 거대한 '슬픔'(《슬픈 열대》, 한길사)은, 자기와 다른 생활이나 문화를 스스로에게 동일화시키거나 제거하지 않곤 못 배기는 자신의 '신'과 자신이 속한 '문명'에 대한 자각에서 온 것이었다.

자신의 생각으로 남들을 '동일화'하려는 이런 태도를 20세기 후반 이후의 현대 철학은 '동일자'라는 개념으로 비판하고, 이 동일자에 의해 억압되거나 배제된 자, 추방된 자들을 '타자'라고 명명한다. 가령 서양의 휴머니즘의 역사는 백인을 모델로 하여

'인간' 아닌 것들을 노예화하거나 시야에서 지워버리는 억압과 배제의 역사와 정확하게 짝을 이룬다. 동물임을 의심하지 않았던 흑인은 물론 인간인지를 두고 논쟁을 벌였던 '인디언'이 바로 '인간'의 짝이 된 타자, 인간의 그림자가 된 타자였다. 철학자 미셸 푸코(1926~1984)의 《광기의 역사》에 따르면, 데카르트로 상징되는 '이성'이란 게 실은 광인을 비롯한 이런저런 '타자'들을 수용소에 가두며 탄생한 동일자에 불과하다. 한때에는 세상의 비밀을 엿본 자라는 경이어린 거리감마저 담겨 있던 '광기'는, 이성의 시대가 된 17세기에 들어오면 인간 안에 존재하는 야만적 동물성의 증거가 되었고, '광인도 인간'임을 발견한 19세기에 와선 인간의 정신상에 발생한 질병, 즉 '정신병'이 된다. 17세기에는 '동물성'이란 이름으로 '인간'의 바깥으로 추방해버렸던 광기를 19세기에는 '치료'라는 이름으로 '정상성'에 맞추어 동일화하려 하게 된다. 양상에서 보면 전자는 배제, 후자는 포섭이란 점에서 반대라 하겠지만, 타자들에 대해 동일자의 권력을 가동시키는 것이란 점에서 양자는 다르지 않다.

이념은 오히려 믿음 아닌 현실에서 시작하기에 종교와는 다른 방식으로 완고하다. 가령 기본적인 생활수단도 제대로 갖지 못해 매일의 삶에 쫓기는 대다수의 민중들에 대한 안타까움, 부와 권력을 독점한 자들이 행하는 불의에 대한 분노 같은 것은 사람들을 사회주의나 아나키즘 같은 이념으로 밀고 간다. 그 이념의 실현을 통해 그 고통에서 '해방'된 삶을 얻고자 한다. 그렇기에 자신이 옳다고 믿는 '이념'을 다른 이들 또한 옳다고 믿어주길 바라게 된다. 이는 어쩌면 자연스러운 일이다. 그러나 그 이념이나 신념이 지나치게 확고해지면 다른 것을 허용할 여지가 사라지고 자신의 신념에 동일화하려 하게 된다. 자신의 생각이 조건에 따라서 잘못된 것일 수 있다는 생각을 하지 못하게 된다.

이렇게 되면 무엇이 세상을 바꾸는 옳은 길인지, 무엇이 현재의 세계를 포착하는 옳은 개념인지를 두고 유사한 이념을 가진 사람들 사이에서조차 다투고 대립하게 된다. 논쟁은 언제나 '나는 옳고 너는 틀리다'는 방향으로 전개된다. 합리적인 '비판'이나 '토론'을 해야 한다고 믿지만, 실제로 비판은 언제나 상대방의 생각의 약점을, 이론상의 빈틈을 노린다. '자기비판'을 말하기도 하지만, 진정 자기가 갖고 있는 전제나 관념을 비판하는 일은 찾아보기 힘들다. 설득과 논박을 통한 '동일화'와 확장, 언제나 그것을 추구한다. 이들은 심지어 개인적 이해관계에도 크게 좌우되지 않기에, 서로 타협하기도 쉽지 않다. 아주 작은 차이로도 갈라져 싸운다. 그래서 언제나 '연대'를 말하지만 실제로는 비슷한 이념을 가진 사람끼리도 연대하기 힘들다. "우파는 부패로 망하고 좌파는 분열로 망한다"는 말은 이와 무관하지 않을 것이다.

나도 이런 '과거'를 갖고 있다. 내가 대학에 들어갔을 시절엔, 70년에 "근로기준법을 지켜라!"라며 분신한 노동자 전태일의 유령, 80년 광주에서 죽은 많은 시민들의 유령이 교정을 가득 채우고 있었다. 그 유령들에 '홀려', 가난하고 고통받는 자에 대한 공감, 불의와 억압을 행사하는 자에 대한 분노에 이끌려 나도 사회주의자가 되었고, 맑스주의에 매료되었다. 하여 대학을 졸업할 때에는 '직업적 혁명가 조직'을 꿈꾸며 지하운동을 시작했고, 급기야 그로 인해 체포되어 구속되었다.

그렇지만 억압 없는 평등사회에 대한 꿈이 있었기에 안기부 지하실도, 감옥생활도 충분히 견딜만했다. 그런데 사회주의자란 이유로 갇혀 있던 바로 그 시기에 사회주의 독일이 붕괴했고 급기야 사회주의 소련마저 망해버렸다. 더욱 곤혹스런 것은 탱크가 국회의사당에 포탄을 날리고 하는 난리 속에서도 사회주의 사회의 '인민'들은 그저 별다른 관심 없이 방관하고 있었다는 사실이다. 그렇게 붕괴한 그 자리에서 사회주의 국가의 참상이, 부정할 수도 없고 변명할 수도 없이 확연하게 드러났다. 그때 감옥 안에서 느꼈던 당혹이란! 이전에 나의 삶을 버티어주던 것, 심지어 체포를 각오하게 해주고 투옥을 견디게 해주었던 모든 것이 사회주의 사회와 함께 와해되어버렸다. 내가 갖고 있던 모든 전제와 관념 전체가 사회주의 사회와 함께 붕괴해버린 것이다.

희망이 있으리라고 믿고 있던 곳에서 절망만을 발견할 때 우리는 허무의 심연 속에 들어가게 된다. 심연이란 바닥없는 어둠

설법하는 고양이와 부처가 된 로봇

이다. 붙잡을 것 하나 없고, 발 디딜 곳 하나 남아 있지 않은 자리, 그래서 그저 한없이 추락할 수밖에 없는 곳, 그게 심연이다. 어둠의 심연. 갖고 있는 이념이나 신념이란 게 가능한 여러 선택지 중 하나였다면 얼른 '아, 이게 아니네. 그럼 다른 것으로…' 하고 옮겨갈 수 있었을 것이다. 사실 많은 이들이 이전의 이념을 부정하며 누군 그 옆에 있는 이념으로, 누군 아예 반대편으로 옮겨갔다. 그러나 어떤 이념에 진심으로 자신의 삶을 걸었던 사람이라면 과연 그럴 수 있을까? 나는 그럴 수 없으리라고 믿는다. 그런 이라면 모든 것이 붕괴된 심연 안에서, 그 허무의 늪에 빠져 허우적거릴 수밖에 없다.

지금 생각해보니 선사들이 학인의 멱살을 쥐고 몽둥이질을 하며 해주려고 했던 게 이와 비슷한 거 아니었을까 싶다. '백척간두'의 절벽에서 바닥없는 저 아래로 한 걸음 내딛으라고 떠밀고, 붙잡을 것 하나 없는 '은산철벽' 앞에서 올라가보라고 몽둥이질을 한다니 말이다. 네가 가진 모든 전제와 관념, 네가 옳다고 믿는 모든 것을 다 부수어줄 테니, 아무것도 없는 빈손으로 저 깊은 심연 속에 뛰어 들어가 살아나와 보라고 하는 것 아닐까 싶다. 불법이란 그런 간절함, 그런 절박함 없이는 얻을 수 없는 것이라고 하면서.

벗어날 수 없는 심연에서 결코 짧지 않은 허무의 시간을 허우적대며 얻은 것은 '물음'이었다. 이전에 갖고 있던 이런저런 답들 대신 그 모든 답을 의문에 부치며 출현한 물음들. 이 물음을 들고 나름 '행각行脚'을 했다. 아니 아직도 하고 있다. 답이 있을만한 곳을 뒤지고 다니고, 그걸 해결하기 위해 전에 보지 않던 것들을 보고 읽으며 처음부터 다시 시작하기를 반복했다. 덕분에 이전에 갖고 있던 믿음이나 전제에 가려 보이지 않던 것을 볼 수 있었고, 전에는 귀 막고 듣지 않았을 얘기들을 들을 수 있었다. 흔히 전력을 다해 대결할 근본적 물음을 '화두'라고들 하는데, 나야말로 사회주의 붕괴 덕분에 평생을 들고 다닐 '화두'를 얻은 셈이다. 탁월한 한 방으로 가르침을 주는 선지식은 만나지 못했지만, 삼 년은 귀가 먹먹하도록 할을 당하고, 또 삼 년은 눈앞이 캄캄하도록 몽둥이질을 당하는 행운을 얻었던 셈이다. 오해를 피하기 위해 말해두지만, 이걸로 '대오'을 했다는 식의 턱없는 말을 하려는 건 아니다. 전생의 공덕이 부족해서인지 '견성'은커녕 불법의 불佛자도 알지 못한 채 무명의 세계 속에서 살다가, 정말 캄캄하기 그지없는 심연 속에 빠져들었을 뿐이다.

그래도 심연을 본 자의 눈이 그렇지 않은 사람과 어떻게 같을 수 있을 것인가! 심지어 거기서 나와 다시 옛날의 자리, 예전의 이념으로 되돌아갔다고 해도 결코 같을 수 없다. 선사들에게서도 비슷한 말을 읽은 적이 있다. 깨닫고 보니 딱히 따로 깨달을 것도 없었고, 얻고 보니 따로 얻을 것도 없었다는 말을. 그러나 그게 같은 것이라고 생각한다면 빗나가도 한참을 빗나간 것이다. 지금도 주변에 나와 유사한 생각이나 이념을 가진 이는 적지 않지만, 저 어둠의 심연 속을 헤매어 본 이가 얼마나 많을지는 잘 모르겠다. 다만 그렇게 자신의 전제가 완전히 와해되는 일을 겪었다면, 자기와 다른 생각이나 말을 다르다고 쳐내고 자기 믿음으로 동일화하려는 일은 쉽게 하지 않으리라 믿는다. 심연 이후에 찾아낸 답이라면, 적어도 그저 머리를 돌아 입에서 나오는 '옳은 개념'이 아니라 그의 몸에 달라붙어 활발하게 작용하는 무엇일 거라고 나는 믿는다. 나와 비슷한 생각을 하는 이보다 오히려 생각은 아주 달라도 심연을 본 적이 있는 이, 자신의 전제를 모두 놓아버리고 처음부터 다시 생각한 이가 훨씬 더 존중할 이유가 있다고 믿는 것은 이 때문이다.

03
정법안장이
사라지지 않게
하려면

아상이란 사실 얼마나 강고한가? 사라졌다고 믿는 순간에도 의
연히 살아남아 우리의 신체와 정신을 사로잡고 있는 게 아상이
다. 그러니 아무리 세심하게 설득하고, 아무리 진심으로 수긍해
도 사라지지 않고 부서지지 않는다. 선사들의 언행이 파격적일
뿐 아니라 저리 '과격한' 것은 이 때문이 아닐까? 감각기관을, 신
체 전체를 검은 당혹 속으로, 절벽 밑의 심연으로 밀어 넣는 강
밀함 없이는 결코 깨부수어줄 수 없는 것이 아상이어서 그런 게
아닐까? 그래서 임제나 정상좌뿐 아니라 많은 선사들이 말 대
신 할이나 방을 구사하고 뺨을 때리고 때론 손가락을 자르는
'노파심'을 발휘하는 게 아닐까? 그렇지 않고서야 백척간두에서
감히 누가 뛰어내릴 것이며, 맨손으로 은산철벽을 오르겠다고

설법하는 고양이와 부처가 된 로봇

누가 달려들 것인가?

군이 아상을 깰 때뿐 아니라, 불법의 요체를 가르칠 때도 선사들은 이리 과격하고 강밀한 방법을 사용한다. 관념을 꿰뚫고 신체의 벽을 깨는 강밀함으로 학인들을 깨우침의 길로 밀어붙인다.

그런 점에서 보면, 신체를 가격하고 감각기관을 엄습하는 방할 같은 언행은 단지 아상을 깨주는 것일 뿐 아니라 깨달음을 향해 학인의 심신을 밀어붙이고 추동하는 강력한 격발장치라고 해야 옳을 것이다. 가령 백장회해百丈懷海(720~814)의 얘기가 그렇다.

백장이 어느 날 마조를 모시고 가다가 날아가는 들오리떼를 보았는데, 마조가 물었다.

"저게 무엇인가?"

"들오리입니다."

아… 걸려든 것 같다. 그저 들오리인 것을 몰라서 마조가 물었을 리 없다. 마조가 다시 묻는다.

"어디로 가는가?"

"날아갔습니다."

이런, 아직도 눈치를 채지 못하고, 다시 보이는 대로 답하고 있다. 마조는 저 보이는 것 뒤의 보이지 않는 것을, 흔히 '본분사本分事'라고들 하는 '체體'를 묻고 있는 것인데… 아니나 다를까.

마조는 갑자기 머리를 돌려 백장의 코를 쥐고 세게 비튼다. 백장은 아픔을 참느라고 소리를 질렀다. 마조가 말한다.

"다시 날아갔다고 말해봐라!"

백장은 그 말끝에서 느낀 바가 있었다. 시자들의 거처인 요사채로 돌아와 대성통곡을 하니 함께 일하는 시자가 물었다.

"부모 생각 때문인가?"

"아니."

"누구에게 욕이라도 먹었나?"

"아니."

"그럼 왜 우는가?"

"마조 스님께 코를 비틀렸으나 철저하게 깨닫지 못했기 때문이다."

"무슨 이유로 철저히 깨닫지 못한 건가?"

"스님께 물어보게."

직설적 대답을 하지 않고 스승에게 미루는 것을 보면, 이전과 무언가 크게 달라진 듯하다. 어쨌건 궁금했던 시자는 마조에게 가서 물었다.

"회해 시자는 무슨 이유로 깨닫지 못했습니까? 요사채에서 통곡을 하는데, 스님께 물어보라고 하던데요."

"그가 알 테니 그에게 묻도록 하라."

다시 그 시자는 요사채로 돌아와 말했다.

설법하는 고양이와 부처가 된 로봇

"스님께선 그대가 알 것이라 하시며, 그대에게 물으라 하셨네."

이 말을 듣고 백장이 깔깔 웃자, 그 시자가 말했다.

"조금 전엔 통곡하더니, 무엇 때문에 금방 웃는가?"

"조금 전엔 울었지만, 지금은 웃네."

조금 전엔 철저히 깨닫지 못해서 울었으나 지금은 웃고 있으니 철저히 깨달았다는 말이라고 하면 너무 고지식한 해석이다. 차라리 울음과 웃음을 쉽게 넘나드는 것을 통해 자신이 얻은 새로운 경지를 표현한 말이라 보는 게 더 나을 것 같다. 어쨌거나 고지식하게 보이는 대로 대답하던 둔한 백장이 울고 웃음에 자재로운 가벼움을 얻은 것을 보면, 그는 다는 아니라 해도 깨달음의 한 끝을 본 게 틀림없다.

이걸로 끝이 아니다. 다음날 마조가 설법을 하려고 법당에 올랐는데, 대중이 모이자마자 백장은 법석法席을 치워버렸다. 들오리고 처마 끝 풍경이고 온통 다 불법인데 따로 설법할 게 뭐 있느냐는 말일 게다. 그러자 마조는 바로 내려왔다. 백장의 생각을 간파한 것이다. 백장이 방장실로 따라가자 마조가 묻는다.

"내가 조금 전에 말도 꺼내지 않았는데 무엇 때문에 별안간 자리를 치워버렸느냐?"

뭐라 말하려는지 시험하려는 질문이다.

"어제 스님께 코를 비틀려 아파서였습니다."

아픔의 고통에 격발되어 슬쩍 들여다보니, 온통 다 불법이더라는 대답일 게다.

"그대는 어제 어느 곳에 마음을 두었느냐?"

"코가 오늘은 더 이상 아프지 않습니다."

어디에도 마음을 두고 있지 않다는 말이다. 더는 아플 일이 없을 거라는 말이기도 하다. 보아야 할 것, 자신이 찾고자 하던 것을 보았으니까.

"그대는 어제 일을 깊이 밝혔구나."

백장은 절하고 물러나왔다. 그 다음 다시 마조를 참례하여 모시고 서 있다가, 법상 모서리의 불자拂子를 보고 백장이 물었다.

"이 불자를 통해 작용합니까, 아니면 이를 떠나 작용합니까?"

불자란 벌레를 쫓거나 먼지를 떠는 도구인제, 번뇌를 떨어내고 끊어주는 방편을 상징한다. 이전엔 마조가 들오리를 들어 '본체'를 물었지만, 이번엔 백장이 불자를 들어 본체의 '작용'에 대해 묻는 것이다. 만법이 불법이니 번뇌 또한 불법이거늘 굳이 불자를 따로 사용할 이유가 있느냐 묻는 것이기도 하다. 곧바로 고지식하게 대답해줄 마조가 아니다. 마조는 다시 묻는다.

"그대가 뒷날 설법을 하게 된다면 무엇을 가지고 대중을 가르치겠느냐?"

불자는 대중을 가르칠 방편이란 말이 함축되어 있는 물음이다. 모든 것이 불법이지만, 그것을 보지 못하는 자를 가르치려면 어떤 방편이 필요하다는 말이다. 백장이 불자를 잡아 세웠더니 마조가 다시 묻는다.

"이것을 통해 작용하느냐, 이것을 떠나 작용하느냐?"

백장의 질문이 그대로 백장에게 되돌아왔다. 묻는 이와 답할 이가, 주객이 어느새 바뀌어버린 것이다! 이 얼마나 탁월한 솜씨인가. 백장이 대답 대신 불자를 제자리에 걸어두자 마조는 기세 있게 악! 하고 고함을 쳤다. 백장은 이 할 한 방에 곧장 사흘 동안 귀가 멀었다고 한다. 마조는 이처럼 제자의 코를 비틀고 귀를 뭉개버려 눈을 뜨게 한 것이다. 백장의 제자 황벽은 나중에 이 얘기를 듣고 자기도 모르게 혀를 내둘렀다고 한다.

그러나 이런 할도 자주 쓰면 으레 예상할 수 있는 것이 되고 그 효과는 사라져버린다. 정형화된 '언어'가 되어버려, 잘 알지도 못한 채 흉내 내어 소리를 질러대는 일도 흔하게 된다. 황벽의 제자인 목주도종睦州道蹤이 자신을 찾아온 스님에게 물었다.

"요즘 어디 있다 왔느냐?"

그러자 스님은 대뜸 소리를 질렀다. 있던 장소를 순진하게 대지 않고 할을 한 것을 보면 좀 가락을 타본 스님인 듯하다. 이에 목주가

"노승이 너에게 일 할을 당하였구나."

하니 스님이 또 다시 소리를 질렀다. 분명치 않으니 한 번 더 시험해보려는 것인데, 이 스님, 다시 소리를 질렀으니 제대로 걸렸다.

"서너 차례 소리를 지른 다음엔 어찌하려는고?"

이에 스님이 아무 말도 못하고 있자 목주가 한 방 후려치면서 고함을 친다.

"이 사기꾼!"

아무리 과격한 방법도 이처럼 패턴화되면 그 힘을 잃는다. 그러면 과격함은 아무것도 아니게 된다. 문제는 과격함이 아니라 예상 밖의 지점에서 학인을 덮치며 일깨우는 강밀함이다. 그래서였을까? 할로 유명한 임제는 이를 걱정했는지, 자신의 입적이 다가오자 제자들에게 당부한다.

"내가 떠난 뒤에 나의 정법안장正法眼藏을 잃지 말라."

당시 원주院主를 맡고 있던 삼성혜연三聖慧然이 나오며 말했다.

"어찌 감히 스님의 정법안장을 잃겠습니까?"

"이후에 어느 사람이 너에게 묻는다면 어떻게 하겠느냐?"

삼성은 대뜸 소리를 지르자, 임제가 말하였다.

"나의 정법안장이 이 눈먼 비구 대에서 사라지게 될 줄이야!"

이에 삼성이 곧바로 절을 올렸다.

임제의 제자인 삼성이 소리를 지른 것은 임제가 '할'로 가르친 것을 이어 가겠다는 말이었을 게다. 그런데 임제는 자신의 정법안장이 거기서 사라지게 되었다고 말한다. 선가에서 흔히 하는 말 중 하나가, 모름지기 스승보다 훨씬 뛰어나지 않으면 스승의 뜻을 반도 전하지 못한다는 말이다. 스승의 가르침이나 언행을 그대로 따라 하는 것은 스승의 가르침을 전하는 방법이 아니라 그것을 반도 전하지 못해 결국 사라지게 하는 일이다. '정법안장'이 이어지지 못하고 끊어지고 마는 것이다.

그렇다면 어떻게 해야 스승의 가르침을 제대로 후대에 전할 수 있을까? 스승을 넘어서는 무엇을, 다시 말해 스승에게 없던 것을 더하여 새로운 가르침을 펴야 한다. 그것이 '스승보다 뛰어나야 한다'는 말의 속뜻일 게다. 끊임없이 갱신하지 못하는 것, 과거의 모습 그대로 있는 것은 오래지 않아 고사하고 소멸한다. 새로이 태어나길 반복하는 것만이 계속 살아남아 그 생명을 활발하게 지속할 수 있다. 그런 점에서 전통은 그걸 잇고 유지하는 것으론 유지할 수 없다. 갱신하고 창조하며 변화시키는 현행적인 시도만이 그것을 잇고 유지한다. 임제의 할이 탁월하고 유명하다 하나, 소리 지르는 것만 반복한다면 그 역시 오래가지 않을 것이다. 하여 할을 하는 삼성을 보고 "나의 정법안장이 이 눈먼 비구 대에 사라지게 될 줄이야"라고 했을 것이다.

그러나 삼성이 이를 몰랐을 것 같지는 않다. 더구나 그 말을 듣고 난감해하는 게 아니라 태연하게 절을 하는 것을 보면 잘 알고 있음이 틀림없다. 그렇기에 삼성의 할은 일종의 반어反語라고 해야 한다. 할로 학인을 가르치는 스승의 방법을 다들 잘 알고 있기에, 스승의 언행이라도 그냥 따라 하다간 박살난다는 것을 잘 알 것이기에, 거기서 '할'을 할 생각을 하기는 오히려 힘들었을 터이다. 삼성은 이를 잘 알면서 할을 한다. 그러니 삼성이 거기서 할을 한 것은 뻔한 답, 패턴화된 답을 한 게 아니라 예상을 뒤집는 답을 한 것이고, 일종의 금기를 깨고 자기 길을 가겠다는 의지를 표명한 것이라 해야 한다.

마찬가지로 임제 또한 그걸 몰랐을 리 없다. 정말 삼성의 답이 틀렸다고 생각했다면 절을 하는 삼성을 발로 걷어찼을 지도 모를 일이다. 아니, 할을 하는 삼성의 먹살을 쥐고 흔들어댔을 것이다. "나의 정법안장이 이 눈먼 비구 대에서 사라지게 될 줄이야!"라고 했던 것은, 그럼에도 불구하고 삼성의 언행을 고지식하게 받아들여 스승의 '할'을 반복함으로써 임제선의 전통을 이어야 한다고 오해할 이들을 겨냥한 것이었다. 아니, 좀 더 나아가 자신의 정법안장이 '이미 사라졌다'고 함으로써, 그것을 애써 이으려 하지 말고 너의 길을 가라는 말이라고 해야 한다. 삼성의 반어에 다시 반어로 답한 것이다.

이처럼 선사들은 학인들의 아상을 깨주기 위해 먹살을 잡고 소리를 지르고 몽둥이를 휘두르지만, 그뿐 아니라 자신들의 가르침을 펴는 것에서조차 하나의 상相이나 방법에 매이지 않도록 제자들을 가르쳤다. 내 가르침에 연연하지 말고, 네 길을 가라! 새로운 길을 만들며 가라! 선사들의 가르침이 파격적이고 과격할 수 있는 것은 어쩌면 그것이 남의 전제 아닌 자신의 전제, 남의 상이 아니라 자신의 상을 겨냥하고 있기 때문 아닐까? 남에게는 엄격하지만 자신에겐 너그러운 이들은 강밀한 게 아니라 권위적이다. 과격함이 남을 향할 때 그것은 그저 가혹한 억압이나 폭력이 된다. 그러나 그것이 자기를 향할 때 그것은 자신을 뒤집고 모두를 바꾸는 전복의 힘이 된다.

임제의 후예들은 그 뒤 어떻게 임제의 정법안장을 펼쳤는가? 삼성이 임종의 임제 앞에서 할을 했지만 실제로 할을 하며 가르친 것 같지는 않다. 또 임제 이후 할을 해서 특별히 유명해진 스님은 없었던 것 같다. 오히려 임제종臨濟宗을 크게 부흥시켰던 것은 오조법연五祖法演, 원오극근圓悟克勤, 대혜종고大慧宗杲였다. 이분들이 임제의 정법안장을 지속할 수 있었던 것은 잘 알다시피 할이 아니라 간화선이라는 새로운 참구의 방법을 창안함으로써였다. 그렇다면 선과 간화선이 같다고 믿고 많은 이들이 선방에 앉아있는 지금의 선방에서 임제가, 아니 대혜가 "나의 정법안장이 사라지지 않게 하려면 어떻게 하겠느냐?"고 묻는다면 그 후예들은 무어라고 답할까? 내가 참견할 일은 아니지만, 그래도 궁금하다.

몽둥이도 할도 모두 통하지 않게 된 시대에, 뜰 앞의 잣나무는커녕 뜰도 잣나무도 보기 힘든 이 도시의 공간에서, 개에게 생명권이 있는지는 관심이 있어도 개에게 불성이 있는지는 누구도 관심이 없는 세상에서 어떻게 선의 종풍을 되살릴 수 있을까? 선가의 어록 속으로, 그것이 쓰여진 당송시대로 사람들을

계속 데리고 들어가야 할까? 반대로 선가의 어록마저 21세기의
도시 한복판으로 불러낼 수는 없는 것일까?

설법하는 고양이와 부처가 된 로봇

●

제2장

한 물건도 없는데, 부처는 어디 있는가

●

선禪의 시원始原과 여래장如來藏

01
홍인과 혜능,
3중의
단절

어디든 무언가가 새로 시작하는 것이 있다면, 그것이 시작되는 지점을 표시하는 사건이 있게 마련이다. 선禪이 시작되는 사건은 어디일까? 양무제梁武帝를 만나 법을 펴보려다 '모른다'는 말만 남기곤 소림사에 들어가 누군가 말려들 때를 기다렸던 달마대사의 9년간의 면벽面壁? 아니면 그 면벽의 소문에서 어떤 냄새를 맡고 말려 들어가 눈 내리는 어느 날 밤 팔을 하나 잘라 바치며 도를 구했다는 이조혜가二祖慧可(487~593)의 구도求道? 그렇다고 할만하다. 달마대사는 중국 선종의 1대 조사고, 그 제자인 혜가는 달마의 법을 이은 2대 조사니, 어쩌면 가장 쉽게 동의를 구할 법한 선의 '시점始點'이 그것이라 하겠다. 좀 더 멀리 거슬러 올라가 달마로부터 인도의 스승으로 27대를 거슬러 올라가기도

설법하는 고양이와 부처가 된 로봇

한다. 하여 석가모니의 연꽃을 보고 가섭이 미소로 답했다는 그 조용한 사건이 그것이다. 교외별전教外別傳의 전통이 그 긴 궤적을 꿰어줄 것이다.

그러나 이는 너무도 익숙한 사고방법 아닌가? 현재 자신이 속한 집단의 기원을 찾아, 조상을 찾아 위로 위로 거슬러 올라가는 것. 출가出家한 이들마저 어느새 다시 가문家門을 짓고 초조初祖와 이조, 삼조로 이어지는 족보를 그리는 것은 어디서나 조상을 찾고 정통성의 족보를 그리는 중국의 오래된 전통 때문일까? 아니, 혼자서는 자신을 흔드는 바람을 견디지 못하는 인간의 나약함 때문인지도 모른다. 생각해보면, 서양에서도 기원을 이루는 '조상'을 찾아가려는 시도는 창조주를 찾는 기독교든 '이데아'나 '부동의 시동자'를 찾는 그리스 철학이든 다르지 않았다. 현재의 자신을 당당하게 긍정하는 이라면 누구도 자기 뒤의 위대한 조상이 누구인지 들먹이지 않는다. '족보'의 빛나는 광채를 굳이 빌 이유가 없기 때문이다. 현재가 별 볼일 없을 때, 자신만으로는 현재의 자신을 드러내기에 충분하지 못할 때, '내 뒤에 누가 있냐면…' 하면서 족보를 들먹이게 된다.

이점에서 법통을 상징하는 의발衣鉢을 전하며 육조, 칠조를 잇는 전통마저 끊어버린 혜능의 행동은 아주 희소한 경우라 하겠다. '오조홍인五祖弘忍(601~674)'이 넘겨준 의발 때문에 사람들에게 쫓겨 다녀야 했던 자신의 경험 때문이었을까? 아니면 부처의 자리도 구하지 말라면서 스승의 의발에 연연하는 게 부질없다는 생각 때문이었을까? 이유가 무엇이었든, 혜능은 선의 역사 안에서 무언가 근본적으로 달라진 어떤 분기점을 보여준다. 어쩌면 선의 역사는 그때 시작되었다고 해야 할지도 모른다. 정통성의 족보를 중단시키는 것, 그것이야말로 "부처를 만나면 부처를 죽이고 조사를 만나면 조사를 죽여라!"고 가르치는 선의 종지에 부합하는 시작 아닌가!

혜능을 전후하여 발생한 '단절'은 이것만이 아니다. 잘 알려져 있듯이 혜능이 홍인의 인가를 받고 의발을 전해 받았을 때, 그는 아직 사미계도 받지 않은 일개 행자에 지나지 않았다. 선방에 들어가 보지도 못한 채 방아를 찧고 잡일을 하던 행자인데다, 이른바 '남방 오랑캐' 출신의 어린 소년이었다. 오랫동안 교수사敎授師를 맡고 있던 제자 신수神秀가 있었음에도, 벽에 적은 게송 하나만 보고 '의발을 줄 사람은 이놈이다' 판단했던 홍인 또한 혜능만큼이나 이 단절의 주역이다. 안으로 문 닫아 걸고 몇 년, 장좌불와 몇 년 하며 신기록 경쟁하듯 이적異蹟의 기간을 세고, 오매일여寤寐一如에 이르도록 절구통처럼 흔들림 없는 좌선이 깨달음으로 가는 최고의 미덕으로 존숭되는 절집의 통념을 어쩌면 선은 그 본격적인 역사의 시점부터 깨고 시작했던 것이라고 하겠다. 미래를 깨는 시원이라니!

선의 역사를 연구하는 이들은 이를 혜능의 남종南宗을 추어

올리고 신수의 북종北宗을 끌어내려 자신의 법통을 정당화하기 위해 하택신회荷澤神會(684~758)가 만든 신화라고 비판한다. 그럴 수 있을 것 같다. 그러나 이게 어디 신회뿐이랴. 달마대사로도 모자라 27대를 더 거슬러 올라가 장구한 법통을 만든《전등록傳燈錄》의 도원道原 또한 그렇지 않은가? 남종과 북종의 대비, 혜능과 신수의 대립이 과장된 것이 사실이라 해도, 혜능의 '신화'에서 중요하다고 보이는 것은 그런 법통을 만들면서 선택해야 했던 사건이 절집 안에서의 모든 '경력'이나 수행 '실적' 모두를 무시하는 것이었다는 역설적 사실이다. 그리고 이는 '전등'의 법통을 강조하는 와중에도 의발이나 선판禪板 같은 걸 전해주려는 시도에 대해 선상을 뒤엎고 뺨을 치려는 또 다른 이들이 나타날 수 있었던 이유일 것이다.

홍인과 혜능이 야기한 단절을 하나 더 추가해야 하지 않을까 싶다. '단절'이란 말이 과도한 건 아닌가 싶기도 하지만, '교리'적인 측면에서의 중요한 변화를 강조하기 위해선 그것도 무의미하지 않겠다는 생각이다. 달마대사가 중국에 오면서 들고 왔던 경전은 4권본《능가경楞伽經》하나였다고 한다. 이후 제자들 역시《능가경》한 권을 소의경전으로 삼았고, 이 때문에 이들은 모두 '능가사楞伽師'라고 불렀다.《능가사자기楞伽師資記》는 이들의 행적을 기록한 책이다. 그러나 지금 한국의 선종에서 한 권의 소의경전을 들라 하면《능가경》이 아니라《금강경金剛經》을 든다. 소의경전이 달라진 것이다. 언제 달라졌을까? 알다시피, 행자 혜능의 게송을 본 홍인이 밤에 몰래 불러 하룻밤 새 선의 진수를 가르치기 위해 설한 경전이 《금강경》이었다. 《금강경》의 〈장엄정토분〉(10장)에 나오는 "머무는 곳 없이 마음을 낸다(應無所住而生其心)"는 문장에서 혜능이 깨달음을 얻었다고 전해진다. 아니, 그 이전에 혜능이 시골에서 나뭇꾼을 하던 시절, 나무 팔러 갔던 관가에서 《금강경》을 읽는 소리를 듣곤 마음이 맑아지며 매료되어 그 경전에 대해 묻다가 홍인대사에 대해 알게 되고, 결국 황매산으로 찾아가게 되었다고 한다. 그때 그가 선비에게 들은 말도 홍인대사가 "《금강경》 한 권만 지니고 읽으면 곧 자성을 보아 바로 부처를 이루게 된다"고 설한다는 얘기였다(《육조단경》, 14).

그렇다면 의당 물어야 한다. 소의경전이 《능가경》에서 《금강경》으로 달라졌다는 말은 무얼 뜻하는 것일까? 가르치려는 교의가 달라지지 않았다면 굳이 '한 권!'을 말하는 경전을 바꾸었을 것 같지 않다. 더구나 《능가경》은 《금강경》보다 더 후대의 경전으로, 교리상으로 보면 공空 개념이나 아뢰야식阿賴耶識 같은 유식唯識 불교 개념을 포함하여 많은 내용을 담고 있고, 깨달음을 이루기 위한 수행법 또한 구체적인 경전이다. 그런데 이를 왜 '공' 개념조차 등장하지 않는 오래된 경전으로 바꾸었을까?

이를 이해하기 위해선 《금강경》의 요지가 《능가경》의 요지와 어떻게 다른가를 물어야 한다. 표준적인 해석에 따르면 《능가경》은 모든 중생들이 여래가 될 씨앗을 잠재적으로 갖고 있다고 하는 소위 '여래장如來藏 사상'의 형성에서 중요한 위치를 점하는 경전이다. 본래 청정한 자성自性을 갖는 여래장이 모든 중생의 마음속에 있는데, 이는 '상주하며 변하지 않는다.' 그러나 '5음, 18계, 12처와 같은 더러운 옷에 싸이고 탐진치의 부실한 망상의 티끌에 더럽혀져' 있을 뿐이다. 그러니 수행을 닦아 이 더러운 티끌을 제거하면 청정한 여래의 성품이 드러나 부처가 되리라는 게 이 경전의 중심 사상이다. 반면 《금강경》은 대표적인 반야부 경전으로 '공' 개념은 아직 등장하지 않지만 실질적으로는 그 내용을 중심으로 삼은 경전이다. 모든 법에 자성이 없고, 참된 불법이란 상相이 없음을 보는 것이라고 설하는 경전이다. '머무는 곳 없이 마음을 낸다'는 말이나 '모든 형상 있는 것에서 형상 없음을 보면 여래를 보리라'라는 유명한 문장이 모두 이를 응집해 보여준다.

그렇다면 소의경전이 《능가경》에서 《금강경》으로 바뀐 것은 '여래장 사상'에서 '공 사상'으로의 변화라고 말할 수 있을 것 같다. 사상의 발전 순서를 본다면 후대에 발전된 여래장 사상에서 그보다 앞선 초기의 공 사상으로 되돌아간 것이다. 왜 그랬을까?

02
여래장과
청정불성

여래장 사상에 대해선 적지 않은 논란이 있다. 일본의 불교학자 마츠모토 시로(松本史朗)는 '여래장 사상은 불교가 아니다'라는 자극적인 명제로 유명한데, 이는 그의 저서《연기와 공》에 붙인 부제이기도 하다. 주장의 요체는 "일체중생이 불성을 가지고 있다"는《열반경》의 명제나 그것을 기반으로 나온 여래장이란 개념은 개개의 중생들 안에 불변의 실체인 아트만이 있다는 인도의 전통 브라만교의 주장이며, 모든 실체를 부정하는 불교와 상충된다는 것이다(《연기와 공》, 운주사, 1998). 이런 관점에서 그는《능가경》의 여래장 사상에 기반한 선불교 역시 불교가 아니라고 비판한다.

불교는 자아라는 본성도, 모든 현상 속에 있는 어떤 불변의 본성도 부정한다. '공'이란 어떤 불변의 자성이 없음을 말한다. 그런 점에서 보면 청정한 자성, 불생불멸의 자성이 항상 있다는 주장, 나아가 그것이 여래가 될 씨앗이라고 하는 주장은 불교의 이런 입장과 상충되는 것처럼 보인다. 요즘도 흔히 듣는 '참나(眞我)'도 그렇다. '참나'란 개념은 글자 그대로 '아트만'을 뜻하는 단어 아닌가! 마츠모토는 임제의 '무위진인無位眞人' 또한 이런 아트만의 일종이라고 비판한다. 그렇다면 가령 《반야심경》에서 말하는 '불생불멸不生不滅 불구부정不垢不淨 부증불감不增不減'의 '공'은 어떠한가? 이런 의미에서 '일체개공一切皆空'을 말하는 것역시 브라만 같은 어떤 실체를 말하는 것 아닌가? 그렇다면 그또한 불교가 아니라고 해야 하지 않을까? 그렇다면 공 개념이 등장하는 반야부 경전이 모두 불교가 아닌 게 된다. 사실 이런 이유로 이른바 '대승불교'는 '비불교'라고 주장하는 이들도 있다.

공이란 말은 역설의 궁지를 피하기 어렵다. "모든 것이 어떤 본성도 갖지 않는다"는 주장을 하는 순간 '본성 없음'을 본성으로 한다는 주장이 되어버리기 때문이다. 그래서 용수龍樹는 《회쟁론廻諍論》에서 '일체개공'을 주장하는 것이냐는 말에 "나는 아무런 주장도 갖고 있지 않다"고 물러선다(《회쟁론》, 김성철 역, 경서원, 144). "지극한 도는 어렵지 않으니 분별간택을 하지 않는 것이다"라는 《신심명信心銘》의 주장도 그렇다. 조주가 반복해서 질문을 받았듯이, 그거 자체가 논리적으로는 이미 하나의 분별간택이 되기 때문이다(《벽암록》 중, 장경각, 204). 이는 어떤 주장을 하는 순간, 아니 어떤 말을 사용하는 순간 피할 수 없는 사태다. 말로 표현되는 순간, '실체가 없다'는 말조차 이미 어떤 확고한 명제나 실체가 있는 듯한 인상을 피할 수 없기 때문이다.

이를 두고 니체나 비트겐슈타인은 '문법의 환상'이라고 명명한다. 문법 때문에 야기되는 환상이란 뜻이다. 가령 '비가 온다'는 말은 주어인 '비'에 '온다', '안 온다'라는 동사를 자유롭게 붙이는 문법에 따라 만들어진다. 그러다 보니 오고 안 오고에 상관없이 '비'가 실체처럼 따로 있는 듯한 생각을 하게 된다. 그런데 오는 비야 그렇다 쳐도, 오지 않는 비는 어디 있는 것일까? 구름 속에? 그럴 리 없다. 오지 않는 비는 따로 어디 있는 게 아니다. 오는 비도 마찬가지다. 하늘에서 물방울이 떨어지는 현상을 보고 '비가 온다'고 하는 것뿐이다. 하지만 주어 자리에 '비'라고 쓰고 동사를 '온다', '안 온다', '올 것 같다' 등으로 바꿔 쓰게 되면, '온다', '안 온다'와 무관한 '비'가 저기 따로 있는 것 같은 환상이 생겨난다. 이는 '비'든 무엇이든 주어의 자리에 들어갈 모든 것에 대해 문법이 만들어내는 환상이다. 불교 용어로 말하면 '명언종자名言種子'의 일종이다.

'여래장'도 '불성'도, '법신'도 심지어 모든 실체를 부정하는 '공'도 이런 환상을 피할 수 없다. 그래서 진정한 실상은 미묘하여 말할 수 없다고 했을 터이다. 말하는 순간 오해를 피할 수 없기 때문이다. 그래서 선사들은 불법이란 경전이나 말로 전해질 수 없는 것이라고 보았고, 부처와 조사의 말도 말에 매이는 순간 어느새 사구死句가 된다며 경계했다. 백장이 "목구멍과 입을 닫아버리고 어떻게 말할 수 있을까?"를 물었던 것도, 향엄지한香嚴脂閑(?~898)이 입을 열 수 없게 나뭇가지를 물려놓고는 "조사께서 서쪽에선 오신 뜻이 뭡니까?"란 질문에 답하라고 요구했던 것은 이 때문이다.

문제는 그래도 말하지 않고선 불법을 전할 도리가 없다는 사실이다. 깨달음을 얻은 직후의 석가모니가 망설이다 세간으로 내려오는 것이 그렇듯이, 깨우친 분들의 자비심은 심지어 상대방의 근기나 상태에 맞추어 적절한 말을 구사하여 가르침을 펴고자 한다. 그렇기에 불교에서 사용되는 모든 개념들은, 어떤 조건에서 무엇을 하고자 말했던 것일까를 보지 않으면 오해하기 딱 좋다. 특정한 조건에서 행해진 언어적 방편이기에, 조건이 달라지면 맞지 않게 되기 때문이다. 그러니 트집을 잡으려 맘 먹으면 어떤 개념도 자가당착에 빠지는 걸 보여줄 수 있다. 그러나 잘 생각해보면, 이는 깨달음을 얻은 이들의 말도 철저하게 그 연기적 조건에 따라 이해해야 함을 뜻한다. 더없이 불교적인 것이다.

여래장의 개념도 그렇다. 《능가경》은 여래장에 대해 이렇게 말한다. "대혜여, 때에 따라 공이라거나 무상이라거나 … 법성이라거나 법신이라거나 열반이라거나 자성을 여읜다거나 불생불멸이라거나 본래적정하다거나 자성열반이라거나 같은 말로 여래장을 말했느니라."《능가경 역해》, 이상규 역해, 해조음, 122) 이는 모두 불교에서 말하는 '실상實相'을 표현하는 개념들이다. 그런데 이를 굳이 '여래장'이라는 말로 바꿔 쓴 것은 무슨 이유에서였을까? 그건 아마 중생과 부처가 다르지 않다는 대승불교의 중요한 교의를 설하기 위해서 아니었을까. 일체중생이 여래가 될 능력을 갖고 있음을 말하려는 문제의식이 공이나 법성, 열반 같은 말로 표현하던 걸 중생 각자에게 감추어진 잠재적 능력이란 뜻을 담아 '여래장'이라고 바꾸어 표현했을 것이다. 일체중생이 이미 잠재적으로 부처라는 '본각本覺'사상을 표현하려는 생각이었을 게다.

'상주불변常住不變하고 자성청정自性淸淨하다'는 말을 여래장을 서술하는 문장에서 물고 늘어지는 한, 여래장이 아트만 같은 '실체'임을 증명하는 건 아주 쉬운 일이다. 그런 이가 이미 있었음인지,《능가경》에서는 그 말을 방편으로 사용하는 이유에 대해 이렇게 쓰고 있다. "여래는 어리석은 범부의 무아無我에 대한 두려움을 끊기 위하여 망상을 여읜 무소유의 경계인 여래장을 말한 것이니라 … 법에 본래 실체가 없어 모든 망상의 모습을 여의는 것이지만, 갖가지 지혜와 선교한 방편으로 때론 여래장을 말하고 때론 무아를 말하는 것이니라. 이와 같은 까닭에 여래장을 말함은 외도가 말하는 '나(아트만)'와 같지 않나니 … 나에 집착한 모든 외도를 열어 이끌고자 여래장을 말하여, 부실한 나라는 소견에 대한 망상을 떠나 세 가지 해탈의 경계에 들어 빨리 아뇩다라삼먁삼보리를 얻기를 바라게 하려는 것이니라." 여기에 덧붙인다. "이와 같지 않다면 곧 외도와 같을 것이다."(《능가경 역해》, 122~123) 그 개념을 방편으로 사용하는 이유를 잊는다면, 아트만 개념으로 오인하게 되리라라는 경고인 셈이다.

《능가경》에서 아뢰야식 개념을 끌어들여 청정한 여래장이 물들고 오염되어 있다고 하면서도 본래는 자성청정이라고 했던 것은 이처럼 '중생즉부처'라는 명제와 관련하여 이해할 수 있다. 이 망상의 티끌들을 털어내고 닦아내어 자신에게 내장된 여래장이 작동하게 하는 것이 바로 부처가 되는 길이라고 가르치려는 것이었을 게다. 이는 여래장 개념과 결부된 또 하나의 논점으로 이어진다. '본체'라고도 하고 '불성'이라고도 하는 것이 모든 중생의 경우에는 항상 번뇌의 티끌로 오염되어 있기 마련이란 말이 되기 때문이다(마츠모토 시로가 '아트만'이라고 비판했던 여래장이 실은 번뇌와 객진에 물들어 있는 마음을 뜻한다 함은 뜻밖의 반전이다). 깨달음을 향한 수행이란 바로 이 먼지와 티끌을 매일 열심히 닦아내는 것이 된다. 흔히 이를 '돈오頓悟'와 대비하여 '점수漸修'라고 한다는 것은 모두 아시는 바일 터이다. '돈오'를 강조하는 혜능 이후의 선사들이 '여래장'이란 말을 사용하지 않고 그처럼 객진에 물들지 않는 '청정법신'이란 말을 사용하는 것은 이와 무관하지 않다. 《사가어록四家語錄》에 기록된 마조의 말은 바로 이런 의미에서 이해해야 한다. "번뇌 속에 있으면 '여래장'이라 하고 거기서 벗어나 있으면 '청정법신'이라 이름한다."(《마조록·백장록》, 장경각, 29)

03
청정법신에서
똥 냄새가
진동한다!

홍인과 혜능이 교차하는 지점에서 시작된 선의 새로운 궤적은 흔히 말하듯 여래장 사상과 연속성을 이룬다기보다는 여래장 개념과 거리를 두고 멀어지는 과정이라고 봐야 할 것 같다. 단적으로 소의경전이 여래장 사상의 《능가경》에서 여래장 이전 경전인 《금강경》으로 바뀐 것이 그렇다. 이미 불교의 가르침이 많이 확산되어 '무아'의 가르침에 대한 두려움이 없어졌다고 보았던 것일까? 물론 이후의 선 역시 모든 중생들이 본래부처임을 강조한다. 그러나 그것을 말하기 위해 '여러분 각자마다 여래의 씨를 감추고 있다'는 식으로 말해주기보다는 현행의 지금 여기에서 그것을 실행하도록 밀어붙인다. 잠재적으로 존재함을 알려주기보다는 지금 여기에서 현행적으로 실행하도록 밀어붙이는 것이다. 그렇게 밀어붙일 때 오는 각성의 순간, 스스로 자신의 '본체'를, 본래부처임을 보게 하려 함이다. 본래부처임을 가르치는 방법이 크게 달라졌다 하겠다.

혜능을 신수와 대비하여 부각시키는 홍인의 유명한 '게송 시합' 또한 이런 맥락에서 이해해야 한다. 다 아는 얘기겠지만, 홍인은 제자들에게 자신이 깨친 바를 드러내는 게송을 써서 가져오라 한다. 그걸 보고 대의를 제대로 얻은 자를 가려 의발을 부촉하여 6대 조사로 삼겠노라고. 사람들은 모두 가장 뛰어난 교수사 신수 상좌가 그러리라고 믿었고, 신수는 법을 구하는 마음에서 게송을 지어 남몰래 스승의 방 앞 벽에다 붙여놓는다.

몸은 깨달음의 나무요
마음은 밝은 거울이라
매일 부지런히 갈고 닦아서
티끌먼지 붙지 않게 하리
身是菩提樹 心如明鏡臺
時時勤拂拭 莫使有塵埃

홍인은 이 게송이 신수가 써 붙인 것임을 알고 불러 확인한 뒤, 이것으론 부족하니 다시 써오라고 말한다. 그러나 신수는 그 다음 수를 두지 못하고 거기서 멈춘다. 반면 이런 이벤트가 있는 줄도 모르고 방앗간에서 일만 하던 행자 혜능은 신수의 게송을 외우는 이를 보고 그에게 청해 신수의 게송을 읽어 달라 한다. 그는 글자도 읽을 줄 몰랐던 것이다! 그리곤 그 게송과 대응되는 게송을 하나 짓곤, 그것을 자기 대신 벽에 써달라고 한다.

> 깨달음에는 나무가 없고
> 거울 또한 받침대가 없도다
> 불성은 늘 청정하거늘
> 어디에 티끌이 있을 것인가
> 菩提本無樹 明鏡亦無臺
> 佛性常淸淨 何處有塵埃

신수의 게송이 매일매일 번뇌망상을 닦아내 자신의 불성을 맑게 하자는 '점수'의 관념을 읽어내고, 먼지 앉은 곳이 없이 본래 청정하다는 혜능의 게송이 '돈오'의 경지를 보여준다고 하는 것은 표준적인 해석이다. 그런데 앞서 언급한 《능가경》과 여래장 개념을 기억한다면, 깨달음의 나무나 밝은 거울이 티끌로 더럽혀져 있지만 자성이 청정해 그것만 닦아 없애면 된다는 신수의 게송이 여래장 개념과 정확하게 일치함 또한 쉽게 알 것이다. 반면 혜능이 '불성은 항상 청정하여 티끌이 낄 수 없다'고 할 때, 그것이 겨냥한 타겟은 바로 이 여래장 개념 아닐까? 혜능이 말하는 불성이란 그와 달리 욕진에 물들 것도 없는, 먼지가 아무리 날려도 그에 물들지 않는 청정한 법신, 그 자체 공하기에 어떤 것도 달라붙을 수 없는 법신이기 때문이다. 그렇다면 혜능의 게송은, 그가 의식하고 있던 것은 아니라 해도, 분명 여래장이라는 관념을 비판하고 넘어선다고 할 수 있겠다.

홍인이 혜능의 손을 들어준 것은 물론이다. 그런데 그와 나란히 등장하는 이야기도 매우 의미심장하다. 게송을 적어내라고 과제를 내주었을 때, 홍인은 자신의 방 앞에 있는 세 칸짜리 복도에 《능가경》의 가르침을 그림으로 나타내는 '능가변상도楞伽變相圖'를, 그리고 달마대사로부터 홍인 자신에까지 의발을 전수하는 그림을 화가 공봉供奉 노진盧珍에게 부탁해 그리려고 했다. 그러나 그림을 착수하기 전날 밤 신수가 그 벽에 게송을 붙여놓았고, 다음날 그림을 그리려 화가를 데리고 갔던 홍인은 그 게송을 보고는 노진에게 그냥 돈 삼만 냥을 주며 그림을 그리지 않겠다며 돌려보낸다. "(능가)변상도를 그리지 않아도 되겠습니다. 《금강경》에 '무릇 모양이 있는 것은 모두 허망한 것'이라 하였으니 변상도보다는 이 게송을 남겨두어 미혹한 사람들로 하여금 이 게송에 의지하여 수행하게 하겠다"면서(《육조단경》, 24, 26). 물론 그 뒤에 혜능이 대필하여 써붙인 게송이 그 '자리'를 차지하게 된다. 《능가경》의 가르침을 전하려는 그림이 《금강경》의 한 구절로 날아가버린 것과, 그 자리에 들어선 신수의 게송이 혜능의 게송으로 대체된 것은 동형적인 의미를 갖는 사건이라 해도 좋지 않을까?

그러나 오염될 것도 없고 먼지가 낄 것도 없는 자성청정한 마음이야말로 여래장보다 더 아트만이라는 실체와 가까운 것 아닌가? 그렇다면 선은 여래장보다 더 과격하게 '참나'를 찾아 아트만으로, 불교 이전으로 거슬러 올라간 것 아닌가? 말해진 것만 보면 부정할 수 없을 것 같다. 더구나 '청정한 자성'이란 말은 모든 '자성'을 부정했던 공 사상 이전으로 돌아가는 것처럼 보이기까지 한다. 나중에 '바람에 날리는 깃발'과 함께 '육조대사'로 세상의 인정을 받게 된 혜능의 가르침을 적은 《단경壇經》을 보면, 불성의 자성이 청정하다는 말이 야기할 오해를 염려했던 것 같다. 하여 "청정함이란 형상이 없는 것인데도 청정함이라는 형상을 세워 청정함을 보는 걸 공부라고 하는데, 그런 생각이야말로 스스로의 본성을 장애하는 것이며 청정하다는 상에 묶여 있는 것"이라고 비판한다(《육조단경》, 66). '청정함'이란 그 말을 듣고 얼른 떠올리게 되는 깨끗함 같은 형상이 아니라 아무런 형상 없음이라는 말이다. 그것은 볼 수 없고 떠올릴 수 없는 것이다. 마음이란 본래 허망한 것이기에 마음을 보려하는 것이 헛된 것인 것처럼, 청정함을 보려는 것이야말로 청정함이란 헛된 망상에 사로잡혀 청정함을 보지 못하게 된다는 것이다.

그러나 여전히 불변의 자성이 있다고 하지 않는가? 그런데 혜능은 아이러니하게 '청정함'이란 말로 자성의 불변성을 부정한다. '청정함'이란 흔히 깨끗한 상을 떠올리는 청정함이 아니라 좋은 것으로도 나쁜 것으로도 물들어 있지 않음을 뜻한다. 그렇기에 어떤 본성도 없음을 뜻하며, 어떤 연기적 조건이 오든 그대로 받아주는 법신이 청정법신이다. "그 자체로 청정하여 본성을 갖지 않으므로 … 좋지 않은 일을 생각하면 좋지 않은 일을 하게 되고, 좋은 일을 생각하면 곧바로 좋은 일을 하게 됩니다. … 그처럼 모든 것을 스스로 있게 하는 성품을 청정법신이라고 합니다."(《육조단경》, 74~75) 물들지 않는다 함은, 그렇게 좋은 생각, 좋은 일이 일어나도 지나가면 다시 텅 빔을 뜻한다. 그렇기에 어떤 조건이든 오는 그대로 받아줄 수 있게 된다는 말이다. 좋은 것도 나쁜 것도 지나가면 그뿐일뿐 달라붙지 못하는 법신, 그게 청정법신이다.

그럼에도 혜능 게송의 3행인 "불성은 본래 청정하다"란 말은 '청정'이란 말이 야기하는 '환상(명언종자)' 때문에 많은 이들이 반복해서 오해했을 법하다. 그래서인지 돈황본 《육조단경》 이후에 출판되어 유통된 대부분의 《단경》들에서는 그 게송의 3행 '불성은 늘 청정하거늘'을 이렇게 바꾸어 놓는다.

본래 한 물건도 없으니
本來無一物

설법하는 고양이와 부처가 된 로봇

그러니 어디에 어떻게 먼지가 달라붙을 수 있겠느냐는 말이다. 훨씬 더 멋지고 깔끔해졌다. 별도의 주석을 달지 않으면 여래장으로 해석될 수 있었을 청정한 불성이란 말 자체가 사라져버린 것이다. 더불어 '청정'이란 말이나 '자성', '불성'이란 말이 야기할 오해의 여지도 사라져버렸다.

　그러나 한 물건도 없는데, 부처는 어디 있는가? 이렇게 어떤 말도 달라붙을 여지를 없애버리고 나면, 사람들을 가르칠 방편도 같이 사라져버리고 만다. 그러니 이후의 선사들이 '불성'이니 '본체'니 '청정법신'이니 하는 말들을 사용하는 것은 피할 수 없는 일이었을 것 같다. 말할 수 없는 것을 가르치기 위해서 말을 사용해야 한다는 난점이 되돌아오는 것이다. '청정법신'이 무엇이냐는 질문이 선어록에 자주 등장하는 것은 이를 방증한다. 가령 어떤 스님이 운문에게 묻는다.

　"무엇이 청정법신입니까?"

　"꽃나무로 장엄한 울타리니라."

　좋다는 말일까, 나쁘다는 말일까? 꽃나무로 장엄했다는 말은 나쁜 뉘앙스로 읽기 어렵다. 그러나 그래도 울타리다. 안으로 들어가는 것을 가로 막는 울타리인 것이다. 꽃나무가 장엄하여 넋을 잃곤 안으로 들어갈 생각도 나갈 생각도 못하게 하는 울타리. 더 난감한 울타리다. '청정'이니 '법신'이니 하는 좋은 말은 모두 울타리를 장엄한 장식일 뿐이란 말이다. 그런데 이에 대해 그 스님은 다시 묻는다.

"그럴진대 어떠합니까?"

"황금빛털 사자이니라."

비록 울타리지만 황금빛털 사자가 들어앉아 있는 울타리고, 비록 울타리의 장식이지만 그 사자로 인도하는 꽃나무 장엄이란 말일 게다. 다시, 좋다는 말인가 나쁘다는 말인가? 이 말을 두고 설두중현雪竇重顯(980~1052)은 이리 평한다. "전혀 잡다함이 없나니/ 황금빛털 사자를 그대들은 살펴보라." '잡다함이 없다', 청정하다는 말이다. 다시 되돌아온 것이다. 그러나 황금빛털 사자 역시 사람의 눈을 멀게 한다. 《벽암록》에서 원오는 이렇게 쓴다. "황금빛털 사자를 보았느냐? 태양 같아서 정면으로 보았다가는 눈이 먼다."(《벽암록》, 중, 85)

이런 말들이 야기할 오해와 집착을 아예 반대 방향에서 깨주는 분도 있다. 가령 현사사비玄沙師備는 청정법신이 무엇이냐는 질문에 이렇게 답한다. "고름이 뚝뚝 떨어지느니라." 법화전거法華全擧는 같은 질문에 이리 답한다. "똥 냄새가 하늘에까지 퍼졌다." 어떠한가? 청정법신이 보이는가? 그대 눈에는 무엇으로 보이는가?

●

제3장

기왓장을 갈아서 거울을 만들겠다고?

●

즉심즉불卽心卽佛과 평상심平常心

01
즉심즉불의
두 마음

직지인심直指人心 견성성불見性成佛, 사람의 마음을 곧바로 통찰하여 그 근원에 있는 부처를 본다는 말이다. 선불교 초기에 남종선을 특징짓는 교의였다. 경전이나 누구에게 들은 말로 배우는 게 아니라 자기 스스로 자신의 마음을 보아 깨달음을 얻는, 당시로선 아주 특이한 득도得道 방법을 요약하는 말이다. '불립문자不立文字'를 주장하며 팔만 경전을 내동댕이친 채 오직 마음을 보는 것만으로 깨달음을 얻으리라는 이런 주장이 많은 이들을 당혹하게 했으리란 건 불을 보듯 뻔하다. 덕산선감德山宣鑑 (782~865)이 특히 그랬다. 《금강경》에 통달하여 속명의 성을 따 '주周금강'이라고 불리던 그는 저 황당한 주장을 하는 넘들을 평정하여 소란을 없애버리겠다고 결심하곤, 자신이 쓴 《금강경》 해

설법하는 고양이와 부처가 된 로봇

설서 하나를 등에 지고 남송으로 간다. 예주豫州 용담사龍潭寺 근처에 이르렀을 때, 마침 배가 고팠던 그는 점심을 먹고자 떡 파는 노파에게 가서 떡을 청했다. 그런데 노파는 무얼 보기라도 했는지, 덕산에게 묻는다.

"스님, 등에 짊어지고 있는 게 뭐요?"

"《금강경》을 해설한《금강경소초金剛經疏抄》라고 합니다."

"그래요? 그럼 제가《금강경》에 대해 물어볼 테니, 스님께서 대답을 하시면 내 돈을 받지 않고 떡을 드리지요. 허나 스님께서 답을 못하시면 오늘 떡은 팔지 않겠소. 굶고 가야 하오."

《금강경》이라면 자타가 공인하는 덕산 아닌가! 그는 속으로 코웃음을 치며 그러자고 했다. '오늘 점심은 이걸로 해결된 것이다!'

노파가 물었다.

"《금강경》에 이르기를 '과거심불가득過去心不可得 현재심불가득現在心不可得 미래심불가득未來心不可得'이라고 했는데 스님은 어떻게 점심點心을 하겠다는 거요?"

점심이란 일상용어를 글자의 원래 뜻을 따서 마음(心)에 점(點, 점을 찍다, 불을 붙이다)을 한다는 말로 바꾸어 어느 마음에 점을 찍겠다는 건지, 혹은 어느 마음에 불을 붙이겠다는 건지를 묻는 말이다. 과거의 마음도, 현재의 마음도, 미래의 마음도 얻을 수 없다는 게《금강경》의 가르침인데 말이다. 아주 재치 있는 이 질문에 덕산은 아무 대답도 못한다. 절에 들어가 선사들과 맞붙어보기도 전에 말문이 막혀버린 것이다. 덕산의 미래만큼이나 선종의 미래를 예시하는 상징적이고 익살스런 얘기다.

'즉심즉불即心即佛', '마음이 곧 부처'라는 명제는 이런 깨달음을 위해, 그런 방법의 '근거'로서 마조가 제시한 가르침이다. 마음이 곧 부처니, 마음을 보면 부처를 보고 견성하리라는 것이다. 지금은 아주 잘 알려진 얘기인지라 아주 당연하게 들리지만, 곰곰이 따져 보면 꼭 그렇지 않다. 이 말은 부처를 찾는 이들에게 주는 대답이다. 부처란 무엇인가? 깨달음을 얻어 '대자유'를 얻은 이다. 부처를 묻는 것은 그 깨달음을 얻는 법을 물음이고, 대자유를 얻는 길을 묻는 것이다. '직지인심 견성성불'은 마음을 바로 보면 부처가 된다는 답이다. 마음이 바로 부처기 때문이다.

그런데 마음이 부처라 하지만, 이때 마음이란 대체 무엇인가? 이에 대해선 아주 다른 두 가지 대답이 있을 수 있다. 하나는 불성이나 본체 등과 같은 말로 표현되는 '마음'이다. '참나'를 바로 보자는 말에서 '참나'도 이런 본체에 속하는 마음일 것이다. 다른 하나는 그와 달리 지금 나를 움직이는 마음이다. 배고프니 먹고 싶다는 마음, 외로우니 짝을 얻고 싶다는 마음, 저 멋진 옷을 보니 사고 싶다는 마음 등등이 그것이다. 마음이 모두라고 보는 것이 불교라 믿기에, 직지인심 견성성불이란 말에서 말하는 마음이란 전자일 거라고 생각하기 쉽다. 그건 틀렸다고 하기

설법하는 고양이와 부처가 된 로봇

어렵다. 선 안에는 그런 마음의 개념이 매우 중요하게 사용된다. '본분사'나 '체體' 같은 개념이 그것을 지칭한다. 모든 중생에 잠재된, 부처로서의 마음이다. 사실 후자와 같이 그때그때의 마음을 말한다면, 그 마음을 아무리 지켜본들 부처가 되긴 어려울 것 같다. 자유로운 부처는커녕 탐심과 진심, 치심에 끌려다니는 노예 신세를 면하지 못할 게다.

마조의 '즉심즉불'이란 말을 해석하는 데도 두 가지 다른 입장이 있다. 예를 들어 불교철학자인 쉬샤오위에(徐小躍)는 즉심즉불의 심心을 불佛, 성性 등 체體를 뜻한다고 본다(《선과 노장》, 298) 반면 불교철학사가 팡리티엔(方立天)은 그 심을 당장 눈앞의 현실적인 마음을 뜻한다고 본다(《중국불교철학: 심성론(3)》, 126). 전자라면 앞서 말한 것처럼 직지인심과 연결하여 이해하기 쉽다. 불성을 보고 부처가 되라는 말이니. 문제는 후자다. 후자라면 대체 그 마음을 지켜보아 부처가 되라는 말이 무슨 뜻일까? 위빠사나에서 말하듯, 지켜보면 사라지는 그 마음을 보라는 말일까? 그건 아닐 게다. 그렇게 사라지도록 지켜볼 대상이 마음이라면 마음이란 부처가 아니라 마구니라 해야 할 테니까. 그럼, 저렇게 들끓는 마음 뒤에 숨어 있는 고요한 마음을 보라는 말일까? 그 경우 '마음'은 전자와 같은 말이 되니 그렇다고 하기 어렵다.

그런데 남악회양이 마조에게 준 가르침을 보면, 답은 오히려 후자인 것 같다. 그때그때 일어나고 사라지는 마음. 일단 거기부터 찾아가보자. 남악은 자신이 주석하고 있던 절 인근에서 열심히 좌선을 하고 있는 스님이 있다는 소문을 듣고 찾아가서 묻는다.

"스님은 뭐 하고 계시우?"

"보다시피 좌선을 하고 있습니다."

"좌선은 해서 무엇하려고?"

"부처가 되고자 합니다."

그러자 더 묻지 않고 돌아왔단다. 그리곤 다음날 숫돌과 기왓장을 하나씩 들고 다시 찾아간다. 좌선하는 마조 옆에서 숫돌에 기왓장을 갈기 시작했다. 얼마 지나지 않아 궁금해진 마조가 묻는다.

"스님, 뭐하고 계세요?"

"보다시피 기왓장을 갈고 있네."

"그걸 갈아서 무엇하시려구요?"

"거울을 만들려고 하네."

"아니 기왓장을 간다고 거울이 되겠습니까?"

"그래? 근데 스님은 좌선을 해서 부처가 되려 한다메?"

당황한 마조는 머뭇거리다 다시 묻는다.

"그러면 어찌 해야 부처가 되겠습니까?"

"수레가 가지 않으면 수레에 채찍질을 해야 하는가 소에게 채

찍질을 해야 하는가?"

여기서 마조가 하고 있는 좌선이란 고요히 앉아서 들끓는 중생심 뒤에 숨은 고요한 마음을 보려는 것을 뜻한다. 선정의 집중을 통해 깊숙이 숨은 마음을, 혹은 '본체'를 보는 것이다. 그런데 바로 그것을, 남악은 정성스럽게도 숫돌과 기왓장을 일삼아 들고 찾아와 시비를 걸곤 엎어버린다. 고요한 부동심이란 움직이지 않는 수레 같은 것이라며. 그 움직이지 않는 수레에 앉아 뭐 하겠냐는 말이다. 그 수레에 안주할 게 아니라 소에게, 몸을 끌고 다니는 저 마음에 채찍질을 해 수레를 움직이게 하라는 말이다.

할 말을 잊은 채 난감해하고 있는 마조에게 남악은 다시 말한다.

"그대는 좌선을 배우는가, 좌불座佛을 배우는가? 좌선을 배운다고 하는데, 선은 앉거나 눕는 데 있지 않으며, 좌불을 배운다고 하는데 부처는 어떤 모습도 아니라네… 그대가 앉은 부처를 구한다면 부처를 죽이는 것이며, 앉은 모습에 집착한다면 그 이치를 깨닫지 못한 것일세."

선은 고요히 앉아 있는 것이 아니며, 부처는 그렇게 앉아서 구하는 게 아니란 말이다. 직지인심, 지켜보아야 할 마음이란 그 고요한 마음, 본체 같은 부동의 마음이 아니라 내 몸을 움직이는 바로 그 마음이다. 즉심즉불의 마음, 즉 부처와 같다고 하는 마음은 바로 이런저런 번뇌에 들끓으며 하나하나의 행동을 만들어내는 마음이다. 좌선을 해서 부처를 구할 수 없다 함은, 그렇게 들끓는 마음을 피해 고요함 속으로 깊이 들어가면 부처를 얻지 못한다는 말이다.

불가에서 마음에 대해 말할 때 종종 바다의 은유를 빈다. 표면의 끝없이 일렁이는 파도와 물결들이 있지만 조금만 깊이 내려가면 고요하고 평온한 바다가 있다고. 표면의 파도와 물결이 번뇌에 일렁이는 마음, 그때그때 나의 몸을 맴돌고 움직이게 하는 세간의 마음이라면, 깊이 내려가면 보게 되는 고요하고 평온한 바다야말로 불성이고 본체고 여래장이고 공이라고 한다. 그러나 남악이 말하는 부처나, 마조가 말하는 즉심즉불에서 부처와 다르지 않은 마음이란 놀랍게도 이런 깊숙한 곳에 있는 본체나 공이 아니라 표면에서 일렁이며 나를 움직이는 마음이다. 마조 자신도 이렇게 명시적으로 말한 적이 있다. "공空을 관찰하여 선정에 들어가면 바로 유위有爲에 떨어진다 하겠다."《마조록·백장록》, 25)

그러나 중생과 부처가 다르지 않다고 하지만, 번뇌에 시달리는 마음과 부처가 같다고 할 순 없을 터이다. 번뇌는 번뇌이고 속박일 뿐, 부처의 자유와는 거리가 머니까. 그렇다면 그 마음이 부처라 함은 무슨 뜻일까? 그걸 보면 어떻게 성불한다는 것일까?

설법하는 고양이와 부처가 된 로봇

아무리 깊은 선정에 들어가 평온하다 해도 돈과 욕심, 충돌과 분심, 혹은 속고 속이는 일로 가득 찬 세상사 물결 속에 들어가는 순간, 우리는 부처와는 거리가 먼 중생이 되고 만다. 그렇다고 바다의 표면에 물결이나 파도가 없기를 바란다면 그것만큼 어리석은 것도 없다. 파도가 일어날 때마다 왜 이게 일어나는 거야 하며, 번뇌심에 또 하나의 번뇌를 얹어 이중의 고통을 받게된다. 화살의 고통에 더해 왜 화살을 쏘는 거야 하는 두 번째 번뇌가 찾아오듯이. 세상을 좀 안다는 이들이 흔히 그러하듯, 그런 세상사에 대해 냉소하며 무력한 허무주의에 빠지는 건, 그 번뇌를 따라 마구니굴로 들어가는 일이다.

그래서 석가모니는 알랄라 칼라마, 웃타카 라마풋타 문하에서 비상비비상처정非想非非想處定, 멸진정滅盡定까지 가는 깊은 선정에 이르고서도, 거기서 나오는 순간 번뇌가 되살아남을 보곤, 세상을 벗어난 그 선정은 답이 아니라며 떠나지 않았던가! 문제는 파도를 떠나 깊은 바다 속으로 들어가는 능력이 아니라, 바로 저 파도 속에서, 일상생활 속의 끝없는 물결을 타고 살며 편안할 수 있는 능력이다. 다시 마조의 말이다. "지금 하는 일상생활과 인연 따라 중생을 이끌어주는 이 모든 것이 도道이니, 도가 바로 법계"다(《마조록·백장록》, 28). 일상에서 대하는 대상(境)과 만나며 탐진이나 애증에 물들지 않으면 그것이 도란 말이다. "마음과 경계(境)를 깨달으면 망상이 발생하지 않으며, 망상이 나지

않는 그 자리가 바로 무생법인無生法忍이다. 무생법인은 본래부
터 있었고 지금도 있어서 도를 닦고 좌선을 할 필요도 없으니,
도를 닦고 좌선을 할 것도 없는 이것이 바로 여래의 청정선이
다."《마조록·백장록》, 30)

설법하는 고양이와 부처가 된 로봇

프랑스의 작가 조에 부스케는 1차 대전에 참전했다 포탄을 맞
아 하반신을 쓸 수 없는 불구의 몸이 된다. 이런 일이 일어나면
대개는 그 사고를 감당하기 힘들어 그나마 남은 목숨마저 끊어
버리려 하게 된다. "스무살에, 나는 포탄을 맞았다. 내 몸은 삶
에서 떨어져나갔다. 삶에 대한 애착으로 나는 우선은 내 몸을
파괴하려 했다." 《달몰이》, 부스케, 11) 삶의 애착과 죽고 싶다는 생
각 사이에서 얼마나 번민이 지대했을 것인가! 하지만 죽고 싶다
는 생각조차 실은 삶에 대한 애착에서 나온 것이다. 이런 일이
있어선 안 되었는데 하는 마음이, 내게 발생한 사고를 받아들
일 수 없는 마음이 죽음보다 더한 번뇌를 만들어낸다. "상처받
은 나는 이미 내 상처가 되어 있었다." 그러나 아무리 망가진 신

체에 기대어 있다 해도, 살아있는 이에게는 죽음조차 쉬운 일이 아니다. 그리하여 "해가 가면서, 내 불구가 현실이 되어가면서, 나는 나를 제거해야겠다는 생각을 그만두었다." 망가진 몸을 현실로 받아들이게 되면서 그 현실 속에서 살아가게 되었을 것이다. "나는 여자처럼 살았다. 정신을 잉태했고, 정신을 내 감각들로 젖 먹였다." 그렇게 하여 그는 작가로서의 삶을 살게 된다. 작가로서의 삶을 통해 그는 불구가 된 자신의 신체를, 그렇게 불구로 만든 그 '사고'를, 새로운 삶을 시작하게 한 '사건'으로 받아들이게 된다. 망가진 신체로부터 '벗어나' 자유로운 삶을 살게 된 것이다. 망가진 신체 그대로.

'사고'가 없었으면 좋았을 불행한 일이라면, '사건'이란 그것 없는 삶을 생각할 수 없는 삶의 전환점이다. 사건이란 그 이전과 이후가 결코 같을 수 없는 어떤 분기점이다. 부스케에게 신체적 파괴는 사고로 다가왔지만, 이후의 삶을 통해 자신이 삶을 긍정할 수 있게 되었을 때, 그것은 사건이 되었다. 물론 그러기 위해선 십 년 가까운 시간이 흘러야 했다. 그 십 년의 시간이 지난 뒤 그는 자신의 신체를 부수었던 그 일을 더없는 암울함 속에서 구해낸 것이다. 차라투스트라가 말하는 '과거의 구원'이란 게 있다면 바로 이런 것일 게다.

무엇이 그를 자유롭게 해준 것일까? 그의 말대로 삶에 대한 애착, '정상적인' 신체에 대한 애착이 그를 망가진 신체에 매이게 했을 것이다. 망가진 신체에 대한 한탄과 망가뜨린 사태에 대한 분노가 신체만큼이나 그의 '영혼'을 망가뜨렸을 것이다. 십 년 가까운 시간이 흐른 뒤의 일이지만, 그 신체를 현실로 받아들이게 되었을 때, 그는 부서진 신체에서 벗어나기 시작했다. 그 신체를 더는 한恨하지 않게 되었을 때, 혹은 그 부서진 신체를 버리는 게 아니라 오히려 거기에 달라붙어 살기 시작했을 때, 그의 신체는 새로운 정신을 잉태하는 새 대지가 되었다.

신체가 달라졌을 리 없다. 치료 가능성이라곤 전혀 없었을 테니까. 만약 일말의 가능성이라도 있어서 신체를 치료하여 '정상'으로 되돌리려 했다면, 그는 평생 충분히 치료될 수 없는 불구의 신체 속에서 애착과 원망, 한탄과 분노의 삶을 살았을 것이다. 결코 자신의 신체를 있는 그대로 현실로 받아들이지 못했을 것이며, 그 부서진 신체에서 새로운 영혼의 싹을 피워내지 못했을 것이다. 신체를 바꾸려 하는 대신 그 신체에 다가오는 것들, 그 신체에 달라붙는 것들을 바꾸기 시작했을 때, 그의 삶이 바뀌기 시작했을 것이다. 부서진 신체를 자신의 일상적인 삶의 대지로 받아들이게 되었을 때, 그 달라진 대지 위에서 새로운 삶을 시작하게 되었을 때 모든 것이 달라졌을 것이다. 그 신체가 망가졌다는 사실을 더는 의식하지 않게 될 때, 혹은 망가진 신체 덕분에 지금의 삶이 가능하게 되었다는 생각에 이를 수 있을 때, 그는 신체로부터 완전히 자유롭게 될 것이다.

부스케가 왜 그렇게 달라질 수 있었을까? 마음을 확 바꾸어 먹는 '돈오' 같은 각성의 계기라도 있었던 것일까? 알 수 없지만, 그건 아닌 것 같다. 그렇다면 그가 부서진 신체도, 삶도 긍정하고 '자유롭게' 살 수 있게 되었다 함은 무슨 뜻일까?

이전이라면 밥을 먹을 때조차 이런 몸을 유지하려고 밥을 먹나 하는 등의 번뇌가 있었을 것이다. 안 먹으려 내던졌다가도, 몸이 망가져도 사라지지 않는 배고픔을 한탄하며 먹었을 것이다. 밥뿐일까? 그는 사고로 침대에 누워 지내게 된 후 몇 년간 창문도 열지 못하게 했다고 한다. 빛은 쬐어서 무얼 할 거고 바람은 불어서 어쩌라구 싶었을 것이다. 일상생활의 행동 하나하나가 번뇌 덩어리였을 게 틀림없다. "나는 하루하루에서 내 삶을 찾지 않았다. 삶은 (그런) 날들 이전에 있으며, 삶은 사실들을 어떻게 잊느냐에 따라 드러난다."《달몰이》, 20) 그런 식으로 그는 "나에게 닫혀 있는 삶에 예속되기를 원하였다." 자신에게 닫혀 있는 삶, 사고 이전의 삶, 자신이 가 닿을 수 없는 삶에 대한 헛된 소망이 하루하루의 삶을 잊게 만들었다. 결코 잊을 수 없는 저 고통스런 사실들을 잊음으로써만 살 수 있었다고 믿었던 게다.

반대로 사고마저 사건으로 긍정하게 된 이후라면? 부서진 신체를 받아들였다곤 했지만, 눈만 뜨면 보이는 부서진 신체, 물 한잔을 마시려 해도 제대로 움직여주지 않는 신체를 어찌 잊을 수 있을 것인가. "살덩이는 내 욕망들의 수치였다." '존재의 상처'가 되어버린 회한이나 어둠이 사라졌을 리 없다. 그래도 '하루하루'에서 자기 삶을 찾게 되었을 것이고, 애써 그걸 잊으려 하지 않았으며, 그 신체의 상처 속에서 길어낸 문장들로 글을 썼을 것이다. 그런 식으로 자신에게 다가온 삶을 살았을 것이다. 밥 먹는 걸 두고 이전처럼 고민했을 리 없다. 닫아두었던 창문도 열었을 것이다. 아니, 열려 있든 닫혀 있든 개의치 않았을 것이다.

아주 상반되는 이 두 가지 다른 삶, 그 모두가 동일한 신체의 '표면'에서 벌어지는 일들이다. 그의 삶이 달라졌다 함은 그 신체에 다가오는 것들, 신체에 와 닿고 신체를 스쳐지나가는 일들이 달라졌음을 뜻한다. 망가진 신체 위에 마음의 물결은 끝없이 와서 부딪친다. 때론 파도마저 친다. 물결 같은 마음이란 신체를 움직이는 신체의 표면이다. 움직이지 않아도 움직인다. 움직이지 않는 신체지만, 그것 그대로 다른 삶을 살게 하고 다른 행동을 하게 하며 다른 감각 다른 생각이 깃들게 한다. 자신을 긍정하는 삶이란 그렇게 신체의 표면에서 출현한다. 자신의 신체에 와 부딪치는 마음의 물결 상에서 일어난 변화와 함께 온다. 표면을 스치는 하나하나의 마음의 물결들, 그것을 애착도 거리낌도 없이, 안타까움과 분노도 없이 타고 갈 수 있게 되었을 때, 그의 삶은 평화를 찾게 되었을 게다.

마조가 '즉심즉불'이라며 하나하나 표면에서 일어나는 마음을 보라함은 이런 이유가 아니었을까? 마음의 물결 하나하나가 부처처럼 탐진과 애증에 부대끼지 않을 때 부처가 되리라고 얘기한 게 아니었을까? 혹은 그 물결 하나하나마다 무언가를 얻으려 애쓰지 않고, 또한 밀쳐내려 애쓰지 않는다면 부처처럼 평화롭고 자유로울 수 있다는 말 아니었을까?

망가진 신체만이 문제일까? 멀쩡한 신체를 갖고서도 우리는 자신의 신체를 탓하고, 능력을 탓하며, 자신이 살아가야 할 세상을 탓한다. 이유는 부스케와 마찬가지로 자기 삶에 대한 애착 때문이다. 이런 삶을 살고 싶은데, 이런 얼굴을 갖고 싶은데, 이런 집을 갖고 싶은데, 현실이 그렇지 않으니 자신의 삶도, 신체도, 얼굴도 긍정할 수 없고, 자신이 사는 삶도 긍정할 수 없는 것이다. 그래서 하루하루의 삶, 하나하나의 행동에서 삶을 보지 않고, 그렇게 부대끼는 날들 이전에 있는 삶을 찾고, 지금 존재하는 저 불만스런 사실들을 잊으려 애쓰고 있지 않은가? 그런 식으로 나에게 열려 있는 삶이 아니라 닫혀 있는 삶을 구하려 애쓰고 실망하고 애태우고 분노하며 살고 있지 않은가?

03
평상심,
혹은
표면의 깊이

매일매일의 생활, 하나하나의 언행을 산출하는 물결들이 바로 마음이다. '배고프면', 혹은 '때가 되면' 밥을 먹고자 일어나는 마음, 그때마다의 연기적 조건에 따라 만들어지는 마음이다. 부서진 신체의 표면에 물결치는 마음은 그 부서진 신체를 조건으로 하는 마음이고, 배고픈 신체 표면에 떠오르는 마음은 배고픈 신체를 조건으로 하는 마음이다. 표면적이기에 조건이 변함에 따라 끝없이 변하는 잔물결 같은 마음들이다.

그런 물결 같은 마음 하나하나에서 애증에 물들지 않는 것, 얻으려 치달리지 않고 밀쳐내려 인상 쓰지 않는 것, 그것이 마조가 말하는 즉심즉불의 부처고 도이다. 얻으려 치달리는 마음이 탐심이고 밀쳐내려는 마음이 진심이라면, 일상생활 하나하나에서 애증에 물들지 않는 마음이 '평상심平常心'이다. 평상심이란 연기적 조건 속에서 자연발생적으로 일어나는 마음이고, 본체 같은 깊은 심층에 숨은 마음이 아니라, 표면에 떠다니지만 애증에 물들지 않은 마음이다. 억지로 하려 하지 않는 마음이란 점에서 일체의 유위를 떠난 무위의 법이고, 그런 무위를 행하는 것이란 점에서 도道이다.

그런 마음을 보라는 말은 표면에서 물결처럼 일어나고 가라앉는 마음이 애증과 탐진의 욕망에 물들지 않았는지 지켜보라는 말이다. 물들지 않은 채 표면의 그 물결을 따라 가라는 말이다. "도는 닦을 것이 없으니 물들지만 말라. 무엇을 물듦이라 하는가? 생사심으로 지향이 있게 되면 모두가 물듦이다. 그 도를 당장 알려고 하는가? 평상심이 도이다. 무엇을 평상심이라 하는가? 조작이 없고 시비가 없고 취사가 없고 단상이 없으며 범부와 성인이 없는 것이다."《마조록·백장록》, 27)

즉심즉불의 마음도 평상심도 표면의 마음이다. 깊숙한 심층의 본체 같은 게 아니라 매일 매 순간 우리의 신체를 움직여내는, 신체 표면의 마음이다. 서양도 그렇지만 동양 역시 심층적인 것에 대한 애착을 갖고 있다. 표면의 모든 것을 좌우하는 저 깊은 심층의 어떤 본성이나 본체 같은 것, 혹은 세상사 모두를 만들어내고 지배하는 하늘 저편의 지고한 이법理法이 그것이다. 초월적인 실체나 본성, 혹은 어떤 이치나 원리를 추구하는 이들은 모두 표면

설법하는 고양이와 부처가 된 로봇

적인 것을 하찮다고 비판하며 심층적인 것을 추구한다. 이런 태도를 서양철학에선 형이상학形而上學이라 한다. 하나의 원리, 하나의 본성으로 전체를 꿰려는 태도란 의미다. 자연과학조차 이점에서 보면 충분히 형이상학적이다. 모든 현상을 지배하는 단일한 법칙을, 표면의 차이 깊숙이 숨어 있는 심층의 법칙을 추구하기 때문이다. 고전역학과 양자역학, 상대성이론 등을 하나로 통합하려는 이른바 '대통합 이론'의 꿈이 이를 잘 보여준다.

불교는 원래 이와 반대로 표면적인 것에 주목한다. 연기법, 흔히 부차적이라고 간주되는 그때그때의 연기적 조건들이 '본성'이라고 생각했던 것마저 바꾸어버린다는 사고법이란 점에서. 그러나 이런 사고법은 사유를 거듭하면서 연기적 조건들과 무관한 어떤 것을 향해 어느새 나아가기 십상이다. 심층의 실체를 찾게 마련인 게 어쩌면 사유의 깊숙한 바닥에 가리잡은 성향인지도 모른다.

표면적인 현상들 어디에나 존재하는 원소 같은 것을 찾으려는 '아비달마阿毘達磨'의 시도도 그런 경우였다. 원소적인 실체 대신 '불성' 같은 거대한 본체를 찾으려는 시도도 비슷한 경우일 게다.

다만 그 경우에도 불교가 남다르게 특이한 것은 연기법적 사고를 되돌려서 이런 심층의 본체가 어떤 본성도 갖지 않음을 본다는 점이다. 즉 불교에도 심층적 사고는 있지만, 그것은 본성 없는 심층, 혹은 실체 없는 심층을 향한다. 불성이나 여래장, 본체, 장식藏識 같은 것이 그렇다. 심층이라 할 것은 분명히 있다. 그러나 그 심층에는 아무런 본성도 없다. 그러니 심층에서 무언가를 찾으려 해봐야 아무것도 찾을 수 없을 것이다. 그래도 무언가 찾고자 하는가? 그렇다면 차라리 표면으로 올라가라!

마조가 즉심즉불의 물결 같은 마음을 보라고 할 때, 그것은 심층 아닌 표면의 마음이다. 그는 심층에서 부처가 되는 법 대신 표면에서 부처가 되는 법을 가르친다. 고요함을 얻어 심층으로 내려가는 좌선 대신 매일의 일상생활에서 부처가 되라고 설파한다. 평상심이란 그렇게 표면에서 자유로움을 얻은 마음이고, 끝없는 물결 위에서 평정을 유지하는 마음이다.

시인 발레리는 "가장 깊은 곳은 피부다"라고 쓴 적이 있다. 피부란 표면이다. 가장 표면적인 것이 가장 깊은 것이라는 역설이다. 이 말을 고지식하게 이해하려면 피부병 약을 생각하면 된다. 위장에서 흡수되어 신체 모두를 다 관통해야 도달할 수 있는 것이 피부 아닌가! 하지만 그건 표면을 예찬하려던 문장을 심층보다 더 깊은 곳으로 끌고 내려가고, 가벼움을 말하려던 글을 너무 무겁게 이해하게 한다. 심층을 찾는 이들이 무시하는 표면을 그들이 찾는 깊이의 이름으로 부상시킨 것이라고 해야 한다.

그러나 표면의 사유가 피상적인 사유는 아니다. 가장 깊은 것이 표면이라면, 중요한 것은 표면에서 그 깊이를 보는 것이다. 표면의 사유란 그저 표면을 보는 게 아니라 표면에 존재하는 깊이를 보는 것이다. 표면의 깊이는 깊이 없는 깊이다. 그렇기에 그것은 안목 없는 눈에는 보이지 않는다. 표면의 사유가 피상적 사유가 되기 십상인 것은 이 때문이다. 표면의 물결에서 그 물결에 깃든 고요함을, 물결마저 고요하게 만드는 '깊이'를 보지 못하는 것 역시 피상적인 것이다. 그런 눈으로는 그때그때 일어나는 번뇌심과 물결 속에서 고요한 평상심의 차이를 보지 못한다.

평상심은 그저 지금 하고자 하는 것을 '당당하게' 하는 그런 마음이 아니다. 그건 애증과 탐진의 마음에 물들어 잔물결 하나에도 쉽사리 끌려다니고 끄달리는 마음이기 때문이다. 평상심으로 산다 함은 물결과 파도를 피해 물속으로 숨는 것도 아니고, 그것에 끌려다니는 것도 아니다. 따라가되 끌려다니지 않고, 타고 가되 부대끼지 않는 것이다. 하고자 하는 마음 없이 하는 것이기에 무위라 한다. 그건 차라리 마음의 물결을 타고 다니며 그것을 부리는 것이다. 흔들림 없이 고요한 곳을 찾는 게 아니라 흔들리는 물결 위에서 고요한 것이다. 없는 것을 얻고자 애쓰지도 않고, 있는 것을 없애려 애쓰지 않는 것, 오면 오는 대로 맞아주고 가면 가는 대로 놓아두면서 매 순간의 삶에 충실한 것, 그게 평상심이란 말로 마조가 가르치려 한 것일 게다.

"도란 닦는 데 속하지 않는다. 닦아서 체득한다면 닦아서 이

루었으니 다시 부서져 성문聲聞과 같아질 것이며, 닦지 않는다 하면 그냥 범부일 뿐이다."(25)

그러나 나중에 마조는 즉심즉불 대신에 '비심비불非心非佛'로 사람들을 가르친다. 보아야 할 것, 찾아야 할 것은 '마음도 아니고 부처도 아니'라는 말이다. 즉심즉불에서 하고자 했던 것을 대놓고 뒤집어버리는 대구다. 왜 그랬을까?

무위의 평상심도 근본적인 역설을 갖는다. 그것은 하고자 하는 마음 없이 마음을 내는 것이다. 그렇기에 평상심을 얻고자 한다면 그것은 이미 얻고자 하는 게 있는 것이니, 무위가 아니라 유위에 속한다. 즉 평상심이 아닌 것이 된다. 평상심은 추구하려는 마음조차 없이 추구해야 평상심인 것이다. 그러니 그런 마음을 얻으려 할 것도 없고 부처라는 상태를 따로 얻으려 해서도 안 된다. 얻으려고 하지 않을 때에만 얻을 수 있는 게 평상심이고, 도달하려는 마음이 없을 때에만 도달할 수 있는 게 부처다.

백장의 말이다. "부처는 구하는 게 없는 사람이니 구하면 이치에 어긋나고, 진리는 구할 것 없는 이치이니 구하면 잃는다. 그렇다고 구함이 없는 것에 집착하면 도리어 구하는 것과 같다."(《마조록·백장록》, 175)

이렇게 반대되는 설법으로 바꾸었으니 혼란이 생길 법도 하다. 즉심즉불이란 말에 깨닫곤 대매산大梅山에 머물고 있던 제자

설법하는 고양이와 부처가 된 로봇

법상法常에게 마조는 문하에 있던 스님을 하나 보내 슬그머니 시험을 해본다.

"마조 스님 법문은 요즈음 또 달라졌습니다."

"어떻게 달라졌는가?"

"요즈음은 비심비불이라 하십니다."

"이 늙은이가 끝도 없이 사람을 혼란시키는구나. 너는 네 맘대로 비심비불해라. 나는 오직 즉심즉불일 뿐이다."

그 스님이 돌아와 보고하니 마조가 말했다.

"매실이 제대로 익었구나."

백장회해는 즉심즉불이 방편교설이고 비심비불이 궁극적인 교설이라고 한 적도 있지만《마조록·백장록》, 108) 사실 둘 다 방편일 뿐이다. 자신의 조건에 따라 도를 찾아가는 도구일 뿐이다.

어떤 스님이 마조에게 묻는다.

"스님께서는 무엇 때문에 즉심즉불이란 말을 하십니까?"

"어린 아이의 울음을 달래려고 그러네."

부처를 찾는 이를 위한 방편이란 말이다.

"울음을 그쳤을 땐 어떻게 하시렵니까?"

"비심비불이지."

"이 둘 아닌 다른 사람이 찾아온다면 어떻게 지도하시렵니까?"

"아무것도 아니라고 말해주겠다."

"그 가운데서 홀연히 누가 찾아온다면 어찌하시렵니까?"

"무엇보다도 큰 도를 체득하게 해주겠다."

　　　　　　　　　설법하는 고양이와 부처가 된 로봇

•

제4장

설법하는 고양이와 부처가 된 로봇

•

무정불성無情佛性과 잠재성의 바다

01
잣나무가
성불할 때까지
기다려라

유정有情, 정식情識이 있는 것을 뜻한다. 정식이란 정情과 식識이 니, 감정이나 지각능력을 뜻한다. 따라서 유정이란 감정이나 지 각능력을 갖고 있는 것, 생명체라고 부르는 것과 비슷한 말이라 한다. 중생이라 번역되기도 했던 범어梵語 '사트바sattva'의 번역어 다. 그렇다면 정식이 없는 것을 뜻하는 무정無情이란 생명 없음 을 뜻하는 말일 텐데, 산천초목을 그 예로 드는 것을 보면 생명 ·비생명과 유정·무정을 같은 의미로 사용했던 것인지는 약간 의 아스럽다. 아마도 풀이나 나무에겐 정식이 없다고 믿던 당시의 통념 속에서, 초목은 생명이 있음에도 무정물로 분류되었던 것 같다. 즉 유정이란 동물을 뜻하는 것이었던 셈이다. 그러나 식물 에게 감정은 몰라도 지각능력이 있음이 확인된 지금이라면, 이는 다시 분류되어야 한다. 오히려 유정이란 생명체를 뜻한다는 말이 더 적절하다 해야 한다.

　유정과 무정이 불교에서 문제가 되었던 것은 불성의 유무 때문이다. 불성은 애초에 부처가 될 자질을 뜻하는 것으로 사용되었고, 그런 의미에서 인간 가운데서도 일부는 그런 불성이 과연 있는지 의심스러워했던 것 같다. 사실 우리가 봐도 정말 불성이 있는지 의심스런 사람들이 있으니, 충분히 그럴 법하다. 그런데 불교의 역사는 불성을 가진 존재의 범위를 점점 확장해간 과정이었던 것 같다. 그리하여 처음엔 보살까지 한정되어 있던 불성은 후일 모든 인간으로, 나아가 모든 중생으로까지 확장되었다. 삼론종三論宗이나 선종 초기의 우두종牛頭宗은 무정물 또한 불성을 갖는다고 주장한 바 있고, 천태종의 담연湛然은 무정불성론을 논증하는 책을 쓰기도 했다. 선종에서는 일부는 무정불성을 인정하지 않았지만 일부는 무정물이 언제나 불법을 설한다는 '무정설법'에 대해 말하기도 한다.

　무정물은 물론 유정물 중에서도 인간 아닌 것에 정말 불성이 있는지 또한 선종 초기에 꽤나 오랫동안 논란이 되었던 것 같다. 선의 공안 가운데 가장 잘 알려진 것이 그와 관련된 것이다. 한 스님이 조주에게 물었다.

　"개에게도 불성이 있습니까?"

　"없다."

《무문관》 첫째 칙이기도 하고, 간화선을 확립한 대혜종고가 학인들에게 많이 주어서 유명해진 화두다. 통상적인 '유무有無'를 떠나서 저 '없다(無)'라는 말에 의정을 실어 참구하라고들 한다. 화두의 참구에는 그것이면 충분하다 한다. 그러나 조주의 문답은 원래 그것으로 끝나지 않는다. 물었던 스님이 다시 묻기 때문이다.

"위로는 부처님에서 아래로는 개미까지 모두 불성이 있다고 하는데, 어째서 개에게는 없다고 하십니까?"

"그에게 업식業識의 성품이 있기 때문이다."《조주록》, 상경각, 71)

여기서 다시 물은 스님의 질문을 보면, 모든 중생이 불성을 갖고 있다는 생각을 전제로 깔고 물었던 것임을 알 수 있다. '일체중생실유불성一切衆生悉有佛性'이란 명제가 널리 알려진 시기에, 조주는 그 명제에 반하여 '없다'고 답함으로써 물었던 학인을 놀라게 했던 것이다. 왜 개에겐 없다고 하느냐는 질문에 대한 답은 더 놀랍다. 그의 말대로 '업식의 성품이 있기 때문'이라면 업식의 성품을 가진 모든 것은 불성이 없다는 말이 되기 때문이다. 업식의 성품이라면 깨달음을 얻지 못한 모든 인간이 갖고 있는 것 아닌가! 아니 생명체라면 어떤 것도 갖고 있는 것이다. 그렇다면 그런 인간은 물론 생명체 모두가 불성이 없다는 말이 된다. 조주만은 아니다. 위산潙山은 '일체중생 실유불성'을 뒤집어 "일체중생이 모두 불성이 없다(一切衆生皆無佛性)"고 했고, 낭주朗

州의 고제古堤는 평상시에 학인들이 찾아오면 매번, "가라! 그대에겐 불성이 없다!"라고 말했다고 한다(《정선 공안집》, 1, 678~679).

그러나 조주는 정반대로 말한 적도 있다.

"개에게도 불성이 있습니까?"

"집집마다 문 앞의 길은 장안으로 통한다."(《조주록》, 131)

집집마다 있는 길은 아무리 좁은 길이라 해도 다른 길로 이어져 결국 장안으로 통하게 마련이듯이, 인간도 개도 모두 부처에 이르는 길을 갖고 있다는 말이다. 즉 개에게도 불성이 있다는 말이다. 좀 더 나아가 당시라면 무정물로 분류했을 잣나무에 대해서도 이렇게 말한다.

"잣나무에게도 불성이 있습니까?"

"있다."

"언제 성불합니까?"

"허공이 땅에 떨어질 때까지 기다려라."

"허공은 언제 땅에 떨어집니까?"

"잣나무가 성불할 때까지 기다려라."(《조주록》, 117)

허공이 땅에 떨어질 리 없다며 불성이 있다는 말을 다시 뒤집는 말일까? 통념에 따르면 그렇다 해야 한다. 허공이 땅에 떨어질 리 없으니까. 그러나 잘 생각해 보면 꼭 그것만은 아닌 듯하다. 어찌 보면 이미, 그리고 항상 땅에 떨어져 있다고 해야 한다. 그렇다면 언제나 성불해 있다는 말이 된다. 무정물의 불성을 긍정하는 이들의 주장이 바로 이랬다.

뒤에 보겠지만, 혜능의 제자였던 남양혜충南陽慧忠(?~775)이 어떤 선객과 아주 길게 논쟁하는 것을 보면, 무정불성을 긍정하는 건 적어도 초기에는 선종에서도 쉽지 않았던 것 같다. 아마도 조주의 스승인 남전이 고양이를 두 동강 내 죽인 것은 이런 논쟁과 무관하지 않았을 것 같다.

어느 날 남전이 주석하고 있던 절에서 동서 양편의 승당에서 고양이를 가지고 다투자, 남전보원南泉普願(748~834)이 이를 보고서 마침내 고양이를 잡아 들고 말했다.

"대중들이여, 제대로 말을 하면 이놈의 목숨을 구해줄 것이고, 제대로 말을 하지 못하면 베어서 죽이겠다."《벽암록》, 중, 장경각, 228)

윽! 살생을 금하는 엄한 계율이 있건만, 불도를 깨치신 스님께서 살아있는 고양이를 죽이겠다니! 너무도 강렬한 물음이었지만, 대중은 아무 대꾸도 하지 못했다. 결국 남전은 고양이를 두 토막 내 죽여버렸다고 한다. 남전은 대체 무슨 대답을 듣고자 멀쩡한 고양이를 죽여버린 것일까?

어록에는 동서 양편의 승당 스님네들이 고양이를 두고 무얼 다투었는지는 나오지 않지만, 아마도 고양이에게 불성이 있는가를 두고 다투었을 것이 틀림없다. 고양이가 아무리 귀엽다기로서니 스님네들이 고양이를 자기 것이라고 다투었을 리는 없으

설법하는 고양이와 부처가 된 로봇

니까. 그런 다툼의 한가운데로 치고 들어가 고양이를 잡아들곤, "말해보라!"고 물었던 것이다. 거기다 대고 무어라 답했어야 할까? 밖에 나갔다 나중에 돌아온 조주에게 남전이 낮에 있었던 일을 얘기해주며 묻자, 조주는 문득 짚신을 벗어 머리에 이고 밖으로 나가버렸다. 그러자 남전은 말하였다.

"네가 그때 있었더라면 고양이를 살릴 수 있었을 텐데…."

남전이 한 말을 보면, 조주가 한 행동이 그의 물음에 대해 제대로 된 답이었음이 분명하다. 그렇다면 조주가 신발을 머리에 이고 나가버린 건 대체 무슨 뜻일까? 일단 쉽게 손을 내미는 것은 신발을 머리에 이고 나간 행위를, 다음과 같은 《예기禮記》의 문장에 얼른 꿰어 맞추는 해석이다. "신발이 비록 새것이라도 정수리에 두고 베지 않으며, 갓이 비록 낡았더라도 발밑에 놓아두지 않는다." 즉 사물에는 정해진 제자리가 있는데, 신발을 머리에 임으로써 그 자리에서 벗어났음을 지적했다고 해석하는 것이다. 불성에 대한 쓸데없는 집착으로 사태가 크게 어긋나버린 것을 비판하고, 그로 인해 애꿏은 고양이를 죽게 한 승당의 스님들을 비난하는 것으로 해석하는 셈이다. 영화 〈설국열차〉에서 지배자들에게 항의해 신발을 던진 사람을 비난하며 신발이 머리 위에 있음은 정해진 자리를 벗어난 것이고 질서에 반하는 것이라며, 던진 자의 팔을 냉동시켜 부수어버리는 장면이 생각난다.

그러나 이런 식으로 해석한다면, 앞서 짚신을 이고 나간 조주의 행동 또한 사물마다 정해진 자리가 있으니 그걸 지키라는 의미로 이해한 게 된다. 그건 예와 규범을 강조한 유교에 대해서라면 모르겠지만, 그걸 깨는 선의 파격에 다가가는 데는 적절하다 보기 어렵다. 더구나 조주의 행동이 승당의 스님 아닌 남전의 물음에 대한 것이고, 고양이를 살릴 수 있었던 답이었음을 안다면, 이런 해석이야말로 멀리 빗나간 것이 아닐까? 그렇다면 조주의 이 행동은 대체 무슨 뜻이었길래, 대각회련大覺懷璉은 "남전이 한 칼에 두 토막으로 절단냈던 것"을 "조주가 두 토막을 이어 다시 살렸다"고 했을까?(《정선 공안집》, 1, 493, 488)

설법하는 고양이와 부처가 된 로봇

기왓장의 설법을
왜 그대는
듣지 못하는가

불성이란 《열반경涅槃經》에서 처음으로 사용된 말이다. 글자 그대로 보면 부처의 성품, 즉 부처가 될 능력을 뜻한다. 이 개념을 본격적으로 발전시킨 것은 《대반열반경大般涅槃經》인데, 여기서는 모든 중생이 부처의 성품을 갖고 있음을 설파한다. 이는 모든 이가 부처로서 평등함을 뜻하는데, 귀족과 평민, 브라만과 천민 등 사람마다 각각의 본성이 정해져 있다면서 주어진 자리를 지키며 주어진 일을 열심히 하면서 살라는 인도의 카스트제도를 생각하면, 당시로선 대단히 혁명적인 주장이라 하겠다. 하지만 이 경전에서도 일천제一闡提는 제외한다는 말을 덧붙인다. 일천제란 세속적 욕망이 강한 자로서 선근을 단절하여 불교를 믿지 않고 심지어 방해하는 자를 뜻한다. 그런데 좀 더 나중이 되면 일천제는 물론 모든 유정물이 불성이 있다는 주장으로 발전한다.

이런 불성 개념의 배경에서 여래가 될 잠재적 능력을 뜻하는 '여래장' 사상의 그림자를 보는 것은 어렵지 않다. 그러나 이처럼 '부처의 성품'이라는 구체적인 내용을 갖는 불성의 개념은 공 사상의 발전과 더불어 점차 아무런 형상도, 선악의 도덕적 성품도 없는 공 자체로 발전해간다. '승의공勝義空'이나 '법성法性' 같은 개념이 그것이다. 그에 따라 모든 중생이 불성을 갖는다는 생각은 더욱더 넓은 외연을 갖게 되는데, 이것이 결국 산천초목, 모든 무정물까지도 불성을 갖는다는 생각에 이르게 된 것이다.

사실 부처가 될 특정한 능력을 뜻하는 한, 잣나무나 국화꽃 같은 무정물은 물론 개나 고양이, 심지어 싸가지 없는 악인들에게서 불성을 발견하긴 쉽지 않다. 그래서 하택신회는 무정불성론을 비판하면서 "어찌 푸른 대나무가 공덕 있는 법신과 같고, 아름답고 향기로운 노란 국화꽃이 반야의 지혜와 같다고 하겠는가?" 반문한다(팡리티엔, 《중국불교철학》, 3. 36). 그 뿐만 아니라 "유정에겐 불성이 없고, 무정에겐 불성이 있다"는 파격적 주장을 했던 백장도 "목석이나 대나무, 국화꽃 같은 것 중에… 불성이 있다고 한다면 그들 중에 수기를 받고 성불했다는 자를 경전에서 볼 수 없는 까닭은 무언가?"를 묻는다(《마조록·백장록》, 123). 이렇게 따지면 단지 무정물뿐 아니라 개, 고양이도 마찬가지다.

설법하는 고양이와 부처가 된 로봇

어느 경전에서도 그들이 부처님의 수기를 받아 성불한 경우를 볼 순 없기 때문이다.

반면 남양혜충은 개 고양이나 대나무 정도가 아니라 아예 생명이 없는 무생물 또한 불성을 갖는다고 말한다. 어느 선객과의 매우 긴 토론의 일부다. 선객이 묻는다.

"어느 것이 부처님의 마음입니까?"

"담, 벽, 기왓장이니라."

여기선 불성을 '부처님의 마음'이란 말로 대신 물었다. 그에 대해 벽과 기왓장을 들어 답을 하자 선객은 《열반경》을 인용하며 '마음'과 '불성'이 같은 것이냐고 되돌려 묻지만, 정작 묻고 싶었던 것은 무정물에 '마음'이, 즉 '정식'이 있냐는 말이었을 게다. 그걸 어느새 알아채고 혜충은 이리 답한다.

"만일 무정이면 불성도 없다고 집착한다면 경에서도 삼계가 마음뿐이라 하지 않았을 것이니, 그대 자신이 경을 어긴 것이다."

삼계가 마음뿐이라면, 삼계를 이루는 무정물 역시 마음 말고 뭐가 있겠냐는 말이다. 이렇게 무정과 유정을 가르는 경계를 어느새 뛰어넘는다. 그러나 선객은 지지 않고 다시 날카로운 질문을 던진다.

"무정도 심성이 있다면 설법을 알아듣겠습니다."

난감한 질문이지만, 혜충은 한술 더 떠 놀라운 답을 한다.

"그들이 치열하게 항상 설법하고 있는데, 잠시도 쉬지 않는다."

무정물에 마음이 있다면 설법을 들을 수 있어야 하지 않느냐는 질문에, 알아들을 뿐 아니라 설법을 한다는 것이다! 이른바 '무정설법'이다. 선객은 다시 묻는다.

"어째서 저는 그걸 듣지 못하는 것입니까?"

"그대 스스로가 듣지 않는 것이다."

"누가 듣습니까?"

"부처님이 들으신다."

선객이 무정의 설법을 자신은 못 듣지만 혜충에겐 듣느냐고 묻자, 혜충도 못 듣는다고 답한다.

"내가 듣는다면 나는 부처님과 같아져서 그대는 내가 하는 설법을 듣지 못하게 된다."

중생 또한 듣는다면 중생이 아니기에 듣는다고 할 수 없다는 말에 선객은 다시 묻는다.

"무정이 설법한다는 것은 어디에 근거가 있습니까?"

"보지 못했는가?《화엄경》에 말씀하시기를 '국토가 설법하고 중생이 설법하고, 삼세의 일체가 설법한다' 하니, 중생이 유정뿐이겠는가?"(월운 역,《전등록》3권, 동국역경원, 297~298)

불성이란 득도하여 부처가 되는 능력이라고 하던 것을 진여의 공성 그 자체라고 바꾸어버리고, 역으로 부처를 그러한 공성에 의해 재규정한 것은 불성이나 부처의 관념을 근본적으로 혁신한다. 일체중생이 불성을 갖는다는 말은 사실 이럴 때에만 타

설법하는 고양이와 부처가 된 로봇

당하다. 이는 중생으로 명명되던 인간은 물론 개, 고양이, 그리고 대나무와 기왓장에 대해서 근본적으로 다르게 보게 하며 다른 관계를 맺게 만든다. 사람들 사이에 지울 수 없게 강하게 그어놓은 차별의 경계선뿐 아니라 사람과 동물, 동물과 식물, 생물과 무생물 간에 그어놓은 차별의 경계상 모두를 지워버리기 때문이다. 부처가 어떤 인격적인 능력이나 불변의 본성이 아니라 공성을 뜻하는 한, 진여의 공성을 갖는 모든 것은 잠재적으로 부처라고 해야 한다. 개나 고양이, 대나무나 기왓장도 모두 공성을 가지므로, 잠재적으로 부처이다. 즉 불성을 갖는다.

그래서인지 공성을 강조하는 입장은 무정불성에 대해서도 빠르게 수긍한다. 공성에 대한 이론에 기초하여 성립한 삼론종은 중국의 다른 어떤 종파보다 빨리 '무정불성'의 이론을 받아들인다. 선종 안에서도 무정불성론을 가장 빨리 수용한 우두종이 삼론종과 매우 인접해 있음은, 우두종의 개조로 간주되는 우두법융牛頭法融(594~657)이 애초에 삼론종의 경법사炅法師 밑에서 출가했다는 사실에서 잘 드러난다. 법융은 "유정 무정의 일체 사물이 도와 부합하기에 성불할 수 있다"면서 "대나무와 국화가 법신반야와 같다"고 주장한다. 앞서 인용한 하택신회의 말을 겨냥하고 있는 주장임을 쉽게 알 수 있다. 즉 무정불성이란 발상을 두고 우두종과 하택종은 매우 격하게 대립되는 입장을 갖고 있었다(이쿠미 아츠시,《중국 선의 역사》, 99). 이 대립에서 '이긴' 것은 우두종의 무정불성론이었다. 하택종은 하택 이후 영향력을 잃고 쇠퇴해 간 반면, 우두종은 이후 선종의 근간이 되는 마조의 홍주종洪州宗 및 석두의 석두종과 교류하면서 그들 제자들의 생각 속으로 스며들기 때문이다. 가령 마조의 제자 서당지장西堂智藏(735~814)이나 마조 및 석두의 제자 단하천연丹霞天然(739~824)은 우두종의 경산법흠徑山法欽(714~793) 밑에서 배운 바 있고, 석두의 제자 천황도오天皇道悟(748~807) 또한 경산에게 법을 전수받은 뒤 석두에게 간다(같은 책, 126).

그런데 공성을 뜻하는 고양이와 대나무의 불성이란 대체 무엇일까? 공성이란 불변의 자성이 없음을 뜻하지만, 그건 역으로 주어진 연기적 조건에 따라 다른 '본성'을 가질 능력을 뜻한다. 즉 조건의 변화에 따라 자신을, 이른바 '본성'마저 바꾸어가는 잠재적 능력이다. 소는 어떤 연기적 조건에 처하는가에 따라 밭을 가는 일꾼이 되기도 하고, 먼 길 가는 아이를 태우고 가는 친구가 되기도 하며 느긋하게 풀을 뜯는 존재가 되기도 하고, 인간의 배를 채우는 고기가 되기도 한다. 아주 다른 본성을 갖는 것들이 된다. 조금 더 조건을 미세하게 보면 아침엔 여물을 먹고, 오전엔 밭을 갈다가, 오후엔 마차를 끌다, 저녁 땐 한가로이 풀을 뜯는다. 하루 안에서조차 조건에 따라 이렇게 달라지는 존재다. 이는 자성이 없어 공하기에 가능한 일이다. 변화를 좀 더 세밀하게 나누어 말해도 마찬가지로 말할 수 있다. 소뿐 아니라

설법하는 고양이와 부처가 된 로봇

개나 고양이도 그렇고, 대나무나 국화꽃도 그렇다. 식물들도 변화되는 조건을 지각하여 그에 맞추어 싹을 내고 잎을 무성히 내고 낙엽을 떨구며 자신의 신체를 바꾸어간다. 무상한 자연, 무상한 조건의 변화에 따라 특정한 '자기'의 상相을 고집하지 않고 무상하게 바꾸어간다. 살아있는 것은 모두 이러하다. 자기를 고집하지 않고 이렇듯 조건에 따라 묘용妙用을 바꾸어가는 능력, 그것이 곧 불성이다.

무정물 또한 마찬가지다. 벽돌은 어떤 조건과 만나는가에 따라 벽이 되기도 하고 화로가 되기도 하며 쌩돌이 되기도 한다. 강은 조건에 따라 사람의 갈 길을 막는 장애물이 되기도 하지만 배를 띄우는 수로가 되기도 하며, 사람이 빠져죽는 함정이 되기도 하지만 씻고 헤엄치는 곳이 되기도 한다. 다만 유정물과 다른 것이 있다면, 이런 조건을 스스로 바꿀 수 있는 능력이 떨어진다는 점뿐이다. 이것이 무정불성을 인정하기 어렵게 하는 이유일 게다. 그러나 개나 고양이, 혹은 인간도 자신이 살 조건을 얼마나 스스로 선택하고 바꿀 수 있는지를 따져본다면 그 차이는 생각보다 그리 크지 않다고 해야 할 터이다.

이 모두는 어디 감추어져 있지 않고 명확하게 드러나 있다. 그렇게 불성에 따라 살아가는 법을 있는 그대로 드러내 보여주고 있다. "불성은 당당하게 뚜렷이 나타나 있으나 모양(相)에 머무는 중생은 보기 어렵다. 중생 그 자체가 무아라는 사실을 깨

닫는다면 나의 얼굴이 어찌 부처와 다르리요."(《벽암록》, 중, 224)

불성에 따라 사는 법이 불법이라면, 모든 무정물 또한 항상 그렇게 불법에 따라 살고 있으니, 항상 불법을 설하고 있는 셈이다. 유정물도 무정물도 언제나 이렇게 불법을 설하고 있는 것이다. 그러나 우리는 그 설법을 듣지 못한다. 그들이 말하지 않아서가 아니다. 그들의 말을 우리가 알아듣지 못해서다. 온 몸으로 방사하는 파동을 우리의 분절된 말로 들으려 하기 때문이다. 귀나 눈 아니면 듣고 보는 능력이 없기 때문이다. 뿐만 아니라 우리가 생각하는 규정, 가령 소는 고기고 개는 친구지 하는 규정에 우리 눈과 귀를 가려, 거기서 벗어나는 건 보지 않고 듣지 않기 때문이다. "망정妄情 없는 자"만이, 상相에 머물지 않고 자기가 부여한 규정에 머물지 않는 부처님만이 그들의 설법을 듣는다.

03
고양이의 불성,
로봇의 불성

개에게 불성이 있다는 말은 개가 절에서 설법을 듣고 득도하여 부처가 된다는 말이 아니다. 그것이야말로 불성이나 부처에 대한 아주 단순하고 고정된 모습(相)에 지나지 않는다. 그것보다는 오히려 개가 있는 그대로 부처라고 하는 말에 더 가깝다. 개 모습 그대로 본래부처, 잠재적 부처인 것이다. 좀 더 현행적인 차원으로 낮추어 말하자면, 개의 불성이란 차라리 낯선 이를 보고 사납게 짖어대다가도 주인이 그에게 하는 언행을 보고 '아, 아니군!' 하며 얼른 짖는 소리를 낮추거나 짖기를 멈추는 능력이다. 연기적 조건에 따라 그렇게 다르게 자신의 행동, 자신의 모습을 바꾸어가는 능력이다. 불변의 본성이 없기에 조건에 따라 상이한 '본성'을 가질 수 있는 능력이다. 다가오는 모든 것을 향해 그저 짖을 줄만 안다면, 그 개는 불성이 있다고 하기 어렵다. 언제나 짖어댈 뿐인 '본성'이 있을 뿐이다. 적어도 불성을 망각하고 사는 자란 의미에서 부처 아닌 중생일 뿐이다.

그렇다면 유기체 이하에서도 우리는 불성에 대해 말할 수 있다. 면역세포가 '나'의 외부로 감지되는 모든 것을 그저 공격만 할 수 있을 뿐이라면, 거기서 불성을 보기는 어렵다. 자아 아닌 모든 것을 자기 내부로부터 쫓아내려는 세포 수준의 행동이다. 이는 '자아'의 경계에 대한 무조건적 집착과 상응한다. 이렇게 되면 바깥에서 들어와 소화되고 흡수된 것들 또한 모두 공격대상이다. 알레르기라고 부르는 현상이 바로 그것이다. 신체의 필요에 따라 이식된 장기들을 공격하는 자가—면역 반응 또한 이 때문에 발생한다.

외부자를 찾아서 공격하는 행동을 조건에 따라 바꿀 줄 모르면, 외부적 기원을 갖는 영양소를 흡수한 자기 세포들마저 공격하게 된다. 류머티즘 같은 수많은 자가—면역 질환이 그러한데, 루푸스병은 분자 수준에서 자기 신체 전체를 외부자로 간주하여 공격하는 극단적인 면역질환이다. 세포적인 수준에서 '불성'을 망각하면 그 세포들로 짜여진 유기체도 견디지 못하고 죽는다. 반면 유연한 면역계는 밖에서 들어온 세균들도 몸에 특별히 나쁘지 않으면 방치하여 함께 살게 한다. 그놈들은 몸 안에 살면서 해로운 세균을 공격하는 면역계를 이루게 된다. 이를 면역학에서는 '노말 플로라'라고 한다. 조건에 따라 변화하는 능력은 나 아닌 것을 나의 일부로 만든다. '나'의 경계란 이렇게 가변적이다. 경계를 바꿀 줄 모르는 '나'는 생존조차 할 수 없다. 나의 '본성'을 바꾸고, 나의 경계를 바꾸는 능력, 그게 바로 불성이다.

기계라면 어떨까? 로봇이나 인공지능에겐 불성이 있을까? 〈인류멸망보고서〉라는 제목의 영화 속의 한 편인 김지운의 작품 〈천상의 선물〉은 불도를 깨쳐 부처가 된 로봇에 대한 영화다. 원래는 돈을 관리하는 등 잡일을 하는 로봇이었으나, 스님들의 설법을 듣고 깨달음을 얻어 부처가 된다. 로봇을 제작 관리하는 회사는 이를 '고장'이나 위험한 '일탈'이라고 간주하여 파괴하려 하고, 이를 저지하려는 스님들과 다투게 된다. 이런 상황을 지켜보다가 로봇은 불법에 대한 설법을 하곤 스스로 열반에 든다.

알파고의 위력을 가까이서 실감한 한국 사람들이라면 그럴듯하다고 생각할 수 있는 영화다. 이미 2012년 '야무스'라는 인공지능 프로그램은 특정 음악가의 스타일을 모방하는 걸 지나서 독자적인 작품을 만들었고, 런던 심포니 오케스트라는 그 곡을 연주한 바 있다. '그림 그리는 바보(Painting Fool)'라는 프로그램 또한 2007년 이후 특정 화가 풍의 그림 그리기를 넘어 독자적인 작품을 만들기 시작했다. 창조성을 가진 인공지능이 예술의 영역 안에 자기 영토를 만들기 시작한 것이다. 이런 인공지능이나 로봇이라면 어떨까? 불성이 있다 해야 할까? 아니, 가령 알파고는 어떤가?

벽돌과 기왓장에도 불성이 있다고 하니, 인공지능이나 로봇이야 말할 것도 없다. 그러나 로봇이 김지운의 영화에서처럼 깨달음을 얻어 불법을 설하는 일이 일어난다 해도, 로봇의 불성을 거기서 찾아선 안 된다. 사실 로봇에게 그렇게 하도록 입력하여 설법하게 하는 일은 의외로 쉬운 일이다. 그런데 로봇이 오직 불법을 설하는 일밖엔 할 수 없다면, 그 로봇에 대해 우리는 불성이 없다고 해야 할 것이다. 인공지능이나 로봇이 프로그램된 일, 주어진 명령만 수행할 수 있을 뿐이라면, 그건 불성과 아무 상관이 없다. 기계지능에 불성이 있다면, 그것 역시 상황의 변화를 포착하고 그것에 적절한 대응능력을 가질 때 있다고 해야 한다. 조건에 맞추어 자신을 변화시키는 능력. 알파고가 상대방의 수를 읽고 그에 대처하는 능력이 또한 불성이라 하겠지만, 그것뿐이라면 그 불성은 단지 거기까지다. 바둑 말고는 할 수 있는 게 없으니, 변화능력으로 치자면 대나무나 벽돌보다 낫다고 하기 어렵다. 그러나 불행인지 다행인지, 최근에는 의료관련 작업을 비롯해 다른 일을 하고 있다고 하니, 알파고에겐 불성이 없다고 하긴 어렵게 된 듯하다.

사람도 그렇다. 친구를 만날 때 친구로서 만나고 어머니를 만날 때는 자식으로서 만나는 것, 가르칠 사람을 만나면 선생이 되고 배워야 할 사람을 만나면 학인이 되는 것이 불성이다. 누굴 만나든 가르치려 드는 사람, 여자만 보면 언제나 몸으로 손이 가는 남자는 불성이 있다 하기 어렵다. 적어도 불성이 작동하고 있지 않다 해야 한다. 배고프면 먹을 것을 찾고 졸리면 잠자리는 찾는 것, 그것이 불성의 표현이다. 그러나 배가 고프든 말든 그저 먹어댈 뿐이고, 몸이 아프든 말든 마셔댈 뿐이라면, 거기선 불성을 보기 어렵다. 변하는 조건에 따라 빠르게 자신을 바꾸어가는 능력, 그것이 불성이다.

밥을 먹으며 아침에 싸운 친구를 떠올리거나 자려고 누워서 다음 달 있을 시험 걱정을 하는 것은 아직 불성이 제대로 작용한 게 아니다. 아직 충분히 밥 먹는 것이 아니고, 아직 충분히 자는 것이 아니기 때문이다. 무엇을 하다가든 밥 먹을 땐 전적으로 밥 먹는 것으로 변화하는 것, 잠잘 때는 이전의 흔적을 남기지 않고 전적으로 잠자게 되는 것, 그게 바로 제대로된 불성의 작용이다. 이렇게 말하고 보면 마조나 그 제자들이 '평상심'이라고 한 것과 불성이 아주 비슷함이 눈에 확 들어온다. 그들은 "배고프면 먹고, 졸리면 잤다"는 얘기를 평상심으로서의 도를 가르치기 위해 반복하지 않았던가! 평상심이란 밥 먹고 자는 행위 그 자체를 아무런 번민 없이 전적으로 사는 것을 뜻한다. 대주혜해大珠慧海에게 누가 묻는다.

"도를 닦으며 공력을 들이시는가요?"

그렇다고 하자 어떻게 공력을 들이느냐고 묻는다.

"시장하면 밥 먹고 피곤하면 잠을 잔다."

"다른 사람들도 모두 그러하니, 스님과 같이 공력을 들인다 하겠습니다."

"같지 않다."

"뭐가 다릅니까?"

"그들은 밥을 먹을 때에 밥을 먹지 않고 백천 가지 분별을 하며, 잠을 잘 때엔 잠을 자지 않고 백천 가지 계교를 일으킨다. 그것이 다른 점이다."(《전등록》, 1권, 228)

그래도 좀 더 섬세하게 구별하는 게 좋겠다. 잠재성으로서의 불성과 현행적인 불성의 작용인 평상심을. 평상심이 먹을 땐 먹는 것 자체에 전적으로 몰두하는 능력과 결부된 것이라면, 공으로서의 불성은 배고픔에서 배부름으로 조건이 달라짐을 '아는' 능력, 그 변화에 따라 '묘용(작용, 행동)'을 바꾸는 능력과 결부된 것이다. 그렇게 묘용을 바꾸고 자신을 바꾸어 갈 수 있는 잠재적 능력, 그것이 불성이다. 평상심이 현행의 조건에 전적으로 충실하게 사는 마음이라면, 불성이란 조건이 달라짐에 따라 자신의 규정이나 행동을 바꾸어가는 능력이다. 전자가 현행적 조건의 규정에 상응하여 자신을 바꾸는 능력이라면, 후자는 그 조건의 변화에 맞추어 현행의 규정을 지우고 벗어나는 다른 현행의 규정에 맞추어 자신을 바꾸는 능력이다. 전자가 바다 표면의 물결 위에 있다면, 후자는 물결들 사이에 있다. 아니 물결들 밑에 있다. 이런저런 물결들로 자신을 바꾸는 바다, 그것이 불성이다. 여러 가지 깊이를 갖는, 그렇기에 실은 아무리 물결 가까이 있어 보여도 실은 알 수 없는 깊이를 갖는 바다, 그것이 불성이다. 지구의 중력과 자전 그리고 바람에 따라 다른 물결들로 자신을 바꾸어가는 바다의 능력, 그것이 불성이다.

반대로 어떤 규정이 '자기'라고 집착하면, 하던 언행에 국집하여 바꾸지 못하게 되고, 그렇게 되면 불성은 작동하지 않는다. 불성 없는 존재와 다를 바 없게 된다. "유정은 불성이 없고 무정은 불성이 있다"는 백장의 놀라운 말은 이런 의미에서 이해되어야 한다. "범부와 성인의 두 경계에 물들고 애착하는 마음이 있으면 이를 '유정은 불성이 없다'라고 하며, 범부와 성인 두 경계와 유무 모든 법에 갖고 버리는 마음이 전혀 없으며 갖고 버림이 없다는 생각마저도 없으면 '무정은 불성이 있다'고 하는 것이다. 망정에 얽매임이 없기 때문에 무정이라 이름하는 것"이다 (《마조록·백장록》, 123).

개에게 불성이 있느냐는 질문에 '없다'고 하며, "개에겐 업식의 성품이 있기 때문"이라고 했던 조주의 대답 또한 이런 의미일 것이다. 업이란 어떤 행동을 만들어내는 의지인데, 많은 경우 하던 것을 다시 반복하여 하게 하는 관성을 갖는다. 담배를 피던 이가 자기도 모르게 어느새 담배를 피워 무는 것이나, 술꾼이 자신이 취했음을 모르는 채 '필름이 끊기도록' 술을 마셔대는 것은 훈습된 업의 관성이 얼마나 강한지 보여준다. 식은 지각인데, 지각 또한 행동을 반복하게 하는 관성을 갖는다. 뱀을 보고 놀란 사람이 새끼줄을 보고 놀라는 것이나, 자라 보고 놀란 토끼가 솥뚜껑을 보고 놀라는 것이나, 모두 지각에 자동적으로 반응하는 관성적 힘의 산물이다. 이처럼 업식의 성품이 있다 함은, 이처럼 그때마다 달라지는 조건에 적절하게 대처하지 못함을 뜻한다. 변화에 따라 자신을 바꾸어가는 유연한 불성의 작용이 정지된 것이다. 업식의 성품에 따르는 한, 개뿐 아니라 사람도 불성이 작용하지 않는다. 하던 것을 다시 하게 하는 관성만이 작용한다. 불성이 없는 것과 다르지 않은 존재인 것이다.

자비의 도를 가르치는 불가의 스님인 남전이 고양이를 붙잡아들고 '제대로 말하지 못하면 죽이겠다'고 했던 것도 이런 이유에서였을 게다. 불성이란 자성이 없음이요, 이처럼 그때그때 조건에 맞추어 변화하는 능력이건만, 마치 고양이에게 본래 존재하는 무슨 불변의 본성이라도 되는 양 불성이 있네 없네 다투고 있으니, 그것처럼 불성이란 말에 반하는 것이 없다. 있다고 주장하는 이도, 없다고 주장하는 이도 그 점에선 다르지 않다. 고양이를 죽이겠다고 한 것은 불성에 대한 그런 집착을 끊어주려는 노파심이 번개처럼 강하게 작용했기 때문일 것이다.

조주가 신발을 머리에 이고 나간 행동 또한 이런 맥락에서 이해해야 하지 않을까? 신발을 머리에 인 순간, 그것은 더 이상

신발이기를 그치게 된다. 그 신발의 '본성'이 무의미해져 사라져 버리고 만다. 즉 조주는 신발의 본성 또한 그것이 자리 잡는 위치를 약간 바꾸는 것만으로 이렇게 달라지니 고양이라면 어떻겠는가를 묻는 방식으로 고양이의 본성이 따로 없음을 보여준 게 아닐까? 그렇게 고양이도 신발도 그저 공한 존재임을 보여주었고, 이로써 고양이의 불성에 대해 긍정적인 답을 했던 게 아닐까?

●

제5장

말해보라, 목구멍과 입을 단은 채!

●

불가능한 도道와 진정한 반복

01
침묵마저
상투구가
될 수 있으니

《벽암록》에서 원오불과圓悟佛果는 이렇게 말한 바 있다. "석가모니불이 세상에 출현하여 49년간 일찍이 한 글자도 설하지 않았다."《벽암록》, 상, 250) 잘 알려진 것처럼 석가모니는 자신이 처음 깨달음을 얻은 직후, 그 위없는 깨달음이 너무 깊고 미묘하여 알기 어렵고 이해하기 어려우리라는 생각에서 남들에게 말하길 망설이는 장면을 《아함경》은 전하고 있다. 그렇긴 하지만 제석천의 설득으로 그 깨달음을 전하기로 결심했고, 사람들이 사는 곳으로 내려오지 않았던가? 《숫타니파타》, 《아함경》에서부터 수많은 경전이 석가모니의 설법을 전하고 있는데 한마디도 설하지 않았다니, 대체 이게 무슨 말인가? 심지어 석가모니불은 물론 "모든 부처님은 일찍이 세간에 나오지 않았으며 하나의 법法

설법하는 고양이와 부처가 된 로봇

도 남에게 말하지 않으셨다"고까지 한다.

그렇다면 그 많은 경전은 대체 무엇인가? 불도와 아무 상관
없는 공허한 문자들의 모음인가? 원오는 그건 모두 "중생의 마
음을 살펴보시고 근기에 따라서 병에 따라서 약과 처방을 주듯
설한 것"이며, 이로 인해 "삼승십이분교三乘十二分敎가 만들어진
것"이라고 한다(《벽암록》, 상, 250). 그러니 석가모니가 평생 한 법도
설하지 않았다 함은 '불법 그 자체'라고 할 지극한 도를 설하지
않았다는 말이다. 경전으로 남은 그 많은 말씀은 모두 불법 그
자체가 아니라 그때마다 필요해서 말씀하신 방편들이었다는 말
이다. 방편으로 설해진 것은 설한 조건을 벗어나는 순간, 다른
병을 가진 이에게 같은 약을 쓰는 것처럼 약 아닌 독이 되기 쉽
다. 선가에서 경전에 대해 경계할 뿐 아니라, 선사들, 심지어 바
로 자신의 스승의 말조차 경계하도록 하는 것은, 지극한 도는
말로 전할 수 없다는 이유 때문이기도 하지만, 말이 행해진 조
건을 떠나 다른 조건에 들어가 버리면, 혹은 그런 조건과 무관
하게 반복하여 말하면, 그 말은 바로 '죽은 말(死句)'이 되기 때문
이다. 말을 떠나 '활구活句'를 참구하라는 것 또한 이런 이유에서
다.

지극한 도는 설할 수 없다는 말은, 역으로 설함이 없는 침묵
으로 지극한 도를 전한다는 말로 쉽게 이어진다. 가령 《유마경》
에서 유마거사維摩居士가 진제眞諦와 속제俗諦의 구별을 떠난 '불

이법문不二法門'으로 들어간다는 게 무엇인지를 묻자 문수사리
는 이렇게 대답한다. "일체의 법에 말도 없고 설명도 없으며 보
여줌도 없고 알려줌도 없으며 모든 물음과 답변을 떠난 그것이
둘 아닌 법문에 들어가는 것이라고 생각합니다." 진속을 넘어선
지극한 도란 일체의 말, 일체의 문답을 떠난 것이란 말이다. 유
마거사는 한 걸음 더 나아가, 불이법문에 들어간다는 게 무엇이
라 생각하느냐는 문수사리의 물음에 침묵으로 대답한다. 그 유
명한 '유마의 침묵'이다. 《벽암록》에서는 이를 '세존의 침묵'으로
바꾸어 하나의 공안으로 제시하고 있다(65칙).

외도外道가 세존께 여쭈었다.

"말이 있는 것도 묻지 않고 말이 없는 것도 묻지 않겠습니다."

세존께서 말없이 한참 계시니 외도가 찬탄하며 말하였다.

"세존께서 대자대비하시어 저의 미혹한 구름을 열어주시어
저로 하여금 도에 들어갈 수 있게 하시었습니다."

외도가 떠난 후 아난阿難이 세존께 여쭈었다.

"외도는 무엇을 얻었기에 도에 들어갔다 말했습니까?"

"훌륭한 말은 채찍 그림자만 보아도 달리는 것과 같다."

세존은 침묵으로 말할 수 없는 법을 전하고, 안목 있는 자는
그것으로도 충분히 알아듣는다는 말이다. 그러고보면 석가모니
불이 한 법도 설하지 않았다는 말은 역으로 한마디 말도 없이
지고의 법을 전했다는 말이 될 수도 있다. 아무것도 설하지 않건

만 침묵으로 항상 지고의 법을 설하고 있다는 말이다. 문제는 그것을 알아들을 수 있는가 하는 것이다. 말해보라, 여러분은 그 말없는 설법을, 지고의 법에 대한 설법을 듣고 있는가? 듣고 있다고 말한다면 세존도 놀랄 것이다. 그건 이미 지고의 도를 깨친 뒤에야 알게 되는 사실일 테니 말이다.

깨치지 못한 중생들에겐, 어쩔 수 없이 말로 전해야 한다. 문제는 그렇게 말로 도를 전하고자 할 때, 전해야 할 가장 중요한 것은 바로 말할 수 없고 설명할 수도 없는 것이란 점이다. 그렇다면 그걸 어떻게 말할 것인가? 이것이 선사들의 가장 고심했던 핵심적 난제였다.

"예로부터 많은 성인이 남에게 설하지 않은 법이 있습니까?"

남전이 백장산의 열반涅槃을 찾아갔을 때, 열반이 이렇게 물은 것도 그 때문이다. 여기서 백장열반은 남전과 더불어 마조의 제자인 백장회해와 다른 인물이다. 《벽암록》에서는 마조의 제자인 백장유정百丈惟政이라고 하는데, 그러니 마조의 제자인 남전과는 사형사제 관계가 되는 스님이다. 어떻든 중요한 것은 열반이 묻는 질문이다. '남에게 설하지 않은 법'이란 글자만으로 보자면 '자신은 알지만 남에게 전하지 않은 법'이란 뜻이니, 흔히 해석하듯 자신만의 비밀스런 법, 자신이 몸소 체득한 법을 뜻하는 것으로 읽힐 수도 있다. 그러나 그렇게 되면 그건 남에게 전할 수 없는 '자기만의 체험' 같은 게 되는데, 그걸 왜 알고자 하는지는 그만두고, 그렇게 되면 그거야말로 불법마저 '체험'이란 이름 아래 '자기의 것'으로 귀속시키는 게 되고 만다. 더구나 열반이 상대방인 남전에게 "그대가 남에게 설하지 않은 법"을 묻는 게 아니라, '성인이 남에게 설하지 않은 법'을 묻는 것이니, 이를 두고 '자기만의 체험' 같은 것이라 해선 안된다. 결국 열반의 이 질문은 말할 수 없는 법, 말로 전할 수 없는 지고의 불법이 무어냐는 물음일 것이다.

이 질문에 대해 남전은 의외로 순진하다 싶도록 답한다.

"있습니다."

원오는 이리 답하는 것을 두고 '형편없다', '멍청한 놈, 무슨 짓을 하느냐?'고 착어를 달았다. 물론 이 착어를 원오가 남전을 고지식하게 비난하는 것이라고 읽으면 빗나가고 만다. 곧이곧대로 답했다간 호되게 당하는 게 선사들의 문답이기에 하는 말일 게다. 열반이 이런 기회를 놓칠 리 없다. 다시 묻는다.

"어떤 것이 남에게 설하지 않은 법입니까?"

"'마음도 아니요, 부처도 아니요 외물(物)도 아니요'입니다."

'마음이 곧 부처(卽心卽佛)'라고 스승인 마조는 말했지만, 사실 지고의 도는 마음도 아니고 부처도 아니며, 그렇다고 그 반대편에 있는 외물이나 중생 등 일상에서 마주치는 대상도 아니라는 말이다. 마음이 부처라는 말에 매인 이들을 부처에 대한 집착에서도 벗어나게 하고자 '마음도 아니고 부처도 아니다'

설법하는 고양이와 부처가 된 로봇

라고 했던 마조의 말에 '외물도 아니다'라는 말을 하나 더 붙여, '평상심'이란 답으로 내려갈 길도 막아버렸다. 요체는 지고의 도란 마음이든 부처든, 혹은 외물이든 중생이든 말로 명명되는 것 바깥에 있음을 말하는 것일 게다. 남전의 대답을 듣고 열반은 말한다.

"말해버렸군요."

성인이 남에게 말해주지 않은, 아니 말해주지 못한 것을 물었는데, 말로 답을 했으니 애초에 물었던 것에서 벗어나버린 게 된다. 말할 수 없는 것을 말해버리는 당착에 빠진 것이다. 뒤집어, 이런 거였다면 성인들이 설하지 못했을 이유가 없지 않은가? 그러나 남전이 그걸 모르고 답했을 리 없다. 게다가 열반 역시 마조의 제자니, 저 말을 모를 리 없음을 남전 또한 알고 있을 터이다. 이처럼 번연히 알만한 대답을 선사들이 던질 때, 그건 물음에 대한 고지식한 대답이 아니라 역으로 상대를 점검하려는 관문('미끼'!)이라고 보아야 한다.

특히 여기서 주목할 것은 열반의 물음에 침묵으로 응수하거나 입을 막는 방식으로 답하리라는 예상을 뒤엎고 순진해 보이는 대답을 했다는 점이다. 덧붙이면, 말을 해버렸지만, 남전으로선 몸을 돌릴 구멍이 있었다. '~이다'라고 답한 게 아니라 '~이 아니다'라고 답했기 때문이다. 성인들이 말하지 못한 것을 말한 게 아니라, 흔히들 하는 답을 부정한 것이니 말할 수 없는 것을 말함으로써 함정에 빠지는 일차적 궁지는 피해간 것이다. 남전은 자신에게 온 질문을 이제 상대방에게 되돌려준다.

"저는 이렇습니다만, 스님은 어떠합니까?"

당신이라면 말할 수 없는 지고의 도를 말할 수 있겠느냐는 질문을, 열반은 스스로를 낮추며 피해간다.

"나는 큰 선지식이 아닙니다. 설할 법이 있는지 없는지를 어찌 알겠습니까?"

답하기 위해 한 걸음 물러서는 셈이다. 그러나 이렇게 물러선다면 결국 지고의 도는 말할 수 없는 것에 머물고 만다. 남들에게 전할 수 없는 것이 되고 만다. 이에 대해 남전은 이렇게 답한다.

"나는 모르겠습니다(不會)."

선문답을 아는 이라면 이 말에서 "나와 마주한 그대는 누구십니까?"라는 양무제의 질문에 달마가 "모르겠습니다(不識)"라고 했던 답을 떠올릴지도 모른다. 달마가 흔한 의미에서 자신이 누구인지 몰라 저리 답한 게 아니다. 나라는 것, 실체 없는 그것, 무엇이라 규정할 수 없는 것이니 모르겠다고 답한 것이다. 만약 이런 것이라면 '모르겠다'는 남전의 이 말은 성인이 말하지 않은 지고한 도에 대해 말한 것이 되는데, 이는 열반의 말에 응수해야 할 자리에서 앞서 했던 답을 수정하여 말하는 졸렬한 응답이 되고 만다. 남전은 그렇게 어설픈 사람이 아니다. 그보다는 자신이 큰 선지식이 아니라 잘 모르겠다는 열반의 말에 대해,

설법하는 고양이와 부처가 된 로봇

그렇다면 그 지고의 법과 '만날 수 없게(不會)' 되지 않느냐면서 열반에게 한 방 날리는 말로 보아야 한다. 말할 수 없다면서 침묵하거나 물러서는 것에 대한 비판인 셈이다. 이에 대해 백장열반은 이렇게 말한다.

"내가 그대에게 너무 말해버렸군요."

무얼 너무 말했다는 것일까? 말할 수 없는 법에 대해, 그것이 있는지 없는지에 대해 말한 것조차 너무 말해버린 것이란 말이다. 물러서는 것을 비판하는 말에 대해 한 걸음 더 물러서며 빠져나가는 것이다. 이는 말할 수 없는 것을 말하지 않으려는 입장에서 아주 일관된 답이기는 하다. 그럼으로써 말할 수 없는 지고함을 지켜며 남전의 공세를 받아넘기긴 했지만, 사실 그 지고의 도를 어찌 말할 것인가라는 물음에 대해선 답을 하지 못하는 게 된다.

그래서일 게다. 이에 대해 논평하며 설두는 "콧구멍은 얻었지만 입을 잃어버렸다"고 평한다. 콧구멍, 숨 쉬는 곳이니 그곳을 빼앗긴다 함은 치명상을 입는 것이다. 열반의 대답은 남전의 공세에 뒤로 물러서면서 급소를 방어하긴 했지만, 정작 해야 할 말을 못하는 처지에 빠진 것이니 '입을 잃어버렸다' 한 것이다. 열반이 간신히 케이오패는 면했으나 판정패했다는 말이다. 《벽암록》에서 원오가, 선지식이 아니라며 내빼는 열반의 말에 "정신 못 차리고 허우적대는 꼴을 보라. 몸은 숨겼지만 그림자는 노출되었다"고 하면서, "진흙 속에 가시를 숨겨" 빠져나가려 하지만 "그 정도로 나를", 또한 남전을 "속일 수 있을까?"라고 착어를 단 것도 이런 의미고, "너무 말해버렸다"는 마지막 말에 대해 "설상가상이고 용두사미"라고 논평한 것도 이런 이유에서일 것이다. 이점에서 '말할 수 없는 법'이나 침묵마저 상투구가 될 수 있음을 간파하고, 추락의 위험을 무릅쓰며 밀고 들어간 남전의 기백은 실로 놀랍고도 멋지다.

지극한 도란 말할 수 없는 것이란 생각은 단지 불법의 경우에만 해당되는 건 아니다. 알다시피 노자老子가 쓴 《도덕경道德經》의 유명한 첫 문장이 바로 그렇다. "도를 도라 하면, 그 도는 제대로 된 도가 아니다(道可道非常道)." 서양의 신학에서도 이런 입장을 표명한 이들이 있다. 신은 무한자인데, 말은 어떤 것도 유한한 것만을 말할 수 있을 뿐이다. 유한한 것으로 무한한 것을 말하게 되니, 그 말은 모두 신의 진상을 제대로 말할 수 없다. 말도 어떤 표현도 그 자체가 신처럼 무한한 것이 아니라면 모두 무한자인 신을 제대로 표현할 수 없다. 요컨대 신이란 말할 수 없는 존재이기에, 신에 대해 말하는 순간 신은 신이 아니게 된다는 것이다. 그렇다면 신에 대해서 어떻게 말할 수 있을 것인가? 그건 오직 신에 대한 규정들을 부정하는 방식으로만, 혹은 신이란 '~이 아니다'라는 부정적 언어로만 말할 수 있을 뿐이다. 그래서 이런 입장을 '부정신학否定神學'이라고 한다.

프랑스 사상가 모리스 블랑쇼(1907~2003)가 '불가능한 것'에 대해 말했던 것을 이런 의미로 이해해도 좋을 듯하다. 그에 따르면 진리란 말할 수 없는 것일 뿐 아니라 '불가능한 것', 도달할 수 없는 것이다. 도달하는 순간 사라져버리는 것이다. 불법 또한 그렇다. 지고의 법이란 말할 수 없는 것일 뿐 아니라 '불가능한 것'이다. 그렇다면 진리에 이르길 포기해야 하지 않는가? 그렇지 않다. 진리는 존재하지 않는 것이 아니라 도달할 수 없고 말할 수 없는 것이다. 반대로 블랑쇼는 정작 말해야 할 것은 말할 수 없는 것이고 진정 찾아야 할 것은 찾을 수 없는 것이라고 한다. 그 '불가능한 것'이 우리를 매혹시키고 끌어당긴다. 그래서 거꾸로 우리는 '진리'든 '도'든 그 불가능한 것을 향해 반복하여 다시 다가가게 된다. 무슨 소리인가?

그리스 신화에 등장하는 오르페우스는 더없는 노래와 연주로 사람은 물론 나무와 바위까지 감동시켰다는 인물이다. 그는 님프인 에우리디케와 결혼하는데, 에우리디케는 불행히도 독사에 물려 일찍 죽고 만다. 죽은 뒤에도 사랑하는 아내를 잊지 못한 오르페우스는 저승으로 아내를 구하러 간다. 무시무시한 저승의 개 베르베로스도, 저승의 왕 하데스도 모두 오르페우스의 노래와 연주에 감동하여, 결국 오르페우스는 에우리디케를 데리고 가라는 허락을 얻는다. 다만 하나의 조건을 건다. 나갈 때 결코 뒤를 돌아보아선 안 된다고. 굳게 약속한 오르페우스는 지상의 빛이 보이는 출구에 이르자 기뻐하며 아내를 향해 뒤돌아본다. 오르페우스의 시선이 가 닿는 순간 아내 에우리디케는 안타깝게도 사라져버리고 만다.

저기 있지만 눈이 가 닿는 순간 아스라이 사라져버리는 것, 그렇기에 얻을 수 없는 것, 그것이 불가능한 것이다. 진리든 도든, 혹은 무언가 존재를 걸고 얻고자 하는 모든 것은 마치 이 에우리디케처럼 '불가능한 것'이라는 게 블랑쇼의 생각이다. 우리를 저승 세계로까지 찾아가게 하는 것, 그런데 우리가 얻었다고 생각하는 순간 사라져버리는 것. 그런 의미에서 지고한 모든 것은 '불가능한 것'이다. 통상적인 의미의 불가능한 것이란 저승에 간 에우리디케를 되살려내는 것이다. 그건 시도해봐야 소용없기에 포기해야 하는 것을 뜻한다. 흔한 회의주의나 불가지론은 여기에 머문다. 그러나 블랑쇼가 말하는 불가능한 것은 그게 아니다. 마치 오르페우스가 에우리디케를 향해 가듯, 온갖 두려움과 고통을 감수하면서까지 얻고자 하도록 만드는 것이다. 지고의 것은 모두 그런 매혹의 힘을 갖는다. 진리도, 도도 모두 그렇지 않은가! 이를 수 없을지 모르지만 그것을 향해 가지 않을 수 없는 것, 그게 진리이고 도 아닌가. 불이의 법 또한 그렇다. 거기에 매혹되는 순간, 우리는 그것에서 벗어날 수 없다. 그것을 얻는데 삶을 걸게 된다. 저승이라도 찾아가게 된다. 그리고 어쩌면 오르페우스처럼 저승에서 구해 빛이 비추는 세상으로 데리고 나올 수도 있다. 그러나 그것이 진정 지고의 도라면, 필경 나의 시선이 가 닿는 순간, 내가 불러들인 빛이 가닿는 순간 사라져버릴 것이다. 그것이 진리이고 도이다.

그러나 진리나 도에 진정 매혹되었다면, 어떻게 그것이 사라져버렸다고 절망하며 포기할 수 있을 것인가? 그럴 리 없다. 시선이 가 닿았던 경험이 있었기에 더욱더 잊지 못해 다시 얻고자 저승으로, 고난을 넘으며 찾아가게 되지 않을까? 그런 점에서 저승에 가려는 오르페우스의 선택은 처음부터 이미 반복을 포함하고 있다. 실패하더라도 다시 반복하게 될 그런 결심이기에, 처음부터 이미 '다시'를 포함하는 선택이다. 반복 이전에 이미 수많은 반복을 포함하는 반복, 이것이 진정한 반복이다. 이런 반복을 포함하는 선택이 진정한 선택이다(들뢰즈,《차이와 반복》).

아마도 오르페우스는 다른 길로 가서, 다른 방법으로 하데스를 설득할 것이다. 그리하여 다시 에우리디케를 데리고 나오겠지만 이번에도 눈이 가 닿는 순간, 혹은 손을 대는 순간 이전처럼 다시 사라져버릴 것이다. 진리도 도도 불가능한 것이니. 그러나 비록 또다시 사라져버렸지만 다시 한번 다가갈 수 있었으니, 진정 진리나 도에 삶을 걸었다면 거기서 포기할 리 없다. '자, 다시 한 번!' 하면서 그것을 찾아 내려가게 될 것이다.

　여기서 진리나 도의 사라짐은, 끝내 도달하지 못하고 놓쳐버리는 실패는 진리나 도를 찾는 시도를 중단시키는 이유가 아니라 그것을 다시 찾기 시작하도록 하는 이유다. 그 사라짐은 진리와 도를 구하는 과정이 끝나는 지점이 아니라, 그 과정이 다시 시작되는 지점이다. 매번 갱신되는 출발점이다. 한번 찾아 도달했다면 더는 할 일이 없어지게 되고 말겠지만, 그렇지 않기에 삶 전체를, 반복되는 삶을 끝없이 매진하게 하는 매혹의 거점이다. '불가능한 것'이란 이처럼 강력한 매혹의 힘은 남겨둔 채 그 종결의 지점을 제거함으로써 매번의 삶을 최선을 다해 다시 시작하게 만드는 부재하는 중심이다.

　생각해보면 그저 '길'을 뜻할 뿐인 '도'란 말이 그렇지 않은가? 도는 어딘가로 가는 길일뿐이다. 도란 개념은 어떤 종점도, 목적지도 담고 있지 않다. 목적지가 따로 있는 게 아니라 그때마다 어딘가로 하는 가는 과정을 표시한다. 가는 길이, 과정 그 자체가 목적이다. 도오겐(道元) 식으로 말하면, 수행이란 깨달음을 위한 수단이 아니라 수행 그 자체가 바로 깨달음이다. 《서유기》에서 손오공이 그 힘든 여정의 여행을 하는 이유가 무엇인지, 목적지가 어디인지는 중요하지 않다. 그래서 다들 잘 기억하지 못한다. 손오공이 그 목적을 실제로 이루었는지도. 중요한 것은 손오공이 가는 여정 그 자체고, 그가 '길'을 가며 만나는 사건들이다.

그것을 통해 손오공은 아주 크게 달라져 간다. 《서유기》의 요체는 그렇게 길을 가며 달라져가는 손오공의 모습이다. 개망나니 돌원숭이를 삶의 진실을 터득한 이로 바꾸어주는 그 길 자체가 바로 도이다.

물론 엄밀히 말하면, 손오공의 여행에도 목적지가 없진 않았다. 손오공이 서방정토를 향해 가는 것은 경전을 얻기 위함이었다. 소설의 끝에서 손오공은 경전을 얻어온다. 그러나 그 경전에는 아무것도 쓰여 있지 않았다. 진정한 불법이란 그처럼 얻어도 얻은 바 없는 것이고, 그런 점에서 얻을 수 없는 것, '불가능한 것'이다. 그럼에도 그 험한 여정을 하게 만들고, 이런저런 사건을 겪으며 성숙하며 도를 깨우쳐가게 하는 것, 그게 바로 그 백지의 경전, 불가능한 경전이고 부재하는 경전이다. 진정한 '나'를 찾는 여행의 끝은 찾을 '나'가 없음을 아는 것이고, 불법을 찾는 여행의 끝은 찾을 불법이 따로 없다는 것을 아는 것이다. 그 찾을 것 없는 길을 반복하여 가게 하는 것, 그게 바로 불가능한 경전의 힘이고 찾을 것 없는 불법의 힘이다.

설법하는 고양이와 부처가 된 로봇

03
진정 말해야 할 것은
말할 수
없는 것이다

"말할 수 없는 것에 대해선 침묵해야 한다." 확고한 것을 추구하고 명확한 것만을 말해야 한다는 생각이 강했던 젊은 시절의 비트겐슈타인(1889~1951)이 쓴 책《논리 철학 논고》의 마지막 문장이다. 당연한 말이라 싶어서인지, 많은 사람들이 시도 때도 없이 인용하는 문장이기도 하다. 불이법문에 대한 물음에 침묵으로 답했던 유마의 길을 여기서 다시 확인해야 하는 것일까? 그렇지 않다. 유마의 침묵은 말할 수 없는 것에 대해 '말하는' 방법이었다. 지고의 법, 진정 말해야 할 것은 침묵 말고는 전할 길 없는 것, 즉 말할 수 없는 것이라는 역설을 몸소 보여준 것이었다. 앞서 언급한 블랑쇼는 이렇게 말한 바 있다. "우리가 진정 말해야 할 것은 말할 수 없는 것에 대한 것이다."

반면 비트겐슈타인의 말은 말할 수 없는 것에 대해선 말하지 말라는 것이다. 《유마경》과 비슷하게 침묵을 말하지만 아주 반대되는 말을 하고 있는 것이다. 실증적인 것을 강조하고 검증할 수 있는 것만이 의미가 있다고 확신했던 '논리실증주의자'들은 비트겐슈타인의 이 말을 무기로 삼아 모든 '검증불가능한 것'을 '무의미한 것'(nonsense, 헛소리!)이라고 비난하며, 인간의 사유에서 몰아내고자 했다. 그래서 가령 논리실증주의자 에이어는 하이데거의 책 《존재와 시간》에 대해서, 처음부터 끝까지 유의미한 문장을 단 하나도 발견할 수 없었다는 식으로 비판한 바 있다. 검증가능한 문장이 하나도 없었다는 말이다. 그러니 유마의 불이법문이나, 노자의 도, 부정신학의 신처럼 말할 수 없는 것에 대해 말하려는 시도는 말할 것도 없다. 알 수 없는 것에 대해 안다고 말하는 것은 모두 자가당착이고 헛소리일 뿐이다. 이렇게 되면 '말할 수 없는 것에 대해선 말하지 마!'라는 말은 이제 사람들의 입을 틀어막는 폭력이 된다.

그러나 신이나 도 같은 건 그만두고, 과학상의 발견조차 진정 새로운 것은 기존의 언어로는 제대로 말할 수 없다. 프랑스의 과학철학자 바슐라르는 과학상의 발견은 그것이 정말 새로운 것이라면 그것을 표현할 적당한 말을 찾을 수 없기에 올바로 서술될 수 없다고 쓴 바 있다. 그에 따르면 어떤 새로운 발견도 기존의 언어나 개념들을 빌어 표현할 수밖에 없는데, 기존에 있는 말들

설법하는 고양이와 부처가 된 로봇

은 이미 기존에 알려져 있는 의미만을 담고 있을 뿐이기에 새로운 발견을 표현하기에 적절하지 않다. 따라서 진정 새로운 것의 발견은 그 모든 낡은 말들과 '단절'된 새로운 개념들과 새로운 서술법이, 결국은 새로운 체계가 발명되어야 비로소 제대로 서술될 수 있다. 새로운 발견을 담기 위해선 낡은 언어와 단절해야 한다. 이를 바슐라르는 '인식론적 단절'이라고 명명한다.

말할 수 있는 것은 이미 기존의 말에 담을 수 있는 한계 안에 머물러 있다. 지극한 도를 추구하는 불법은 물론, 과학적 사유의 지반을 바꾸는 발견도 지금 말할 수 있는 것의 한계를 뛰어넘는다. 그러니 지극한 것을 찾고자 하는 자가 추구해야 할 것은 말할 수 없는 것이고, 알 수 없는 것이며, 생각할 수 없는 것이다. 덕분에 모든 근본적인 것, 새로운 것을 처음 발견한 이들은 많은 경우 대단히 고생을 하게 된다. 양자의 개념을 처음 제안하여 양자역학의 문을 열었던 막스 플랑크는, 에너지의 흐름이 불연속적이라는 발상을 이해할 수 없었던 주류 과학자들의 벽에 부딪혀 고생해야 했다. 그래서였겠지만, 그는 낡은 관념에 찌든 이들의 죽음 없이 새로운 과학은 시작될 수 없을 것이라고까지 말한 바 있다. 옥수수 유전자의 자리바꿈인자(transposon)를 발견했던 바바라 맥클린톡(1902~1992)은 유전에 대한 도그마('중심 도그마!')의 척력에 쫓겨나 30년간 멕시코 산속에서 고독한 연구를 해야 했다. 공생진화에 대한 린 마굴리스의 유명한 논문은 약 20개 학술지로부터 모두 게재 불가 판정을 받았다. 그러나 지금은 다들 그것이야말로 진정 올바른 것이었음을 안다.

어디 과학뿐인가. 새로운 발상, 통념에서 벗어난 것, 진정 창조적인 아이디어는 모두 이해가능한 의미의 벽에 부딪쳐 오랫동안 외면당한 채 저주받은 운명을 감수해야 하지 않았던가? 반 고흐는 동생 말고는 평생 어느 누구도 예술가로 인정해주지 않았고, 카프카는 죽어서도 한참을 지난 뒤에야 비로소 진지하게 읽히기 시작했다. 이들은 모두 니체 말대로 "너무 일찍 왔던 것"이다. 그러고보면 비난하는 자, 거부하는 자들이 없다면 진정한 도가 아니라는 노자의 말은 좀 더 강한 말로 바꾸어 새겨들어야 하지 않을까? 이해할 수 없는 것, 읽을 수 없는 책이야말로 진정 세상을 바꾸는 힘을 갖는다고.

진정 중요한 것은 말할 수 없는 것으로 온다. 진정 말해야 할 것은 말할 수 없는 것이다. 문제는 말할 수 없는 것을 어떻게 말하면 좋을 것인가이다. 존재를 걸고 지고의 법을 추구하며 가르치고자 했던 선사들이 고심해야 했던 것이 바로 이 문제이다. 가령 향엄지한香嚴智閑의 유명한 질문이 그렇다.

"가령 어떤 사람이 나무에 올라가 입으로만 나뭇가지를 물고 있을 뿐, 더는 잡을 가지도 없고 밟고 디딜 나무도 없는데, 나무 아래서 어떤 사람이 달마대사가 서쪽에서 온 까닭을 물었다고 하자. 대답하지 않으면 그 질문을 회피하는 것이며, 대답한다면

설법하는 고양이와 부처가 된 로봇

목숨을 잃을 것이다. 이러한 순간에 직면한다면 어떻게 해야 옳을까?"

달마대사가 서쪽에서 온 까닭은 묻는 것은 그가 서쪽에서 와서 전하고자 하는 불법의 요체가 무엇이냐는 물음이다. 도를 아는 이라면 의당 답해주어야 마땅한 질문이다. 어떻게 대답하겠는가? 말할 수 없는 법이고 입을 열 수 없는 처지라며 그냥 넘어간다면, 불법을 깨쳐 중생을 제도하겠다는 발심은 그만두고, 절밥 얻어먹은 값도 못하는 것이다. 그러니 어떻게든 답해주어야한다. 그러나 입을 여는 순간 떨어져 죽는다. 여기서 '죽는다'는 말을 굳이 쓴 것은, 법을 전하는 것이 위태로운 나뭇가지 위에서, 한 치만 벗어나도 본말이 크게 어긋나는 칼날 위에서 말하는 것 같다는 뜻이다. 이처럼 도를 전하는 일은 어쩌면 목숨을 거는 것만큼 위중한 것이라고 느꼈던 것인지도 모른다. 말할 수 없는 것을 알려주려는 마음 또한 그렇다. 그것은 그저 알고 있는 답을 가르쳐주는 게 아니라, 자신이 애써 찾은 지고의 불법을 '존재를 걸고' 전해주는 것이다. 달마대사가 서쪽에서 온 까닭을 묻는 물음이나 불법을 구하는 물음에 답할 때, 선사들의 마음이 바로 이러했을 터이다. 어쩌면 뜬금없어 보이는 한마디 말에 존재를 온통 건 이 마음이 실려 있었던 것일 게다.

백장이 위산潙山, 오봉五峰, 운암雲巖 세 명의 제자에게 던졌던 질문도 이처럼 말할 수 없는 것을 어떻게 말해서 알려줄 것인지를 묻는 것이었다.

"목구멍과 입을 닫아버리고 어떻게 말할 수 있겠느냐?"

왜 이렇게 물었을지 이제는 짐작할 수 있다. 말로 충분히 표현할 수 있는 것이라면 이런 질문이 필요없다. 불법은 말할 수 없는 것이니 목구멍과 입을 닫아버리고 말할 수 있어야 한다. 제자들에게 이걸 물은 것은, 말할 수 없는 저 무상의 법을 학인들에게 어떻게 가르치겠느냐는 물음이기도 하다.

"스님께서 말씀해보십시오."

위산의 답이다. 백장의 물음을 가로채서 되물은 위산의 재치 있는 응수에 백장은 이리 답한다.

"나는 사양치 않고 그대에게 말해주고 싶지만 훗날 나의 자손을 잃을까 염려스럽다."

목구멍과 입을 닫고 말할 방법이 있고 그것을 말해주고 싶지만, 그것이 입 밖에 나가는 순간 말할 수 없는 것을 말하는 방법이라고 받아들여져 전해질 것이니, 훗날 다른 조건에서 제자들이 사용하게 되면 요체를 잃고 핵심을 그르치는 답이 될까 두렵다는 말이다. 말할 수 없는 것을 가르치는 것은 상황과 조건에 딱 부합하는 어떤 단독성을 가질 뿐이란 말이다.

백장의 동일한 질문에 오봉은 이리 답한다.

"화상께서도 (목구멍과 입을) 닫아버려야 합니다."

백장의 입을 콱 내질러 막아버린 셈이다. 직접적인 의미로 보자면 어긋나고 빗나가는 사태를 감수하며 말할 수 없는 것을 굳이 말해 평지풍파平地風波를 일으킬 수 있으니 목구멍과 입을 닫으라는 말이다. 주객을 뒤집어, 말을 끊고 말해주겠다는 말, 혹은 그렇게 평지풍파를 일으키는 말들을 끊어주겠다는 말이기도 하다. 이에 대해 백장은 이리 답한다.

"사람 없는 곳에서 이마에 손을 얹고 그대를 바라보겠다."

표면적인 의미는 정말 그럴 수 있는지, 그대가 그렇게 하는지 지켜보겠다는 말이니, 그렇게 해보라는 말이기도 하다.

마지막으로 운암은 백장의 질문에 이렇게 답한다.

"스님은 할 수 있습니까?"

"스님께서 말씀해보십시오"라는 위산의 말이나 "화상께서도 닫아버려야 합니다"라는 오봉의 말과 비슷해 보이는가? 그러나 앞서와 달리 백장은 이렇게 말한다.

"나의 자손을 잃어버렸군."

자신의 가르침을 남들에게 전할 수 없겠구나 하는 탄식이다. 위산이나 오봉에게 했던 것과는 다른 반응이다. 뭐가 다르길래 이리 다르게 반응했던 것일까?

논리적으로 보자면 말할 수 없는 것을 말하는 것은 누구도 할 수 없는 일이다. "스님은 할 수 있습니까?"라는 운암의 말은 스님도 할 수 없지 않느냐는 반문이다. 이는 또한 자신도, 다른 누구도 할 수 없음을 환기시키는 것이다. 말만으로 보자면 틀린 대답은 아니다. 그러나 그걸 몰라서 백장이 저 질문을 던졌을 리 없다. 하나마나한 그 말을 듣자고 말도 안 되는 질문을 던진 게 아니다. 그 난감한 궁지를 벗어나 말할 길을 찾아보라는 말인데, 누구도 벗어날 수 없다고 했으니… 말할 수 없는 것을 어떻게 말하고 어떻게 가르치겠느냐는 말에 가르칠 수 없다고 답한 꼴이다. 논리적인 당착에 사로잡혀 갈 길을 포기해버린 셈이다.

논리적 당착으로 보자면, 가령 인간은 수영을 배울 수 없다. 수영을 못하면 물속에 들어갈 수 없는데, 물속에 들어가지 않고선 수영을 배울 수 없기 때문이다. 수영할 줄 아는 사람만 수영을 할 수 있을 뿐이다. 정말 그렇다고 생각하는가? 외국어를 배우는 것도 그렇다. 단어의 의미나 문법을 알아야 그 언어를 배울 수 있는데, 그 언어를 알지 않고선 단어의 의미도 문법도 알 수 없기 때문이다. 그래도 우리는 외국어를 배운다. 논리적 당착이나 역설이 있어도 우리는 그 사이를 헤쳐나가고 장벽을 빠져나가며 수영도 배우고 언어도 배운다. 말할 수 없는 것 또한 마찬가지 아닐까?

말할 수 없는 것을 말하는 것, 바로 그것이 지극한 도를 가르치려는 선사들이 해야 할 일이다. 그 역설 속에서 말하고 행하고 가르쳐야 한다. 그렇기에 그것은 그때마다의 조건에서 학인들로 하여금 말할 수 없는 것을 향해 몸을 돌리도록 촉발해야 한다. 원오의 말을 빌면, 사자가 동물을 나꿔챌 때 그러하듯 이

설법하는 고양이와 부처가 된 로봇

빨과 발톱을 숨기고 땅에 웅크리고 앉아 있다가 잽싸게 몸을 날려야 한다. 크고 작은 동물을 가리지 않고 모든 위엄을 다하고 공을 들여 낚아채서, 저 보이지 않는 것을 보고 들리지 않는 소리를 듣게 만들어야 한다. 말할 수 없으니 말하지 말아야 한다고 포기할 게 아니라, 침묵으로 말하든 할이나 방으로 말하든, 말을 벗어난 말로 말하든, 말해야 한다. 다시 말하지만, 진정 우리가 말해야 할 것은 말할 수 없는 것이다.

●

제6장

아니, 목불을 태워서 사리를 얻겠다고?

●

우주를 흔드는 웃음과 유머가 만드는 세상

01
목불을 태우고,
불상에
올라타다

단하천연은 지존至尊 수준에 이른 유머 감각을 갖고 있었던 듯하다. 들자마자 뇌리에 박혀 깊이 새겨진 '단하소불丹霞燒佛'이라는 유명한 공안이 그렇다. 단하가 혜림사란 절에 머문 적이 있는데, 혹독하게 추웠던 어느날 밤 이야기다. 너무 추워 절 주변을 돌며 땔감을 찾았지만 쉽지 않았던 모양이다. 땔감을 찾던 단하는 급기야 불전에 들어가 목불을 하나 들고 나와 그것을 뽀개어 불을 땠다. 그 얘기를 듣고 절의 살림을 맡아보던 원주가 쫓아와 화를 내며 소리를 지른다.

"아니 불상을 태우면 어쩌자는 거요?"

단하의 대답은 그의 법명대로 천연스럽다.

"아, 태워서 사리를 얻으려고요."

설법하는 고양이와 부처가 된 로봇

"아니 목불을 태워 무슨 사리를 얻겠다는 겁니까?"

"그래요? 그럼 저기 있는 불상 두 개도 마저 가져다 불을 땝시다."

원주는 그 뒤에 눈썹과 수염이 모두 떨어졌다고 한다. 《선문염송》에 붙인 말(說話)대로 "대반야大般若를 비방했으므로 눈썹과 수염이 떨어진 것"일 게다(김영욱 편,《정선 공안집》, 1, 579~580).

절밥을 얻어먹고 있는 스님이 그 절의 목불, 아니 불상을 불 태워 온기를 얻고자 하다니, 이 얼마나 기상천외한 발상이고 이 얼마나 대담한 행동인가! 부처를 태워 사리를 얻겠다니, 원주의 비난에 대한 응수는 또 얼마나 멋진가! 사리를 얻을 수 없다면 부처라 할 것도 없는데, 다른 나무와 뭐가 다를 것인가! 그러니 남은 것도 마저 불을 때자는 말은 정말 비단에 꽃 자수를 더한 격이다.

유머에 주석을 다는 건, 유머 감각 없는 고지식한 사람이나 할 짓이지만, 그래도 불법에 대한 얘기를 하는 자리니 굳이 말을 덧붙여보자면, 목불이란 아무리 부처의 형상을 하고 있어도 나무일뿐이다. 추우면 불을 찾고 더우면 물을 찾는 게 자연스런 일이다. 이거야말로 무위의 불법이 가르치고자 한 것 아닌가. 다들 너무 추워서 죽을 지경인데, 불상 모시고 앉아 얼어 죽는 것보다야 목불이라도 태워서 온기를 얻는 게 더 불법에 충실한 일이다. 그래서일 게다, 불상을 태운 사람이 아니라 그걸 저지하려던 사람이 불법을 비방한 죄로 눈썹과 수염이 떨어진 것은.

단하의 유머 감각을 보여주는 유명한 얘기가 또 하나 있다. 단하는 원래 유학을 공부하여 과거를 보러 가다가, 우연히 만난 선객에게 "관리로 뽑히는 게 낫겠소, 부처로 뽑히는 게 낫겠소?"라는 질문을 받고 강서의 마조를 찾아가게 된다. 그러나 그렇게 찾아간 마조는 "나는 그대의 스승이 아니다. 남악의 석두를 찾아가라"고 말해준다. 석두 문하에서 3년간 행자를 하다 계를 받은 후 단하는 곧바로 다시 마조를 찾아간다. 그런데 절에 들어가자 그는 마조에게 가는 대신 절의 큰 법당에 들어가 나한상의 어깨에 올라가 말을 타듯 타고 앉았다. 목불을 태운 얘기에서 이미 알아보았겠지만, 애초에 그는 이처럼 거리낌 없고 대담했을 뿐 아니라 불상이나 성인의 형상에도 걸림이 없이 자재로웠다. 하지만 이걸 본 대중들은 경악하여 급히 마조에게 알렸고, 마조는 몸소 그 방에 찾아와 그를 살펴보더니 이렇게 말했다.

"내 아들이 천연스럽군(我子天然, 내 아들 천연이로군)."

그러자 단하는 즉시 방으로 내려와 절을 하곤 "대사께서 법호를 주셨으니, 감사합니다"라고 했다. 그리고 이 인연으로 '천연 天然'을 자신의 법명으로 삼았다고 한다.

대중들은 물론 스승마저 시험해보려는 단하의 천연덕스럽고 익살스런 대담한 행동도 멋지지만, 자신이 가르친 게 그것이라며 "내 자식의 천진한 행동"으로 받아넘긴 마조도 그에 못지 않다. 천연스러움, 그 무구한 대담성 앞에선 어떤 것도 장애가 될 수 없을 것이다.

유머 감각이 탁월한 선승들이 적지 않지만, 둘째가라면 서러워 할 사람은 조주다. 가령 "만물 가운데 무엇이 가장 견고합니까?"라고 묻는 학인에게 이리 대답한다.

"욕을 하려거든 서로 주둥이가 맞닿을 만큼 해야 하고, 침을 뱉으려거든 너에게서 물이 튈 정도가 되어야 한다."

이 정도로 욕을 먹고 침을 뱉어도 끄떡없는 것이 견고한 것이라고 말하려던 것이었을까? 그보다는, 불법에서 견고한 것을 찾는 것은 이처럼 침 뱉고 욕을 하는 것이란 말 아니었을까? 견고한 것을 묻는데 이렇게 답하는 감각도 놀랍지만, 욕을 하고 침 뱉는 행동의 극한을 말하기 위해 선택한 표현은 천년을 훨씬 지난 지금 보아도 웃음이 나온다. 말 난 김에 몇 개 더 적어두자.

"한 물건도 지고 오지 않았을 땐 어떠합니까?"

"내려놓아라."

"한 물건도 지고 있지 않은데 어찌 내려놓으라 하십니까?"

"그럼 도로 지고 가거라."

한 물건도 지고 있지 않다고 하지만 조주는 그가 '한 물건도 지고 있지 않아야 한다'는 생각에 사로잡혀 있음을, 그런 물건을 짐지고 있음을 한눈에 알아본다. 그래서 '내려놓으라' 한 것일 게다. 그러나 어구상으로는 말이 안 되는 말이다. 어구에 매여 학인은 못 알아듣는다. 하여, '그럼 도로 지고 가거라'라고 한 것이다. 생각날 때마다 입끝이 올라간다.

다른 학인과의 비슷한 문답이 있다.

"무엇에도 *끄*달리지 않을 때는 어떻습니까?"

"응당 그래야 할 것이다."

"그것이 바로 학인의 본분의 일입니까?"

"*끄*달리는구나, *끄*달려."

*끄*달리지 말아야 한다는 생각에 *끄*달리고 있는 것이다.

알다시피 조주는 "차 한잔 하시게"로 유명하다. 조주가 어떤 학인에게 물었다.

"이곳에 온 적이 있는가?"

"있습니다."

"그럼 차 한잔 하시게."

이번엔 다른 학인에게 물었다.

"이곳에 온 적 있는가?"

"없습니다."

"그럼 차 한잔 하시게."

그러자 옆에 있던 원주가 물었다.

"스님, 어째서 온 적이 있다고 해도 차 한잔 하라고 하시고, 온 적이 없다고 해도 차 한잔 하라고 하십니까?"

설법하는 고양이와 부처가 된 로봇

그러자 조주가 "원주!" 하고 부른다. 원주가 "예!" 하고 대답하자, 다시 조주가 말했다.

"자네도 차 한잔 하시게."

마지막 이 한마디는, 잘 아는 것인데도, 볼 때마다 웃음이 나온다. 원주는 필경 사람에 따라 다른 방편을 구사해야 한다는 생각에서, 온 적이 있는 이와 없는 이에게 같은 말로 가르치는 조주에게 물었을 것이다. 그러나 그는 '차 한잔 하시게'라는 조주의 말이 같다고 어느새 가정하고 있었다. 원주의 생각과 달리, 온 적 있는 이, 알아들을 만한 이에겐 미혹당하나 보기 위한 시험의 잔을 준 것이고, 처음 온 이, 아직 뭘 모르는 이에겐 깨달음을 주기 위해 차 한잔 하라고 한 것이다. 그러니 두 말이 같은 문구지만 다른 의미의 다른 말이다. 세 번째의 '차 한잔 하라'는 말은 의심을 가진 원주에게 물음을 되돌려주며 역으로 그를 시험하기 위한 것이다. 고지식하게 말하면, 세 말이 똑같아 보이지만 실은 다른 이들에게 다른 방편을 사용한 것이다.

조주는 똑같이 주먹을 치켜든 상대방에게 어떤 때는 "물이 얕아서 배를 댈 수가 없다"고 하고 어떤 때는 "주는 것도 뺏는 것도, 죽이는 것도 살리는 것도 자유자재하다"고 한 적이 있다. 주먹을 치켜드는 것은 선가에서 흔히 보는 행동인데, 주장자를 세우는 것과 마찬가지로 자신의 법기를 드러내는 것이고 자신 안에 잠재된 불성을 들어 한마디 던지는 것이다. 조주를 만나 주먹을 세운 것은 두 사람 모두 같았지만, 조주는 정반대로 반응한다. 이유는 양자가 같지 않음을 알아보았기 때문이다. 똑같아 보이는 것에서도 아주 다른 차이를 보는 것이다. 이걸 같다고 한다면, 누구든 눈앞에 주먹을 세우는 것으로 깨달은 척 답할 수 있다. 이거 흉내내는 것처럼 쉬운 일도 없기 때문이다. 그러니 이를 알아보지 못한다면 안목이 있다 하기 어렵다.

조주는 여기서 같은 행동에서 다른 것을 알아챘다면, '차 한잔 하시게'라는 이 공안에서는 똑같아 보이는 것을 아주 다르게 사용한다. 어느 경우든 겉으로 보이는 것만으로 판단하면 정말 중요한 것을 놓치게 된다. 조주가 두 학인에게 '차 한잔 하시게'라고 말했던 것은 우리 눈으론 식별되지 않는 것을 식별하는 눈이 있었기 때문일 게다. 하지만 원주에게 '너도 차 한잔' 하라고 한 말에서는 이를 알아보지 못한 이를 겨냥한 유머 감각이 불쑥 솟아난다. 차 한잔 하라는 말로 인해 야기된, 다른 이라면 아주 곤혹스러웠을 원주의 물음을 웃음과 함께 그에게 돌려주고 있는 것이다. 이런 조주에게 어떤 관리가 목불을 태워버린 단하의 얘기를 물었다.

"단하 스님이 목불을 태웠는데 무엇 때문에 원주의 눈썹이 빠졌습니까?"

그러자 조주가 다시 묻는다.

"관리의 집에서는 날것을 익히는 일을 누가 합니까?"

"하인이 합니다."

"그 사람 솜씨가 좋군요."

동문서답 같은 이 말을 이해하려면 날것을 익히는 일이나 목불을 태운 일이나 불을 태우는 일이란 점에서 같다는 점에 착목해야 한다. 그런데 비록 관리가 '주인'이지만, 불을 피워야 할지, 어떻게 다뤄야 할지는 하인의 솜씨에 속하며, 이는 주인이 뭐라 할 수 없는 일이다. 목불을 태운 것 역시 태울만한 이유가 있었던 것인데, 원주는 그걸 생각지 못한 채 불상을 태웠다고 비난했으니, 불을 태우는 이유도 모르는 채 하인을 비난하는 주인과 다르지 않았다는 말이다. 아주 다른 종류의 경계를 가볍게 넘나드는 조주의 재치를 보여준다.

또 하나, 웃음을 주는 조주의 가르침. 조주는 말한다. "부처가 있는 곳도 그냥 지나가라. 부처가 없는 곳은 얼른 지나가라."

02
농담관계와
회피관계

이른바 '원시사회'에 대한 관찰 속에서 인류학자들은 '농담관계'
와 '회피관계'라는 특이한 두 가지 관계를 찾아낸 바 있다. 그러
나 농담관계란 단지 '농담을 주고받는 관계'를 뜻하지 않는다. 예
컨대 멜라네시아에서는 젊은 남자의 경우 길을 가다 교차사촌
을 만나면 그에게 모욕을 주는 관습이 있다. 그 다음에는 모욕
을 당한 사람이 상대방에게 다시 비슷하게 모욕을 주게 된다. 이
는 아마존 지역 같은 다른 곳에서도 발견된다. 이처럼 농담관계
란 어느 한 쪽이 상대방에게 조롱하거나 괴롭히기도 하고 공격
하기도 하고, 다음에는 상대방이 그에게 그렇게 하도록 하는 의
무화된 관계다. 어쩌면 강제적이라고 할 만한 무례와 비격식성
을 특징으로 하는 관계다.

설법하는 고양이와 부처가 된 로봇

반면 회피관계는 특정한 종류의 언행이 금지('회피')된 관계를 뜻한다. 지위가 높은 인물이나 경의를 표해야 할 사람 앞에서는 먹고 싸는 일, 섹스 등에 대한 언행이 '회피'되어야 하며, 종종 그 사람의 이름을 부르는 것조차 '회피'되어야 한다. 가령 왕이나 대통령을 만난 자리에서 코를 후비거나 방귀를 뀌는 것은 아주 몰상식하고 무례한 행동으로 간주된다. 부모의 이름을 물으면 한 자 한 자 분리해 답하는 우리의 관습도, 함부로 부모 이름을 부르는 행동을 회피하기 위한 것이니 회피관계에 속한다(그레이버, 《가능성들》, 조원광 역, 그린비, 30~48).

　굳이 의무화된 농담관계가 아니더라도 농담을 주고받고 심지어 욕설을 써가며 말하는 관계, 배설이나 성에 대한 말을 주고받는 관계는 친밀하고 편한 관계다. 양쪽이 동등한 지위를 갖는 관계가 '농담관계'와 가까이 있음은 쉽게 알 수 있다. 반대로 회피관계는 지위의 고저가 뚜렷하고 위계와 권위가 지배적인 관계고, 서로에 대해 격식과 예의가 중요하며 친밀하기보다는 서로 어려워하는 관계다. 가족 안에서라면 시부모와 며느리의 관계, 장모와 사위의 관계가 흔히 그렇다. 회피관계에서도 농담이나 외설적인 행위를 할 수 있는데, 이는 높은 지위에 있는 사람에게만 허용된다. 농담조차 높은 이가 시작해야 다른 이들도 할 수 있다. 반대로 아랫사람이 윗사람의 용인 없이 외설적인 행위나 농담을 하는 것은 윗사람에 대한 공격으로 간주된다. 성스러운 것에 대한 금기(taboo)도 모두 이런 회피관계에 속한다.

어떤 종교도 신이든 창시자든 대단히 성스럽고 지고한 것을 가지며, 그에 대한 경배를 요구한다. 신이나 창시자를 형상화한 조각이나 그림이 종교적 공간의 초점을 차지하며, 사람들의 시선이나 행동은 모두 그 초점을 향한다. 그러나 그것들은 함부로 접촉해선 안 되며, 그 앞에선 언행에 경건함이 요구된다. 그런 점에서 성스러운 공간은 언제나 '회피관계'가 요구되는 공간인 셈이다. 이는 불교라고 해도 크게 다르지 않다. 다양한 종류의 불상이 있고, 그 불상 앞에서 사람들은 절하며 적어도 그 앞에선 조심스럽게 말하고 행동한다.

이는 원래 고귀한 것, 탁월한 것에 대한 경외감이 자연발생적으로 만들어낸 것이다. 고귀한 것이란 이루기 어렵고 희소한 것이기에, 그런 것에 대한 감탄과 존경의 마음이나 그것을 발견했을 때 느끼는 경탄과 기쁨이 경외감으로 표현되는 것이다. 함부로 해선 안 된다는 존중의 태도가 조심스런 '회피'의 언행을 하게 하는 것이다. 니체는 이와 반대로 모든 것을 만져보고 핥아보고 쓰다듬고자 하는 현대인들의 태도를 "눈과 손의 안일한 후안무치"라고 비판한다(《선악의 저편》, 263절). 고귀한 것을 알아보는 안목의 결여, 고귀한 것에 대한 경외심의 결여, 그리고 안목 없는 자의 불신과 무례를 거기서 발견한다.

그러나 경외감으로 시작된 이런 존중의 태도는 시간이 지나

설법하는 고양이와 부처가 된 로봇

면 안목 없는 이들로부터 고귀한 것을 보호하기 위한 관습과 제도를 만들어내게 되고, 그렇게 되면 이제 모든 이에게 무조건적인 복종과 경배를 요구하게 된다. 무릎 꿇고 기도함으로써 믿게 만들고, 경배함으로써 따르게 만든다. 존경심이 만들어낸 자생적 권위는 강제적인 권력을 장착한 제도적 권위로 바뀌게 된다. 존경에 따른 '회피'는 의무화된 회피관계로 고형화된다. 이는 역으로 자연발생적 경외감을 차단하고, 자기 눈으로 고귀한 것을 알아볼 기회를 제거한다. 자유로운 사고는 제약되고, 정해진 규칙들이 각자의 사고를 대신하게 된다.

진정한 경외감이란 수평적 관계가 주는 자유로움에서 발생하는 자연스런 경탄과 존경이다. 진정한 존경이란 모든 비판을 견뎌낸 것에 대해서만 주어질 수 있다고 했던 칸트의 말(《순수이성비판》서문)도 이런 뜻일 게다. 이는 관습화된 제도적 권위관계를 깰 때에만 가능하다는 점에서 역설적이다. 선사들이 스승에 대한 '대신심大信心'을 갖고 있으면서도 종종 당혹스러울 정도의 파격적 언행으로 사제관계의 도를 깨거나 넘어서는 것은 이런 이유에서가 아닐까?

회피관계 안에 농담관계에 속하는 요소를 끌어들이게 되면 위계적이고 권위적인 관계가 무너지고 흔들린다. 회피관계 안에서 뜻밖의 유머가 야기하는 것도 비슷하다. 굳이 '농담관계'로 국한하지 않아도, 익살스런 언행이나 거리낌 없는 행동들은 수

직적인 관계 안에 수평적인 관계를 만들어낸다. 권위에 억눌린 사고를 깨고 자유롭고 분방한 사고가 흘러넘치게 된다. 심하게 말하면 가장 높이 있는 인물과 내가 동등한 지위에 서게 된다. 부처님과 내가 말이다! 말해보라, 단하의 행동에서 부처를 보았는가?

하지만 이는 기존의 권위적 관습에 길든 이들에겐 당혹스런 일이다. 절에 들어가 불상에 올라타고 목불을 뽀개 불을 때는 단하의 행동이 여러 사람들을 당황하게 하고 때론 분노나 공격적인 언행을 야기하는 것은 바로 이 때문이다. 그의 행동은 성스런 것을 조롱하고 높은 위치에 있는 것은 땅바닥으로 끌어내린다. 여타의 종교라면 이는 독신적瀆神的인 행위로서 처벌받았을 것이다. 그러나 불교에서는 사람은 물론 개나 고양이, 기왓장에 이르기까지 모든 중생이 부처라고 하지 않는가! 그렇다면 불상에 올라타고 목불을 불태우며 익살스런 행동으로 모든 고식적인 격을 깨는 행위는 그런 불교의 교리에 근본적으로 부합하는 것 아닐까. 익살스런 언행과 대담하고 파격적인 행동으로 부처와 나를 수직의 격차로 갈라놓는 회피관계를 깨부수고 나와 부처, 그 안에 있는 모든 것을 친밀하고 동등한 지위로 바꾸어놓는 것이니 말이다.

그렇기에 이를 아는 마조 같은 스님은 단하의 어이없어 보이는 행동을 '천연'스럽다며 웃음으로 수용했던 것일 게다. 단하가

설법하는 고양이와 부처가 된 로봇

얼른 내려와 절을 했던 것은 그 거리낌 없는 행위로 새삼 확인한 스승의 진면목에 대한 진정한 존경의 표현일 터이다. 반대로 이를 이해하지 못한 고지식한 원주는 불상이 마치 부처라도 되는 양 싸고돌다 '대반야'를 망쳐 눈썹과 수염을 잃은 것일 게다.

그러나 수평적 관계를 만드는 게 무조건 타당한 것은 아니다. 모든 중생이 부처라는 말은 잠재적으로 누구나 부처가 될 수 있음을 뜻하지, 지금 현행의 상태를 두고 '모두가 부처'라는 말은 아니다. 그러니 이미 깨달음을 얻어 지고한 안목을 얻은 이와 그렇지 못한 이를 평등이란 말로 동등하다 하는 것 또한 억지다. 높이 올라간 이는 높은 곳에 있고 낮은 곳에 머문 자는 낮은 곳에 있다. 거기서 시작해야 한다. 그런데 깨달은 자의 명성이 있고 절 안에서의 지위가 주어져 있는 한, 높은 곳에 오른 이는 그냥 자신이 발딛고 선 자리에 있는 것만으로도 어느새 권위적인 관계 속에 들어서기 십상이다. 권위적인 관계는 가르치는 그대로 받아들이게 한다. 그러나 이는 깨달음이나 부처도 자신이 직접 맛보고 체득하라며 부처나 조사의 말을 그대로 받아들이는 걸 독이라도 되는 양 경계하는 선에서는 매우 난감한 일이다. 불조의 언행을 스승들이 나서서 엎어버리는 것은 바로 이 때문이다. 또한 그들은 조주처럼 웃음을 유발하는 유머감각을 발동하여 그런 권위의 무게를 가볍게 하고 다른 사고와 행동의 여지를 열어준다.

유머와 웃음은 중요하다. 웃음이 만드는 여유와 공백 속에서 말 하나하나를 살아 움직이게 하는 것, 그것이 단하나 조주의 유머가 만들어내는 효과일 것이다. 웃음을 야기하는 문답과 달리 상대방을 면전에서 욕하거나 심지어 때리는 것 또한 이런 맥락에서 이해할 수 있을 것이다. 앞서 말했듯이 '농담관계'는 농담을 하거나 희롱을 하는 것 뿐 아니라 비하하기도 하고 공격하기도 하는 언행을 포함한다고 했음을 기억할 것이다. 선승들은 심지어 '부처와 동급'인 자신의 스승들에게 대해서도 이런 '짓'을 서슴없이 한다. 가령 마조 회하에 있을 때 남전이 대중에게 죽을 돌리는데 마조가 물었다.

"통 속은 무엇이냐?"

"닥치거라 이 늙은이야! 무슨 말이냐?"

그러자 마조는 그만두어버렸다.

통 속에 들어있는 게 뭐냐는 물음이 아니라 통 속, 혹은 통 속에 든 것의 당체를 묻는 것일 게다. 그러나 그것은 언어 이전의 것이고, 말할 수 없는 것이다. 하여 무엇이라는 규정을 하는 순간 벗어난다. 하여 남전은 저리 거칠게 입을 막아버리는 말을 한 것일 게다. 마조가 그걸 모를 리 없다. 그런데 마조가 거기서 그만두어 버린다. 남전의 대답을 그대로 긍정한 게 아니다. 거기서 몸을 돌려 답을 하길 기대했던 것일 게다. 그러나 그렇다고 남전이 저리 말한 것을 그저 틀렸다고는 할 수 없으니 다시 되

설법하는 고양이와 부처가 된 로봇

받아치지 않고 그만두어 버린 것이기도 하다. 욕을 먹고도 그냥 돌아서는 이런 선승들의 행위에서 많은 이들이 '자비심'을 읽어 내는 이유는 이를 알면 이해할 수 있다. 덧붙이면, 이렇게 그만 두는 행위 자체가 제자에게 던지는 또 하나의 질문이기도 하다.

욕설마저 섞어 주고받는 문답에서 스승과 제자의 고식적인 위계 같은 건 없다. 도를 묻고 답하는 수평적 관계만 있을 뿐이다. 하지만 이게 다는 아니다. 욕설마저 구사하며 자신의 기틀을 내보인 제자가 있고, 그 말을 듣고 물러서며 응수하는 스승이 있다. 제자의 식견을 한눈에 알아보는 스승이 있고, 그런 스승임을 잘 알기에 과감하게 자신의 기틀을 펼치고 밀고나갈 수 있는 제자들이 있는 것이다. 욕을 얻어듣고 그냥 뒤로 물러서는 스승을 보고 남전은 자신이 '이겼다'고 생각했을까? 그럴 리 없다. 스스로 묻지 않았을까? 저 노인네가 왜 저러는 것일까? 스승이 물러서며 열어준 여백의 공간, 거기서 이젠 남전 스스로 몸을 돌려 빠져나와야 한다.

03
웃음을
모르는 자들을
조심하라!

'권위적인' 사람들의 중요한 공통점은 유머가 없고 웃을 줄 모른다는 사실이다. 무겁고 엄숙하고 심각한 얼굴, 그리하여 대개는 딱딱하고 굳은 얼굴, 그것이 권위적인 사람의 얼굴이다. 웃음이 넘치는 사람은 권위적인 자리에 있어도 권위적이지 않다. 스스로가 웃음으로 권위의 갑옷을 깨거나 유화시킨다. 앞서 경외심의 가치에 대해 강조했던 니체는 웃음에 대해 이렇게 말한다. "나는 그 웃음의 등급에 따라—황금의 웃음을 웃을 수 있는 사람에 이르기까지—심지어 철학자들의 순위가 있음을 인정하고 싶다."(《선악의 저편》, 294절)

그러나 니체의 이런 생각과 달리 서양에서 웃음은 오랫동안 심각한 대립의 선을 그리고 있었다. 라블레의 소설 《가르강튀아와 팡타그뤼엘》은 어이없을 정도의 웃음이 난무하는 민중들의 삶을 보여주지만, 종교나 철학은 물론 미학조차 웃음의 의미와 가치에 대해서는 전혀 언급하지 않는다. 서양미학의 중심적인 범주인 '숭고'는 웃음과는 반대편에 자리잡고 있다.

움베르토 에코의 소설《장미의 이름》은 웃음을 둘러싼 이런 대립이, 생각보다 심각한 문제였음을 보여주는 작품이다. 수도원에서 벌어진 연쇄살인 사건, 그건 〈요한묵시록〉의 무시무시한 예언을 시사하는 신의 저주처럼 보였지만, 사실은 웃음에 대한 적대감이 야기한 연쇄살인이었다. 살인사건의 계기가 된 것은, 웃음에 대한, 지금은 없는 한 권의 책이었다. 아리스토텔레스의 〈희극(Comedy)〉이 그것이다.

아리스토텔레스의《시학》은 오랫 동안 서양 미학이나 예술의 지반이 되어온 고전이다. 그런데 거기에는 〈비극〉을 다룬 장은 있지만 〈희극〉을 다룬 장은 없다. 이는 생각해보면 좀 기이한 일이다. 그리스 시대에는 비극만 있었던 게 아니라 희극 또한 있었다. 가령 아리스토파네스는 탁월한 희극작가였고, 〈구름〉 같은 재미있는 작품들이 지금도 남아있다. 그런데 세상사 중요한 일이라면 엔간하면 다 언급하고 글을 썼던 종합과 체계화의 대가 아리스토텔레스가 어째서 비극에 대해선 글을 남겼지만 희극에 대해선 남기지 않았을까? 이를 두고 그가 쓰지 않았다고 보는 사람도 있지만, 그와 달리 그가 희극에 대한 글을 썼지만 어떤 이유로 망실되어 전해지지 않는다고 보는 사람도 있다. 《장미의 이름》은 바로 후자의 가정을 받아들여, 그 작품의 망실을 둘러싼 이유에 대해 상상하며 쓴 소설이다.

누구는 수장되고 누구는 돼지 피에 처박히고 하여 죽지만 죽은 이들에 공통된 것은 오른손 엄지와 검지, 혓바닥이 검게 변했다는 점이다. 그러나 더 중요한 이유는 모두 아리스토텔레스의 책 〈희극〉을 찾아 읽다 죽었다는 점이다. 거의 다 망실되었으나 간신히 남아있던 '마지막' 책을 찾아 읽은 것, 그것이 호르헤 수도사가 그들을 살해한 이유다. 왜 그랬을까? 그것은 웃음에 대한 적대감, 혹은 공포 때문이었다. "웃음이라고 하는 것은 허약함, 부패, 우리 육신의 어리석음을 드러내는 것에 지나지 않아요. 웃음이란 농부의 여흥, 주정뱅이에게나 가당한 것이오." 좀 더 근본적인 이유는 웃음이 진리나 규범 같은 것들의 가치를 폄하하고 그것의 무게를 가볍게 한다는 것이다.

그러니 스콜라철학의 모태가 된 아리스토텔레스 같은 인물이 웃음에 대한 책을 썼다는 것은 호르헤처럼 오래된 규범이나 가치를 수호하려는 이에겐 너무도 부담스러운 사실이었다. 그래서 호르헤는 그 책을 보려는 이들을 죽인다. "그것은 바로 아리스토텔레스라는 철학자가 이 책의 저자였기 때문이오. 그의 책은 하나같이 기독교가 수세기에 걸쳐 축적했던 지식의 일부를 먹어 들어갔소." 하여 결국 사태의 진실이 드러난 뒤 그토록 읽

설법하는 고양이와 부처가 된 로봇

지 못하게 하려던 아리스토텔레스의 〈희극〉을 안고 스스로 불타 죽는다. 호르헤는 이렇게 말하는 셈이다. "쉽게 웃는 놈들을 그냥 두지 마라!" 우리는 이렇게 말해야 한다. "웃음을 모르는 자들을 조심하라!"

그래서인지 웃음은 오랫동안 예술의 영역에 존재했음에도 미학의 범주로 진지하게 다루어지지 않았다. 20세기에 들어와서야 웃음의 미학에 대한 책이 비로소 나타난다. 베르그손의《웃음》이란 책이 그것이다. 반면 철학은 웃음보다는 '우울'의 감정을 가진 이들에 의해 행해진다는 믿음은 여러 철학자의 책에서 찾아볼 수 있다. 가령 하이데거가 그렇다. 심각한 철학자들 역시 웃음에 대해 강한 거리감을 갖고 있었던 셈이다. 푸코나 들뢰즈 같은 현대철학자들이 웃음이나 유머에 대해 중요한 지위를 부여하는 것은 역으로 이런 이유에서라고 보아도 좋다. 뒤집어 말하면, 웃음이란 딱딱하게 굳어진 권위, 고정되고 고형화된 관념이나 가치들을 가볍게 넘어서고 쉽게 흔들어버리는 힘을 갖는다. 확고하다고 믿는 진리나 관념에 대해 거리를 두게 하며, 그 거리 속에서 다시 생각하게 한다.

유머는 대개 웃음을 동반하고 웃음을 긍정한다. 그렇지만 유머는 단지 농담이 아니며, 유머감각이란 남들을 웃기는 말재간을 뜻하지 않는다. 유머란 남들을 웃기는 능력이라기보다는 차라리 웃을 수 있는 능력이다. 어떤 상황에서든 웃을 수 있는 여유와 유연성을 갖는 능력이고, 주어진 상황을 웃음으로 받아 넘기는 능력이다. 혹은 웃음을 위해 무언가를 망가뜨릴 줄 아는 능력, 혹은 웃음 때문에 무언가가 망가짐을 견디는 능력이다. 웃음 때문에 망가지는 것을 웃음으로 받아넘기는 능력이다.

하지만 여기서 남을 망가뜨림으로써 웃음을 야기하는 방법과 자신을 망가뜨림으로써 웃음을 야기하는 방법을 구별하는게 좋겠다. 모든 유머가 이 두 가지 사이에 있다고는 할 수 없지만, 이 두 방법은 유머의 상반되는 두 방향을 보여주기 때문이다. 남을 망가뜨리는 웃음의 방법은 대개 남을 조롱하고 공박하여 웃음거리로 만든다. 이는 대체로 자기를 지키고 보호하기 위해 웃음을 이용한다. 그렇기에 이는 본질적으로 공격적이며, 차가운 웃음을 그 짝으로 갖는다. 반면 자기를 망가뜨리는 웃음은 자기의 권위나 이미지, 근본으로는 자아 자체의 와해를 감수하며 웃음을 야기한다. 그렇다고 자기를 조롱하거나 자학하는 것도 아니고, 자기를 공격하는 것도 아니다. 즉 조롱이나 공격의 방향을 반대로 돌려놓은 것이 아니라, 조롱이나 공격 없이 웃게 한다는 점에서 양자는 대칭적이지 않다. 스스로 망가지는 것은 대개 사람들 사이의 벽을 허물고 자기를 내주며 타인들의 마음을 편하게 해준다. 그렇기에 따뜻한 웃음을 짝으로 갖는다. 서로의 마음이 열리게 한다. 남에 대한 공격은 상대방의 방어를 야기하고, 방어기제로서의 자아를 발동시킨다. 반면 자기를 망가

설법하는 고양이와 부처가 된 로봇

뜨리는 것은 상대방 역시 편하게 함으로써 자아의 벽을 낮추게 한다. 이런 웃음은 자기를 낮춤으로써, 부수어야 할 것을 드러내고 와해시킨다.

약간 과도한 느낌이 없지 않지만 말난 김에 연결해보자면, 남을 망가뜨리는 웃음이 이상이나 권위와 가깝다면, 자신을 망가뜨리는 웃음은 이상을 깨려는 시도와 가깝고 권위에 반한다. 권위는 남의 권위에 대한 공격보다는 자기의 권위를 깨려는 시도 속에서 제대로 와해된다. 물론 이때 '나'란 생물학적 개인만은 아니다. 단하가 목불을 태울 때 잘 보여주듯, 내가 믿는 것, 내가 확신하는 가치 또한 나의 연장이고 나의 일종이다.

유머 감각을 가진 이는 웃음을 통해 주어진 상황에서 몸을 빼어 여백과 거리를 만들어내고, 그럼으로써 몸을 돌려 상황을 돌아보며 치고 들어가 사태를 바꾸어버릴 수 있다. 반대로 주어진 것에 쫓기고 상황에 몰린 이들이 결여하고 있는 것, 그게 바로 유머다. 그렇기에 역으로 몰린 상황에서도 웃을 수 있다면, 거기서 몸을 돌릴 곳을 찾을 수 있다. 몸을 돌릴 수 있다면 상황을 반전시킬 수도 있다. 가령 주인과 객을 바꾸어버리고, 눈과 손을 바꾸어버리는 것이 그것이다. 선어록을 조금 읽어본 사람이라면 이런 말들을 빈번하게 보았을 터이다. 이런 점에서 유머란 선승들이 가르침을 펴는 방법 자체라고 해도 지나친 말이 아니다.

덕산선감과 그의 제자인 암두와 설봉의 유명한 얘기처럼 이를 잘 보여주는 사례가 있을까 싶다. '덕산탁발德山托鉢'로 불리는 이 공안은 표면상으로 보면, 스승과 제자가 서로 말을 주고받으며 서로의 지위마저 뒤바꾸어버리는 양상으로 진행된다. 누가 스승이고 누가 제자인지 모를 정도로.

설봉은 덕산의 회상에 있으면서 밥 짓는 일을 하였는데, 어느 날 공양이 늦자 덕산이 발우를 들고 법당으로 내려오니, 설봉이 말하였다.

"종도 울리지 않고 북소리도 나지 않았는데 이 늙은이가 발우를 들고 어디 가는 거요?"

이 말을 듣고 덕산은 아무 말 없이 방장실로 돌아갔다. 설봉이 이 일을 사형인 암두에게 하니 "아이고, 가엾게도 천하의 덕산이 아직 말후구末後句를 몰랐구나"라고 했다. 말후구란 '최후의 한마디'를 뜻한다. 덕산이 이 말을 전해 듣곤 암두를 방장실로 불러 물었다.

"네가 노승을 긍정하지 않느냐?"

암두가 덕산에게 은밀히 그 이유를 아뢰자(密啓其語), 다음날 덕산이 법상에 올라 설법을 하는데, 과연 평상시와 달랐다. 그걸 보고 암두가 손뼉을 치고 크게 웃으며 말했다.

"기쁘다. 덕산이 말후구를 알았구나. 이젠 천하의 누구도 그를 어쩌지 못할 것이다."(《벽암록》, 중. 158~159)

제자 설봉이 스승 덕산에게 욕을 섞어 비난을 하고 덕산은 그 비난을 듣고 그냥 말없이 자기 방으로 되돌아간다. 설봉의 얘기에 암두는 "덕산이 말후구를 몰랐구나"라며 맞장구를 치고, 나중에 암두의 귓속말을 듣고 덕산이 평소와 달라졌다고 하니, 암두의 말후구에 덕산이 뭔가 새로 깨친 듯이 보인다. 표면만을 보는 이는 이렇게 해석하기 십상이다. 제자에게서도 배울 줄 아는 스승이라는 교훈이 쉽게 도출된다.

그러나 만약 그렇다면 이 얘기는 '공안'이랄 것도 없다. 계몽적인 교훈을 주는 상투적 일화에 지나지 않는다. 이처럼 너무 쉽게 해석되면 잘못 해석된 것이라고 보는 게 좋다. 반대로 이 공안은 1800 공안 가운데 가장 이해하기 어렵다고 하는 공안이다. 가장 오해하기 좋은 공안이란 말이다. 그러니 쉬워 보인다고 쉽게 넘어가면 안된다.

이런 식으로 보려고 하면 걸리는 게 있다. 먼저 덕산의 행동이다. 설봉의 비난을 듣고 말없이 방장실로 돌아간 것을 덕산이 자기 잘못을 시인한 것이라고 하면 동쪽에서 뜨는 해를 보고 저녁이 다 되었다고 말하는 격이 된다. 이처럼 문답을 '그만두어 버리는' 일은 선승들의 행동에서 자주 나타나는데, 상대방의 말을 수긍하여 물러서는 게 아니다. 공양시간에 발우를 들고 오가며 말을 주고받은 것이니, 설봉의 말이나 덕산의 행동이나 모두 "졸리면 자고 배고프면 밥을 먹는" 일상 속에서의 도와 관련

된 문답이다. 덕산이 종이 울리지 않았는데도 발우를 들고 나간 것은, 늦어진 공양시간과 울리지 않은 종 사이에서 밥 짓는 일을 하는 설봉을 시험해보기 위함이었을 것이다. 그리고 공양시간을 알리는 소리만을 생각하고 있는 설봉의 말을 덕산은 긍정하지 않은 것이다. 옳은 답은 아니지만, 나름 그렇게 말할 이유가 없진 않았고, 그렇게 질러낸 패기를 아끼는 마음에 그냥 말없이 물러섰을 것이다. 앞서 남전의 욕설에 마조가 그만두어 버린 것을 생각나게 한다. 그 뒤에 덕산이 암두를 불러 "네가 노승을 긍정하지 않느냐?"고 물은 것 또한 덕산이 자신의 행동에 거리낌이 없었음을 다시 확인해준다. 이는 "덕산이 말후구를 몰랐구나"라는 암두의 말을 덕산이 인정하지 않았음을 뜻하기도 한다.

좀 더 납득하기 어려운 것은 암두의 언행이다. 설봉의 말을 듣고 "덕산이 말후구를 몰랐구나"라고 했지만, "노승을 긍정치 않느냐"는 덕산의 물음에 암두는 은밀히 그 뜻을 알려준다. 정말 말후구를 몰랐다고 생각했다면 결코 이런 식으로 행동하지 않았을 터이다. 아무리 스승일지라도 욕설 섞어 한 방 날리거나 발로 걷어차거나 했을 게다. 그런데 왜 은밀히 이유를 말해주는 것일까? 말후구를 이런 식으로 전해준다고? 웃기는 소리다. 그런 일은 선가에선 절대로 일어나지 않는다. 더구나 덕산은 "말후구를 몰랐구나" 하는 암두의 말을 인정하지 않았음을 이미 지적했다. 그렇다면 가장 먼저 의심해야 할 말은 바로 "말후구를 몰랐구나"라는 암두의 이 말이다.

그런데도 미심쩍은 이 언행들을 그냥 넘어가게 하는 것은 다음날 설법을 하는데 평상시와 달랐다는 것, 그걸 두고 암두가 손뼉을 치며 "덕산이 드디어 말후구를 알았구나"라고 말하는 것 때문이다. 정말 말후구를 알려주어 덕산이 달라진 것처럼 보이니, 앞에서 미심쩍던 것이 모두 묻히고 만다. 그리곤 이를 들어 덕산이 암두에게 말후구를 배워 깨친 것으로 해석하게 된다. 그러나 이렇게 보면 정말 높고 험한 기봉인 '천하의 덕산'을 너무 물로 보는 것이다. 선가의 공안에는 언제나 미끼가 있고 관문이 있다. 이렇게 보면 어떤 관문도 없는 평범한 얘기가 된다. 그러나 명심해야 한다. 선어록에서 스승의 위치를 가진 선승들을 이렇게 물로 보면 반드시 당하고 만다. 깨달음을 얻은 이들은 결코 그렇게 만만치 않기 때문이다.

다시 말하지만, 다음날 덕산의 언행이 달라졌다는 말로 미심쩍은 언행을 그냥 넘어가면 안 된다. 귓속말을 하는 암두의 의심스런 행동에서 거슬러 올라가, "천하의 덕산이 말후구를 몰랐구나"라고 한 암두의 말을 의심해봐야 한다. 덕산이 암두를 불러 묻고 답한 말에서 보이듯 암두는 사실 덕산의 행동을 부정한 게 아니었다. 그렇다면 암두는 왜 설봉의 말에 그렇게 맞장구를 쳤을까? 그건 정말 '맞장구'였을 것이다. 어떤 이유에선가 자신의 생각과 다르지만 설봉 말에 맞장구쳐준 것이다. 선사들이 자기 생각과 다른 말을 이리 던질 때는 상대방을 시험해보거나 아니면 어떤 방편을 구사하려고 할 때다. 이 말을 할 때 암두는 사제인 설봉을 잘 알고 있었고, 굳이 시험하는 문답을 주고받을 생각이 없었다. 이는 설봉을 위해 어떤 방편을 구사하기 위한 말이었다고 보아야 한다.

그렇게 보면 암두가 덕산에게 은밀히 말을 한 게 이해가 된다. 그건 스승에게 말후구를 알려주기 위한 게 아니라, 자신이 생각한 방편을 알려주려는 것이었을 게다. 덕산은 암두가 은밀히 전한 방편을 받아들인다. 그렇다면 덕산이 다음날 설법할 때 평소와 달랐던 것은 이 '공모共謀'의 결과라고 보아야 한다. 즉 덕산은 암두가 제안한 방편에 맞추어, 일부러 평소와 다른 모습을 보여준 것이다. 이렇게 보아야 이미 확철대오한 지 오래인 덕산이 평소와 다른 모습을 보인 게 이해가 된다. 그런 덕산을 보고 "이제야 덕산이 말후구를 알았구나"라고 했던 암두의 행동도 덕산과 공모한 방편 안에 있는 것이다.

요컨대 설봉을 위해 암두는 생각에도 없는 말로 맞장구를 치며 설봉에게 '말후구'라는 미끼를 던진 것이고, 이를 덕산에게 귓속말로 전하며 그 방편의 공모자가 되어주길 요청한 것이다. 그걸 듣고 덕산은 마치 암두의 말후구 때문에 크게 달라진 것처럼 행동한 것이다. 설봉을 깨우쳐주기 위한 일종의 연극이었던 셈이다. '말후구'라는 미끼를 던져, '그게 뭐길래 천하의 덕산마

설법하는 고양이와 부처가 된 로봇

저 이렇게 바꿀 수 있는 것일까?' 하는 의정을 설봉에게 일으켜 주기 위한 한 편의 드라마였던 것이다.

결코 연극으로 보여선 안 될 이 '연극'에서 덕산의 언행은 정말 놀랍고 대단하다. 그는 암두가 생각한 방편을 위해 마치 제자 암두에 의해 말후구를, 최종적 깨달음을 얻은 것처럼 행동한 것이다. 다시 말해 자신이 제자보다 못한 자리, 그 동안 제대로 깨우치지 못한 듯 보이는 자리에 서게 되는 것을 받아들인 것이다. 설봉의 비난을 그대로 떠안고 방장실로 되돌아간 것도 그렇지만, 제자를 위해 자신을 덜떨어진 자리로 낮추는 이 언행은 정말 생각하기 힘든 것이고, 설령 생각한다 해도 실행하기 힘든 것이다. '자신을 망가뜨리는 유머'도 이 정도면 정말 대단하다 하지 않을 수 없다. 이는 제자를 깨우쳐주려는 마음의 소산이겠지만, 제자의 제자 역할마저 떠맡으며 자유자재로 움직이는 이 행위는, 제자 앞의 스승이란 자리나 권위 같은 걸 조금이라도 염두에 둔다면 생각도 할 수 없는 일이다.

이 멋진 연극을 연출한 암두에게선, 설봉이 전해준 얘기를 듣곤 어느새 거기서 몸을 빼서 그것을 사제의 깨달음을 위한 방편으로 전환시키려는 장난기 어린 재치가 번뜩이고, 스승마저 끌어들여 덜떨어진 인물 역할을 떠안기려는 대담한 연극적 유머 감각이 멋지게 빛난다. 스승마저 망가뜨려 버리려는 암두나 그렇게 자신이 망가지는 것조차 제자를 가르치기 위해 받아들이는 덕산이나 정말 대단한 사람들이다. 스승과 제자의 자리를 바꾸어버리는 암두의 과감한 연출에서, 암두의 연출에 따라 평소와 다른 모습을 보이며 덜떨어진 스승 역할을 했던 덕산의 행동에서 기분 좋은 미소를 짓게 만드는 깊은 유머 감각을 읽지 못했다면, 이 얘기에서 아무것도 읽어내지 못한 것이다.

설법하는 고양이와 부처가 된 로봇

●

제7장

손가락 하나로 세운 세계,
주장자가 집어삼키다

●

손가락 끝의 폭풍과 세계의 생멸

01
손가락을
세울 때마다
하나의 세계가

구지俱胝는 손가락 하나로 살고, 손가락 하나로 남은 선사다. 어느 암자에 머물고 있을 때 실제實際라는 비구니가 들어와 삿갓도 벗지 않고 선상禪床을 돌며 "말할 수 있으면 벗겠소"를 반복했지만 말 한마디 하지 못한다. 이런 자신에 분심憤心이 일어 선지식을 참방하며 행각하겠다 결심하지만 꿈에 산신이 나타나 그럴 것 없다며 떠나지 말라고 말렸다고 한다. 그의 말대로 다음날 천룡天龍이 암자를 찾아오자 그 전에 있었던 일을 말하며 가르침을 청한다. 그러자 천룡은 손가락 하나를 세워 보여주고, 이를 본 구지는 문득 깨달음을 얻는다. 이후 누가 묻기만 하면 손가락을 하나 세워 보일 뿐이었다.

사실 이보다 더 인상적인 얘기는 그 뒤에 있었다는, 그 암자

설법하는 고양이와 부처가 된 로봇

에 같이 있던 동자승 얘기다. 누가 무얼 물어도 손가락 하나 세워 보여주는 걸 본 동자는 구지가 잠시 출타한 사이 찾아온 학인이 "스님께서는 평소에 어떤 법으로 가르치시던가?" 묻자, 구지와 똑같이 손가락 하나를 들어 보여주었다. 그리곤 돌아온 구지에게 그 얘기를 했다. 그러자 구지는 칼을 몰래 가져와선, 동자에게 다시 불법을 묻는다. 동자는 매번 보던 대로 손가락을 하나 세워 보여준다. 그러자 구지는 그 손가락을 얼른 붙잡아 칼로 잘라버렸고 동자는 비명을 지르며 도망쳤다. 구지가 소리를 질러 동자를 부르니 동자는 머리를 돌렸다. 바로 그때 구지가 손가락을 하나 세우니 동자가 훤히 깨치게 되었다고 한다.

설마 사실일까 싶다. 그렇게 깨쳤다는 동자승의 법명이 따로 전하지 않는 걸 보면, 가르침을 펴기 위해 만들어진 얘기 아닐까. 모를 일이다. 선사들이란 깨우침을 얻는 데 목숨을 건 분들이고, 이조혜가처럼 팔을 잘라 가르침을 청한 전례가 있으니. 그래도 자기 손가락이라면 모를까, 남의 손가락 자르는 건 쉽지 않은 일인데…. 철모르는 어린 동자승의 손가락을 자른다는 건 더더군다나 쉽지 않을 일이었을 것 같다. 사실이든 아니든, 스승의 행동을 보고 그대로 따라 함으로써 '사구死句'가 된 손가락을 완전히 뒤집어 깨우침을 주는 활구로 만든 과감한 발상은 놀랍다.

그런데 왜 구지는 불법을 묻는 이들에게 손가락 하나를 들어 보여주었을까? 《장자》를 읽은 분이라면 "천지는 하나의 손가락이고 만물은 한 마리 말"이라는 말(《장자 1》, 전통문화연구회, 86)을 떠올릴 수도 있겠으나, 비슷한 것에 속을 수 있으니 신중해야 한다. 그런데 이와 비슷하게 주먹을 들어 세우는 얘기는 선가의 공안에 빈번하게 등장한다. 주장자를 세우는 얘기도 그렇다. 주먹을 세우는 것을 '감자바위 먹이는 것'이라면서 욕하는 행위로 간주하는 어이없는 해석도 있지만, 그거야 굳이 언급할 가치가 없다. 흔히는 손가락이나 주먹이나 세우는 것을 두고, '본래면목'이나 '체'라고 하는 것을 가시화하려는 것이라고들 하겠지만, 내가 구지의 손가락에서 본 것은 그 손가락 따라 일어나는 하나의 세계다. '마음'이라 하든 '생각'이라 하든, 내가 손가락 하나 세우는 것은 어떤 하나의 세계가 일어나게 하는 것이다. 하나의 세계를 만들어내는 것이다. 비록 그게 티끌 가득한 세계고, 비록 그게 번뇌로 가득한 세계라 해도 말이다. 원오는 '구지의 한 손가락'을 다룬 《벽암록》 19칙 수시垂示의 첫 문장을 이렇게 적어놓았다. "한 티끌이 일어나니 온 대지가 그 속에 들어가고, 꽃 한 송이 피어나니 그 속에 세계가 열린다(一塵擧大地收 一花開世界起)."

손가락 하나를 세워 세계를 만들어낸다니, 얼마나 대단한 일인가! 기독교의 신화를 생각하며 흔히들 말하듯 세계를 만들어내는 게 '신'이라고 한다면, 손가락을 세우며 하나의 세계를 만드는 이는 모두 신이라 할 것이다. 그렇다면 손가락을 세울 때마다 우리는 신이 되는 것이다! 그래서 그리 세우는 손가락이나 주먹은 세상의 '본체'를 상징하는 기호가 된 것일까?

그런데 손가락 하나 세우는 것으로 하나의 '세계'가 만들어진다니, 허황된 말이거나 해도 너무한 과장 아닌가. 마음에 한 물결이 일어나니 만 물결이 따라 일어난다는 자주 듣는 말처럼, 작은 일 하나에 온통 사로잡혀 그게 모든 것인 양 빠져 들어가는 우리네 마음의 번뇌를 뜻하는 비유라고 해야 할까? 그때 세계란 티끌 하나에 의해 만들어지는 내 마음 속 번뇌의 세계라고 해야 할 것이다. 그러나 이 말은 또 너무 흔히 듣는 상투적인 문구 아닌가.

나는 손가락을 하나 세울 때마다 하나의 세계가 열린다는 말을 좀 더 강한 의미로, 곧이곧대로 이해해야 한다고 믿는다. 글자 그대로, 무언가 맘먹고 하는 하나의 행동이 이제까지 있던 것과 다른 하나의 세계를 만든다는 말로 이해하고 싶다. 가령 라이프니츠 말처럼, 아담이 사과를 딴 세계와 따지 않은 세계는 결코 같을 수 없는 다른 세계다. 어떤 물리학자들은 이를 '평행우주平行宇宙(parallel world)'라는 말로 설명하기도 한다. 아담이 사과를 딴 세계가 여기 있다면, 따지 않은 세계는 저기 평행한 저편 우주에 따로 있다고. 평행우주론은 젖혀놓고 말한다 해도, 아담이 사과를 딴 행위는 그렇지 않았을 때와 전혀 다른 '하나의 세계'를 만들어낸다는 말은 충분히 납득할 만한 것이다. 아담만 그러할까? 이어서 말하면, 카인이 아벨을 죽인 세계와 죽이지 않은 세계 또한 결코 같을 리 없다. 카인 역시 자신의 행위로 하나의 다른 세계를 만들어낸 것이다. 비슷하게, 오조홍인이 혜능에게 의발을 건넨 세계와 다른 이에게 넘긴 세계 또한 같을 리 없다. 다시 말해 홍인은 아직 계도 받지 않은 행자에게 의발을 넘김으로써, 그러지 않았을 때와 아주 다른 하나의 세계를 만들어낸 것이다.

이는 아담이나 혜능, 임제 같이 '역사'를 바꾼 인물들에게만 해당되지 않는다. 얼른 떠올리는 세계의 '스케일'은 다를지 몰라도 사실 누구든 자신의 인근에 영향을 미치는 특이적인 행동을 하는 순간 그 이전, 그러지 않았을 때의 세계와 다른 세계를 만들어낸다. 소설 같은 서사문학이 다루는 게 바로 이것이다. 어떤 특이적인 인물의 행동이 만들어내는 다른 세계의 모습을 보여주는 것. 가령 에밀리 브론테의 유명한 소설《폭풍의 언덕》은 이를 아주 잘 보여주는 작품이다.

이야기는 언쇼가 히스클리프라는 버려진 집시 아이를 주워오면서 시작된다. 언쇼는 그를 아끼지만 그의 부인이나 아들 힌들리는 그를 미워하고 딸 캐서린은 그를 좋아한다. "그렇게 그 아이는 처음부터 집안에 불화를 일으켰습니다. 언쇼 부인은 그로부터 2년도 못되어 세상을 떠났는데, 이미 그때부터 어린 도련님(힌들리)은 아버지는 자기를 박해하는 압제자이고 히스클리프는 부친의 애정과 자신의 특권을 빼앗은 찬탈자라 생각했고, 이런 부당함을 곱씹으며 원한을 쌓아갔답니다."《폭풍의 언덕》, 문학동네, 62~63) 히스클리프를 주워온 언쇼의 행동 하나로 그의 인근에 다른 세계가 만들어진 것이다. 같은 말이지만, 히스클리프의 출현, 혹은 그의 존재는 그렇게 '폭풍의 언덕'이라 불리는 집 인근의 세계를 바꾸어놓는다. 히스클리프가 있는 세계와 없는 세계는 이들 가족에겐 아주 다른 세계다.

언쇼가 죽자 대학에 가면서 집을 떠났던 힌들리가 아내와 아들을 데리고 돌아오고, 멀리 '티티새 지나는 농원'에 사는 에드거 남매가 등장하면서 '폭풍의 언덕'에는 또 다른 세계가 만들어진다. 힌들리는 히스클리프에게 공부를 못하게 하고 일만 하는 하인으로 만들어 학대한다. 그 세계 속에서 에드거는 캐서린과 히스클리프 사이에 끼어든다. 오빠의 학대로 천하고 가난하게 된 히스클리프와 잘 생기고 부유한 에드거 사이에서 캐서린은 결국 에드거의 청혼을 받아들인다. 이를 안 히스클리프는 집을 나가버린다. 히스클리프는 그렇게 만들어진 세계를 떠나고, 그로써 다시 또 다른 세계가 만들어진다. 히스클리프가 없는 세계가. 캐서린이 에드거의 청혼을 받아들인 세계와 그러지 않고 히스클리프와 결혼했을 세계는 더할 수 없이 다른 세계이다.

이런 식으로 힌들리도, 에드거도, 캐서린도, 히스클리프도 '한 손가락을 들어' 그때마다 다른 각각의 세계를 만들어낸 것이다. 몇 년 뒤 히스클리프가 돌아온다. 그가 돌아오게 되면서 또 다른 세계가 만들어진다. 여전히 지울 수 없는 캐서린에 대한 광적인 사랑, 그를 빼앗아 간 애드거와 그렇게 하도록 자신을 궁지로 몰아넣은 힌들리에 대한 분노와 원한 속에서, 캐서린을 되찾고 복수를 하겠다는 일념의 히스클리프는 이전과 전혀 다른 세계를 만들어낸다. 그 세계가 열리면서 캐서린은 눈빛마저 달라진다.

> 번득이는 눈빛 대신 꿈꾸는 듯 우수 어린 부드러움이 생겼습니다. 두 눈은 주변의 사물을 바라보는 눈빛이 아니었습니다. 항상 저 너머를, 저 너머의 너머를 응시하는 것만 같았지요. 이 세상 너머라고 해도 틀린 말은 아니었습니다.(248)

사람만이 아니라 집과 대기조차 달라진다. "한때는 그토록 쾌적했던 집이 그렇게 스산하고 음침할 수가 없었어요!"(231) 옆에서 그걸 지켜보아야 했던 하녀는 말한다. "그가 나타나기 이전으로 돌아가고 싶었지요. 그의 방문은 저에겐 끝나지 않는 악몽이었고, 제가 짐작하기로는 나리(에드거)에게도 마찬가지였습니다."(172) 그러나 그가 나타나지 않은 세계는 평행우주의 저편으로 갈라져 날아가버렸기에 다시 돌아갈 수 없었다.

오해할까 싶어 강조하는데, 마음을 내고 손가락을 들 때 만들어지는 세계는, 손가락을 든 사람의 마음 안에서 만들어지는 내면의 세계, 주관적인 세계가 아니다. 그것은 그의 인근에 있는 이들의 관계가 모두 달라지고 집의 공기와 사람의 눈빛마저 달라진 객관적인 세계고, 돌이키고 싶어도 다시 돌이킬 수 없는 외부적인, 즉 손 밖에 있는 세계인 것이다.

02
문학과 선은
어디서
갈라지는가

《폭풍의 언덕》이 보여주는 세계, 손가락을 들 때마다 일어나는 다른 세계들은 어쩌면 고작 두 집을 둘러싸고 있는 아주 작은 세계일뿐이라고, '세계'라는 말에 값하긴 너무 작고 국지적인 세계라고 할 수도 있을 것이다. 그럴 것이다. 손가락을 따라 일어나는 세계는 그 세운 손가락 인근에 만들어질 뿐이다. 그러나 그것이 손가락을 세울 때 세계가 만들어진다는 말을 무효화시킬 수 있을까? 그렇지 않다.

첫째, 각자가 사는 세계란 형식적으로 그 범위를 따지자면 나라 전체, 지구 전체, 아니 우주 전체로 확대되겠지만, 대개는 TV나 신문 아니면 내가 알지도 못하는 이들, 내 삶과 무관한 이들의 삶 아닌가? 내가 사는 세계란 어차피 나를 가까이서 둘러싸

설법하는 고양이와 부처가 된 로봇

고 내게 영향을 미치는 세계 아닌가? 아담이 사과를 땄을 때 만들어진 세계 또한 그의 인근에 만들어진 세계일뿐이다. 그러나 그 세계가 결국은 인근에 머무는 것으로 끝나지 않음을 우리는 안다.

둘째, 반대로 티끌 하나가 일어나는 데서도 시방삼세의 우주를 보는 불교적 사고방법을 안다면, 저 멀리 나를 알지 못하는 이들조차 나의 존재를 떠받치고 있는 만큼, 그들이 알지 못한다고 해도 내가 손가락을 세우며 만들어지는 세계와 아무 상관없이 존재한다고는 할 수 없을 터이다. 돌을 던져 일어난 파문을 그저 떨어진 돌 근처에서만 본다면 세상사를 너무 대충 보는 것이다.

하지만 상반되는 방식의 이 두 반론을 강변하기보다는 차라리 이렇게 말하는 게 더 나을 것 같다. '손가락을 든다'고 표현되는 어떤 행동이나 사건, 혹은 어떤 사람이나 사물의 출현이나 사라짐은 그때마다 다른 크기, 다른 강도強度의 세계를 만든다고. 다른 질을 갖는 세계를 만든다고. 누군가가 반장에 뽑히며 만들어지는 세계와 누군가가 대통령에 뽑히며 만들어지는 세계의 차이를 강도의 차이라는 점에서 대비한다면 좀 더 이해하기 쉬울 듯하다. 가령 언쇼 손에 이끌려 히스클리프가 나타났을 때 새로 일어난 세계는 폭풍의 언덕을 크게 벗어나지 못했고, 가장 가까운 이웃인 에드거 가족이 살던 티티새 지나는 농원에도 일단은 별다른 영향을 미치지 못했다(물론 나중에 캐서린과 히스클리프가 뛰어다니다 그 집에 들어가게 되면서 새로운 사태가 시작됨을 안다면, 그게 다가 아니라 하겠지만), 그러나 캐서린을 잃고 사라졌던 히스클리프가 다시 나타났을 때 일어난 세계는 처음부터 두 집 전체를 아주 다른 곳으로 만들어버린다. 강도 또한 아주 다르다. 전자의 경우 히스클리프의 존재는 언쇼 일가 안에 작은 불화와 갈등을 야기했지만, 후자의 경우 히스클리프의 존재는 극단의 분노와 원한이 만들어내는 강한 힘으로 두 집에 사는 모든 이들을 극도의 번민과 고통 속으로, 심지어 죽음으로까지 밀고 간다.

이것 이상으로 중요한 것은 손가락을 어떻게 세워서 어떤 질質의 세계를 만들어내는가이다. 연적이었던 에드거가 죽고 에드거와 캐서린 사이에서 난 딸 캐시를 강제로 며느리로 만들어 에드거의 재산마저 차지하기까지, 히스클리프는 "원수의 슬픔을 자기의 기쁨으로 삼기로 작정한"(446) 자로서, 고통스러운 원한과 복수의 세계를 만들어낸다. 그런 세계를 만들어가는 히스클리프의 감정은 복수심과 구별할 수 없게 되어버린 사랑의 광적인 열정이다. 그러나 분노 내지 원한과 뒤섞여버린 사랑은 캐서린을 정신병적 발작으로 몰고 가며, 어떤 다른 사랑도, 어떤 행복도 촉발하지 못한다. 유사한 반동적(reactive) 감정만을 만들어낼 뿐이다.

반면 에드거가 만들어낸 것은 히스클리프의 돌진에 대해서 최대한 평온함을 유지하며 아내와 딸을 최대한 존중하고 배려하려는 세계였다. 그 점에서 에드거는 단지 히스클리프의 저주를 가동시키기 위해 만들어진 부수적 인물이 아니다. 그러나 그런 만큼 히스클리프 같은 격정이나 미친 듯 돌진해대는 열정은 느끼기 힘든 세계였다. 캐서린을 잡아당기는 힘 또한 히스클리프 만큼 강하지 않다. 그것은 히스클리프의 공격적인 감응과 반대로 방어적인 감응이 주조를 이루는 세계였다. 어느 것이 좋다 나쁘다를 누가 결정할 수 없는, 아주 상반되는 질의 두 세계가 경쟁하고 있는 것이다. 캐서린은 에드거의 극진한 사랑을 잘 알지만 히스클리프의 광적인 사랑에 끌려간다. 그러나 히스클리프가 당기는 힘이 더 크긴 하지만 에드거가 당기는 힘에서도 쉽게 벗어나지 못한다. 그 역시 캐서린을 당기는 독자적인 힘을 갖는다. 아주 다른 특이점 사이에서 동요하던 캐서린은 결국 넋이 나가 두 사람을 알아보지 못한 채 죽는다. 어느 한 사람의 손을 들어주지 않고 양자 사이에서, 아주 상반되는 두 사랑 사이에 끼어서 죽는다. 에드거가 손가락을 세워 만들어낸 세계와 히스클리프가 손가락을 세워 만들어낸 세계 사이에서 죽는 것이다.

문학과 선이 나란히 가는 것은 여기까지인 듯하다. 구지가 손가락을 하나 세웠을 때, 그것은 그와 동시에 하나의 세계가 일어남을 표현하는 의미도 있었겠지만 그렇게 하나의 세계를 세우려는 의미 또한 있었을 터이다. 불법의 세계, 선의 세계, 혹은 무위의 세계 등등. 그러나 보다시피 《폭풍의 언덕》에서 히스클리프가 만들어낸 세계는 그와 정반대되는 세계였다. 그것은 선의 관점에서 보면 차라리 떠났어야 할 세계, 만들지 말았어야 할 세계에 가깝다. 반면 문학이 그런 확고한 가치와 방향을 갖고 있다면 소설은 '훌륭한' 교훈이나 규범을 전하는 다 비슷비슷한─선에서는 '한 맛'이라고 하는─계몽적 서사가 되고 말 것이다. 오히려 문학은 가령 악마적이라고도 할 히스클리프의 광적인 사랑, 힌들리에 대한 미움과 에드거에 대한 반감, 에드거와 결혼한 캐서린에 대한 원망과 자신을 원망하며 죽어가는 캐서린에 대한 자책감, 복수로 인해 오는 쾌감 등 아주 다른 감정들이 뒤섞인 새로운 감응을, 새로운 종류의 감정을 창안한다. 문학은 심지어 그 극단적이고 기이한 감정이 갖는 매혹의 힘마저 보여주고자 한다. 문학은 일단 그것이면 충분하다. 마지막에 가면 히스클리프가 복수가 덧없음을 느끼곤 힌들리와 에드거의 자식들을 묶었던 끈을 풀어주지만 그렇다고 《폭풍의 언덕》이 복수의 덧없음을 가르치려는 작품은 아니다. 그 덧없음마저도 캐서린의 유령에 홀려버린 '이상한 변화'의 일부일 뿐이다. 원한 감정의 해소마저 사랑의 광기 속에 묻어두는 것이다. 그는 끝까지 사랑의 광기에서 한 발짝도 벗어나지 못하는 인물이다.

이 작품이 사람들을 사로잡는 힘도, 평온해진 히스클리프가 아니라 미친 히스클리프에게서 온다. 분노인지 사랑인지, 원한

인지 원망인지 알 수 없는 곤혹스러운 극한적 감정에서 나온다. 그래서인지 문학은 선보다는 오히려 악을, 행복보다는 불행을, 평온함이 아닌 폭풍을, 성공보다는 몰락을 더 선호한다. 그 몰락이나 불행마저 감수하며 자신을 거는 사람의 모습이 훨씬 더 문학적이다. 아니 좀 더 정확히 말하면 선인 악, 행복인 불행, 성공인 몰락을 창조하며, 아주 다른 종류의 감정들이 섞인 새로운 감응을 창조한다. 무위 아닌 유위의 극한을 통해 참과 거짓, 선과 악, 미와 추가 반전되고 혼합되는 세계를 만들어내고자 한다.

문학뿐 아니라 세상사도 그렇지 않을까? 어떤 게 좋은 건지 잘 알지만 그렇게 하지 못하는 것은 사람들이 대개 그 반대편에 있는 '나쁜' 힘에 더 쉽게 끌리기 때문이다. 그리고 심지어 그 '나쁜' 힘, '나쁜' 짓이 나쁜 세상을 넘어서는 데 유용한 경우도 있다. 예컨대 여성에 대한 남성들의 거칠고 막돼먹은 언행, 그런 언행이 만들어내는 세상에 대항하기 위해 남성들의 그 막돼먹은 언행을 미러링mirroring하여 남성들에게 되돌려주려는 시도가 그렇다. 일본에서 재일조선인들에게 퍼붓는 혐오발언(hate speech)에 대해 차분하고 점잖게 말리거나 논리적으로 반박하려는 시도들이 얼마나 무력한지 한탄하는 일본 친구들을 종종 만나게 된다. 남성들의 오래된 여혐발언들에 대한 논리적 반박도 다르지 않다. 반면 그걸 거울에 비추듯 남혐으로 되돌려주는 발언들이 여성들에게 막말하는 남성들을 조심하게 하고 주저하게 한 것을 보면, 혐오발언에는 그걸 반사하는 혐오발언으로 대처하는 게 더 효과적이지 않았을까 싶은 생각마저 든다. 메갈리아 같은 사이트에서 미러링을 이용해 남성들에게 조롱과 욕을 퍼붓기 시작했을 때, 그렇게 치켜든 손가락은 분명 이전과 아주 다른 세계를 만들었다. 그 세계는 자기 주제도 모르면서 여성들이라면 쉽게 보고 비아냥대던 남성들이 만든 세계를 효과적으로 무력화시켜버렸다.

그러나 '세상에 공짜 점심은 없다'는 말처럼, 그것은 커다란 대가를 치러야 했던 것 같다. "괴물과 싸울 땐 괴물과 닮지 않도록 조심해야 한다"는 니체의 말처럼, '여혐'이란 괴물과 싸우다 '남혐'이라는 비슷한 괴물이 되어간 건 아닌가 싶기 때문이다. 괴물이 될 만한 충분한 이유가 있다고 해도, 괴물이 되는 것을 그저 긍정할 수만은 없지 않을까. 원래 괴물이 훨씬 더 추하다는 사실이, '아직은…'이라며 안도할 이유가 될 수 있을까. 그 사실이 그와 싸우다 스스로 추한 괴물이 되고 말았다는 것을 정당화해주거나 위로해준다고 해도, 그것이 스스로 괴물이 되며 닮아간 추함을 지워주지는 않는 게 아닐까. '누가 누가 더 추한가?'를 경쟁하게 된 사태를 벗어나지 못한다면, 괴물이 되어가는 대가를 치르며 그를 미러링한 것이 애초에 시작하지 않은 것보다 얼마나 더 나은 것인지 물어야 하지 않을까. 그런데 생각해보면 이 또한 선이 지향하는 바와는 다르지만, 대난히 문학적인 사태라고 해야 할 듯하다. 이것이 우리가 사는 현실에서 훨씬 더 쉽게 목도하게 되는 사태이기도 하다.

하나의 다른 세계를 세우는 것은 그것과 양립할 수 없는 세계와 대결하는 것이고, 어쩌면 생사를 건 전쟁을 벌이는 것이기도 하다. 그것은 손가락을 따라 세워지는 어떤 가치로 다른 모든 것들을 재단하는 것이기도 하다. 따라서 손가락을 세워 하나의 세계를 만든다는 것은 풍파를 만들어내는 것이다. '평지풍파', 선사들이 말을 하고 행동을 할 때마다 피할 수 없음을 안타까워했던 게 바로 그것 아닌가! 폭풍을 일으키며 오는 건 히스클리프만이 아니다. 그렇기에 현사는 손가락을 세우는 걸 보고 구지가 깨우쳤다는 말을 듣곤 "내가 그 당시에 그 꼴을 보았더라면 손가락을 꺾어버렸을 것"이라고 했고, 조산曹山(839~901)은 "구지 스님이 알아차린 것은 거칠다. 그것은 한 기틀, 한 경계만을 알았을 뿐"이라고 했다.

그러나 이를 구지에 대한 비판으로만 읽는다면 이들의 말을 크게 오해하게 될 것이다. 풍파 없는 바다가 대체 어디 있으며 바람 없는 대기가 대체 어디 있는가? 풍파야말로 바다의 힘이고, 바람 아니 폭풍이야말로 대기의 힘 아닌가! 우리는 언제나 손가락을 세우고 세계를 만들어내며 살 수밖에 없다. 하여 구지는 "손가락 하나를 평생 사용했으나 다 쓰지 못 하였다"고 했을 것이다. 그렇다면 내가 지금 손가락을 세워 일으키는 세계는 어떤 세계인지를 정확하게 통찰하는 것이 중요하다. 내가 일으키는 풍파는 어떤 풍파인지 정직하게 보아야 한다. 그리하여 손가락을 세워 어떤 풍파를 일으킬 것인지, 어떤 세계를 만들어낼 것인지 물어야 한다. 그런 세계를 만들어내는 게 좋은지 안 만들어내는 게 좋은지를 물어야 한다. 없는 것만 못한 세계, 없었으면 좋았을 세계가 너무도 많기 때문이다.

03
어느 세계에도
머물지 말고
손가락을 세우라

풍혈연소風穴延沼(896~973)가 대중설법을 했다.

"한 티끌을 세우면 나라(家國)가 흥성하고, 한 티끌을 세우지
않으면 나라가 멸망한다."

이를 두고 원오는 묻는다. "말해보라, 한 티끌을 세워야 옳은
지, 세우지 않아야 옳은지를." '나라'라는 말은 앞서 했던 것처럼
'세상'이나 '세계'라고 해석해도 되겠지만 그렇게 하면 '흥성하다'
나 '멸망한다'는 말이 어색하다. 하여 여기에선 '국가'라고 해석
하는 게 더 나을 것 같다. 이에 대해 원오가 쓴 것을 보면 더욱
그렇다.

"한 티끌을 세워 나라가 흥성하여도 촌 늙은이는 이맛살
을 찡그린다. 그 말의 뜻은 나라를 세우고 국가를 안녕하게 하

는 데에는 반드시 지모 있는 신하와 용맹한 장수의 힘을 빌려야 한다는 것이다. 그런 뒤에야 기린이 나오고 봉황이 나오니 바로 태평성대의 상서祥瑞이다. 그러나 세 집밖에 안 되는 작은 마을 사람이 이러한 일을 어떻게 알겠는가? 한 티끌을 세우지 않으면 나라가 멸망하여 찬바람만 쓸쓸히 부는데, 촌 늙은이는 무엇 때문에 나와서 노래를 부를까? 나라가 멸망해버렸기 때문이다."《벽암록》중, 217)

그렇다면 티끌을 세워 국가를 세워야 한다는 말일까, 그 반대일까? 풍혈의 말이나 원오의 말이나 얼핏 보면 나라가 멸망하지 않도록 한 티끌을 일으켜야 한다는 말처럼 읽힌다. 그러나 기린 봉황이 나오는 태평성대조차 지모 있는 신하와 용맹스런 장수를 모아 머리를 굴리고 힘으로 밀어붙이는 극도의 유위의 산물이다. 그러한 유위는 많은 이들을 상하게 하고 힘들게 한다. 그런데 그렇게 해서 세운 국가가 작은 시골 마을의 촌부에게 무슨 의미가 있으랴? 나라를 세우겠다며 죽고 죽이는 전쟁을 일으키고 나라를 운영한다면서 세금을 더 걷지 않으면 다행일 게다. 태평성대라고 해도 국가를 세우겠다며 일으키는 소란이 없는 것만 못한 것이다. 그렇기에 나라가 사라진 터에 거꾸로 촌 늙은이는 노래를 부르는 것이다. 이는 노자《도덕경》의 잘 알려진 문구를 생각나게 한다.

설법하는 고양이와 부처가 된 로봇

가장 좋은 것은 백성들이 통치자가 있는지 모르는 것이다. 그 다음은 그를 친하게 여기고 명예롭게 여기는 것이고, 그 다음은 그를 두려워하는 것이며, 그 다음은 그를 업신여기는 것이다.《도덕경》, 17장)

그런데 풍혈은 지금 정치에 대해 가르침을 펴려는 게 아니라, 절에 모인 대중들을 상대로 설법을 하고 있다. 불법에 대해 말하는 자리에서 정치와 '국가'에 대해 말한다면 그건 뜬금없는 것 아닌가? 그러고 보면 여기서 풍혈이 한 티끌 일으켜 흥하게 세운 '나라'는 불법을 일으켜 세운 '불국토'를 말하는 것 같다. 그렇다면 풍혈의 말은 '황금가루가 아무리 귀하여도 눈에 들어가면 눈병을 일으킬 뿐'인 것처럼, 불국토조차도 한 티끌 일으켜 세우는 것보다는 그것이 있는 줄도 모르는 채 사는 게 더 낫다는 뜻일 게다. 하여 원오도 다음과 같은 남전의 말을 인용한다. "황매산黃梅山 칠백 고승은 모두가 불법을 아는 사람들이었기에 오조의 의발을 얻지 못하였으나, 노행자盧行者(혜능)만은 불법을 알지 못하였기에 의발을 얻었다."(218) 하물며 손가락을 일으켜 세우는 세계야 말할 것도 없으리라. 운문이 주장자를 들고 대중에게 설했다는 다음의 얘기 또한 이런 맥락에서 읽어야 할 것이다.

"주장자가 용으로 변하여 천지를 삼켜버렸으니, 산하대지는 어디 있느냐?"

손가락을 세워 세계를 만들어내고 한 티끌을 일으켜 나라를 흥하게 하는 것과 반대로 여기서 운문은 주장자를 들어 천지를 삼켜버리게 한다. 티끌 하나, 꽃 한 송이 속에 열린 세계를 통째로 다 삼켜버리게 한다. 한 손가락이나 한 티끌, 꽃 한 송이에 이어져 현행화된 세계를 모두 지워 순수 잠재성으로 되돌려버리는 것이다. 다른 세계 모두를 향해 열려 있는 '공'한 세계로. "가슴 속에 한 물건이라도 남아 있으면 산하대지가 들쑥날쑥 눈앞에 나타나겠지만, 가슴 속에 한 물건도 없다면 밖으로 실오라기 하나도 없을 것이다."(《벽암록》중, 210)

이런 점에서 보면 구지의 손가락과 운문의 주장자는 정반대되는 것처럼 읽힌다. 그러나 이렇게 되면 그때마다 티끌과 손가락에 따라 현행화된 세계와 본체 내지 본래면목이라 불리는 잠재성의 세계를 대립되는 것으로 보게 되고, 불법이나 도란 손가락과 티끌에 따라 일어난 세계 '저편'을 향해 가는 것으로 오인하게 된다. 이것이야말로 금가루가 아무리 좋아도 눈에 들어가면 병을 일으킬 뿐이라며 따로 불국토를 찾거나 만들겠다는 발상을 비판했던 이유 아니었던가?

중요한 것은 티끌이나 손가락에 따라 일어나는 모든 세계로부터 후퇴하여 '불법의 세계'로 돌아가는 것이 아니다. 사실 그런 세계는 따로 없다. 중생이 곧 부처인 것처럼 중생들이 사는 세계, 중생들의 마음이 만들어내는 각각의 세계가 바로 부처의 세계다. 그러나 원한과 미움의 마음이 만들어낸 세계를 그저 부처의 세계라고는 할 수 없다. 그 힘든 세계에서 모든 걸 내려놓고 부처의 마음으로 살라고 한다면, 실제로는 불난 집에 편히 앉아있으라는 말이 되기 십상이다. 《법화경》의 유명한 문구를 빌 것도 없이, 불이 났다면 불난 집에서 얼른 나와 다른 세계로 들어가야 한다. 극락정토는 따로 없다. 그렇지만 불난 세계와 다른 세계를 세울 수는 있다. 그러니 어떤 세계도 다시 손가락을 세우거나 티끌을 일으켜 바꿀 수 있다는 사실은 얼마나 다행인가. 손가락을 세워 불난 세계와 다른 세계를 만들어냄으로써 불난 세계를 떠날 수 있음을 뜻하니 말이다. 물론 그렇게 바뀐 세계 또한 하나의 티끌일 것이다. 심지어 괴물과 싸우다 괴물이 되어버린 세계일 수 있을 게다. 그러면 다시 손가락을 들어야 할 것이다. 그렇게 평생을 해도 그 일은 끝나지 않을 것이고, 그렇게 평생을 써도 다시 또 손가락 쓸 일이 있을 것이다.

구지의 가르침은 손가락을 하나 세우고 티끌을 하나 일으키는 것으로 또 다른 세계로 바꿀 수 있다는 것이다. 주장자가 삼켜버린 것은 이 사라지는 세계들이다. 그 자리에 다른 세계가 출현한다. 중요한 것은 어떤 세계에도 머물지 않고 넘나드는 것이다. 《금강경》의 한 구절에 깨우침을 얻었다는 혜능이라면 이렇게 말할지도 모른다. "어느 세계에도 머물지 말고 손가락을 세우라." 그렇기에 주장자를 세웠다가, 주장자로 세상을 삼켜버리기도 하지만, 결코 주장자에 머물지 않으며, 때론 내던져버리기도 하는 것이다. 손가락 또한 그렇다. 들었는가, 연화봉 암주가 주장자를 들곤 20년을 반복했다는 물음을?

"옛사람이 여기(주장자)에 이르러 무엇 때문에 안주하려 하지 않았을까?"

이에 제대로 대답한 자가 끝내 없었다고 하는데, 결국 입적하던 날 그 물음을 다시 던지곤 대중을 대신해 스스로 대답했다고 한다.

"그것이 수행의 도상에서 별로 쓸모가 없었기 때문이다."

그리곤 다시 물었다.

"그렇다면 필경 어찌해야 하겠는가?"

대답이 없자 다시 스스로 답했다고 한다.

"주장자를 빗겨든 채 한눈팔지 말고 천봉우리 만봉우리 속으로 들어가노라."(《벽암록》, 상, 225~226)

별로 쓸모가 없었다 함은 금가루와 마찬가지로 그것에 매인다면 병을 야기할 뿐이기 때문일 게다. 그래도 그것 없이는 불법을 찾는 것도, 수행을 하는 것도 불가능할 터이다. 도는 본래 말이 아니지만 말로 인해 나타나는 것처럼. 그러니 그것을 들고 첩첩한 세상 속으로 들어가야 한다. 첩첩한 세계 하나하나를 삼키고 일으키며, 종횡으로 자유롭게 오가야 한다. 어느 세계에도 머묾 없이 반복하여 삼키고 세우고 또 삼키고 세우며 가야 한다.

손가락은 하나의 세계를 세우고, 주장자는 하나의 세계를 삼킨다고 하지만, 하나의 세계를 세우는 것은 하나의 세계를 삼키는 것이다. 그런 점에서 손가락과 주장자는 다르지만 다르지 않다. 문제는 티끌이나 손가락으로 하나의 세계를 일으키는 것이 아니라, 하나의 세계에 멈추고 머물려 하는 것이다. 그렇게 우리는 끊임없이 일어나고 사라지는 세계를 살고, 그렇게 우리는 상이한 세계를 넘나들며 산다. 어디에도 머물지 않고 그렇게 종횡으로 넘나들 수 있는 능력, 바로 그것이 '잠재성'이니 '공'이니, 혹은 '본래면목'이니 '본체'니 하는 말로 지칭하려는 것일 게다.

엄양존자嚴陽尊者가 길 가에서 한 스님을 만나 주장자를 세우며 말했다.

"이것이 무엇이냐?"

"모르겠습니다."

"한 자루의 주장자도 모르는군."

엄양이 다시 주장자를 땅에 내려꽂으면서

"알겠느냐?"고 하자 여전히 스님은

"모르겠습니다"고 하니

"움푹 패인 구멍도 모르는군" 하고는 다시 주장자를 걸머지면서 말했다.

"알겠는가?"

"모르겠습니다."

"주장자를 빗겨든 채 한눈팔지 말고 천봉우리 만봉우리 속으로 들어가노라."

설법하는 고양이와 부처가 된 로봇

●

제8장

'있음'을 아는 자는 어디로 가야 합니까

●

세계의 특이성과 존재자의 존재론

01
존재의미,
혹은
'있음'을 안다는 것

불법이 공空을 설함은 잘 알려진 일이다. 불교 문헌에서 빈번히 만나게 되는 '무無'라는 말조차 실은 언제나 공을 뜻한다. 그저 '없음'이 아니라 '있음과 없음의 양변을 떠난 중도'의 무를. '없음' 을 뜻하는 말뿐 아니라, 무언가를 부정하는 말들도 많은 경우 그러하다. 가령 《금강경》의 유명한 문장, "모든 상 있는 것에서 상 없음을 보면 여래를 보리라(若見諸相非相 卽見如來)"라는 말에 서 '상 없음'으로 번역된 '비상非相(상 아님)'이 그러하다. 여기서 상 相을 부정하는 말은 단지 상이 없는 텅 빈 공허를 뜻하는 게 아 니라 상이 있는 것의 상 없음을 뜻하는 역설적인 말이다. 텅 빈 공간을 보면서 어떤 상도 없음을 보기는 쉽다. 그러나 개나 잣 나무 같은 눈앞에 있는 어떤 것에서 상 없음을 보긴 어렵다. 그

설법하는 고양이와 부처가 된 로봇

래서 여래를 보기는 사실 어렵다.

없음을, 즉 '무'를 보는 게 이러하다면, '있음'을, 즉 '유'를 본다 함은 어떤 것일까? 이 또한 흔히 말하듯, '저기 소나무가 있네', '여기 시계가 있네' 할 때의 '있음'을 보는 것은 아닐 터이다. 그러나 '무를 본다'는 말을 그저 뒤집는 것으로 '유를 본다'고 할 순 없다. 가령 앞서 《금강경》의 문장을 뒤집어 '상 없는 것에서 상 있음을 본다'고 하면 말은 쉽겠지만 얻을 건 공허한 문장밖에 없다. 텅 빈 공간에서 어떤 형상의 존재를 보는 게 유를 보는 건 아닐 테니 말이다. 그건 유가 아니라 유령을 보는 것이 될 게다. 그렇다면 '유를 본다'거나 '있음을 안다'는 건 대체 무슨 뜻일까?

'유를 보는 것'에 관심을 가졌던 이는 누구보다 조주와 그 스승 남전이었던 것 같다. 조주가 남전에게 물었다.

"있음(有)을 아는 이는 어디로 갑니까?"

"산 밑 시주 집에 가서 한 마리 물소가 되어야지."

"가르쳐주셔서 감사합니다."

"어젯밤 삼경에 달이 창을 비추었지."《조주록》, 장경각, 30)

있음의 의미가 무엇이기에 그걸 아는 이는 산 밑 시주 집에 가서 물소가 되어야 한다고 했을까? 조주가 이리 물었던 것은 스승 남전이 있음에 대해 종종 언급했기 때문일 터이다. 언젠가 남전은 이렇게 대중들에게 설법을 한 적이 있다.

"삼세의 모든 부처님은 있음을 알지 못하고 이리와 흰 암물소

가 도리어 있음을 안다."《벽암록》, 중, 218)

있음이 무엇이길래 삼세 부처님은 알지 못하고 이리와 물소가 안다고 했던 것일까? 있음의 의미가 무엇이길래 그걸 아는 이는 산 밑 시주 집에 가서 물소가 되어야 한다고 했을까?

'없음을 안다' 할 때 없음이란 세상만물 어디에도 '불변의 본성本性은 없음'을 뜻한다. 그런 본성은 없다. 조건에 따라 달라지는 '본성'이 있을 뿐이다. 이것이 '연기법'의 요체인데, 이를 깨달음으로써 석가모니는 '깨달은 자' 부처가 되었다. '삼세 부처님이 있음을 알지 못한다' 함은 이런 뜻이다. 즉 본성이 있음을 알지 못한다는 말, 다시 말해 본성이 없음을 안다는 말이다. 반면 '있음을 안다' 할 때 있음이란 세상만물의 있음을 뜻한다. 있음을 안다 함은 어떤 존재자의 '존재'가 어떠한 것인지를 아는 것이다. 흔한 말로 하면 그의 존재가 뜻하는 바, 즉 '존재의미'를 아는 것이다. 그러니 '있음'이란 존재하는 것들의 있음, 다시 말해 존재자의 존재를 뜻한다.

어떤 존재자가, 가령 늑대나 자동차가 존재한다 함은 어떤 것일까? 어떤 시간에 어떤 장소를 점하고 있음? 데카르트라면 그렇다고 할 것이다. 그렇다면 그런 있음을 안다는 건 어떤 특별한 의미를 갖지 못한다. 눈이나 귀로 '아, 있네' 하고 확인할 수 있음을 뜻할 뿐이다. 저기 지정된 시간이나 장소에서 보이지 않게 되면, '없네'라고 말하는 것. 그러나 그런 걸 두고 '존재가 뜻하는 바'라고 하진 않는다. 그런 거라면 센서를 써서 '측정'하면 된다. '존재의미를 찾을' 필요도 없고, '유를 안다'는 말 또한 따로 할 이유가 없다. 굳이 찾지 않아도 다 아는 것이니까.

후설(1859~1938) 같은 철학자라면 존재자가 대상에 부여하는 '의미'라고 말할지도 모르겠다. 이전에는 그저 하나의 몸짓에 지나지 않던 것이 내가 꽃이라고 부르니 내게 와서 꽃이 되고, 이전엔 그저 지나가는 한 사람이었을 뿐인 이가 내가 '사랑'의 눈으로 보니 내게 와서 연인이 되듯이. 그러나 그건 꽃이나 연인에 겐 멋지게 들리겠지만, 소나 돼지 같은 것들에겐 참혹하게 들릴 것이다. 인간들에게 '고기'라고 불려 인간이 부르는 대로 튼실한 고기가 되기 위해 열심히 사료를 먹어대는 것 말곤 할 일이 없는 게 자신의 존재의미라 하는 셈이니 말이다. 그런 의미를 받아들이는 게 '살아있음'이라고 한다면, 그 '살아있음'이란 죽음보다 더 난감한 '삶'이고 삶의 '의미'다.

《존재와 시간》의 하이데거(1889~1976)라면 '마음씀(Sorge)'이나 '고려', '배려' 같은 마음의 작용을 통해 맺어지는 관계라고 할 수도 있겠다. 그러나 이 또한 '인간적인, 너무나 인간적인' 생각이다. 이 역시 '마음을 쓰는' 주체인 인간의 의미부여를 특권화할 뿐이란 점에서 후설과 크게 다르지 않기 때문이다. 혹은 '역사'가 보내는 '사명'을 수행하는 게 우리의 존재의미라고 하는 말(이 또한 하이데거의 말인데)도 그렇다. '역사'를 장악한 자들이 보내주는 과업을 위해 몸을 바치라는 말이니까. 박정희가 서명한 〈국민교육헌장〉이 가르치는 바가 바로 그것 아니었던가! "우리는 민족의 역사적 사명을 띠고 이 땅에 태어났다. 조상의 빛난 얼을 오늘에 되살려…." '주체'라고 하든 '역사'라고 하든, 우리 이름을 불러주는 자들에게 우리의 존재의미를 맡기지 않도록 조심해야 한다. 그들에게 우리의 존재의미를 결정하는 자리를 넘겨주기 십상이니 말이다. 그 의미가 총을 든 군인이 되든, 묵묵히 일하는 '근로자'가 되든, 혹은 '고기'의 자리가 되든 말이다.

존재자의 존재의미는 인간이나 '역사'가 이렇게 서렇게 부여하는 '의미'에서 나오는 게 아니라, 존재자가 '존재한다'는 사실에서 나온다. 존재의미란 '존재한다'는 사실 자체에 속한 의미다. 무슨 말인가? 이를 이해하려면 흔히 하는 '존재감이 있다'는 말이 차라리 앞서 말한 것들보다는 더 낫다. 말없이 그저 앉아만 있어도 존재감이 확연한 사람이나 사물이 있고, 나름 열심히 뛰어도 존재감이 없는 사람이 있다. 존재감이 있다는 것은 그것이 있다는 사실만으로도 인근에 있는 자들에게 강한 촉발의 힘을 갖고 있다는 말이다. 요컨대 존재감이 크다 함은, 누가 어떤 의미를 부여하든 말든, 그것이 있음이 큰 촉발의 힘이 있음을 뜻한다. 다시 말해 그것의 있음과 없음이 크게 다름을, '그것이 있는 세계'와 '그것이 없는 세계'가 크게 달라짐을 뜻한다. 이때 세계란 그것의 인근에 있는, 그것을 둘러싸고 있는 것들의 집합이

설법하는 고양이와 부처가 된 로봇

다. 때론 가족이나 집 같이 작고, 때로는 대규모 생태계나 지구, 혹은 태양계처럼 큰. 반면 존재감이 없다 함은 그것이 있을 때에도 없을 때와 별 차이가 없음을 뜻한다.

그렇기에 그런 존재감은 그가 속한 세계가 달라지면 당연히 달라진다. 가족-세계 안에선 대개 누구나 강한 존재감을 갖지만, 국가 규모의 세계가 되면 있으나 없으나 큰 차이가 없는 이들이 아주 많아진다. 우주로 확장하면, 대부분의 사람은 있으나 없으나 별 차이가 없다. '존재감이 있다'는 말은 있고 없음의 차이가 크다는 말밖에 못하지만, '존재의 의미'는 있고 없음에 따라 '어떻게' 달라지는가를 말할 수 있다. 가령 가족이나 직장에서 모두 존재감이 큰 사람이지만, 가족-세계에서는 아주 따뜻하고 정감 있는 존재자인 반면 직장-세계에서는 권위적이고 차가운 존재자인 경우가 있다. 존재감이 크다는 점에서는 같지만 그 존재의미란 점에서는 아주 다른 존재자라 하겠다.

'나'라는 존재자의 존재의미는 내 인근의 세계 속에 내가 '있다'는 게 '없다'는 것과 어떻게 다른지에 의해 규정된다. 예를 들어 두 사람의 연인 사이에서 아기가 하나 탄생할 때, 이전에 없던 하나의 세계가 탄생한다. 두 사람의 일상 전체는 물론 그들 인근의 다른 것들 모두가 그 아기를 중심으로 공전하게 된다. 적어도 두 사람에게 아기가 존재하는 세계와 존재하지 않는 세계는 비교할 수 없이 다른 것이다. 아기가 존재함에 따라 탄생하는 이 다른 세계의 존재, 그것이 이 아기의 존재의미다. 이 존재의미는 아기가 부여하는 것이 아니며, 그 부모가 부여하는 의미도 아니다. 부모가 어떤 의미를 부여하든 무관하게, 아기와 함께 탄생한 세계, 아기를 중심으로 돌아가게 된 세계, 그것이 바로 그 아기의 존재의미다.

아기처럼 새로이 탄생하는 경우만 그런 것은 아니다. 전학을 가는 것도, 어떤 단체에 가입을 하는 것도, 혹은 무언가 새로운 일을 시작하는 것도 모두 내가 없거나 없는 것과 마찬가지였던 세계 속에 내가 들어가는 것이다. 내가 없는 세계 속에 그렇게 내가 들어가 존재하게 될 때 발생하는 변화가 곧 나란 존재자의 존재의미다.

세계 안에서 나란 존재자가 갖는 의미는 내가 부여하는 의미나 '역사' 같은 게 내게 부과하는 '사명' 같은 게 아니라, 나를 둘러싼 세계 안에 내가 있음으로 인해 산출되는 효과가 바로 나의 존재의미다. 내가 아무리 선한 의도를 갖고 심각한 '역사적 사명'을 자각하여 행동해도 나를 둘러싼 세계가 고통스러운 세계나 압제적인 세계가 되면, 내가 거기서 존재하는 의미는 고통이나 압제를 만드는 자일뿐이다. '있음'을 안다는 것은 바로 이런 '존재의미'를 아는 것이다.

설법하는 고양이와 부처가 된 로봇

02
특이점의
존재론

존재의미는 어느 한 사람이 부여하는 게 아니라, 관련된 존재자들의 관계가 서로 엮이고 중첩되며 만들어진다. 예컨대 '폭풍의 언덕' 인근의 마을에서 이전에 사라졌던 히스클리프가 나타났을 때, 다시 말해 그 세계 안에 존재하게 되었을 때, 그 세계는 이전과 아주 다른 세계로 바뀌어버렸다. 이때 히스클리프를 사랑하던 캐서린에게 히스클리프가 갖는 존재의미는 캐서린의 남편 에드거에게 히스클리프가 갖는 그것과 아주 다를 것이다. 히스클리프를 미워하고 학대하던 힌들리에게도 그럴 것이다. 그러나 캐서린이 에드거와 별개로 떨어져 있지 않은 한, 히스클리프는 캐서린에게조차 단지 되돌아온 사랑의 대상일 수만은 없다. 에드거와 반발하면서 캐서린을 상이한 힘으로 팽팽하게 당기는 하나의 힘일 뿐이다. 둘 사이에서 번민하다 정신병에 걸려 죽어가는 캐서린의 말이다. "히스클리프, 너랑 에드거나 내 가슴을 찢어놓았잖아! 그래 놓고 둘 다 나를 찾아와서 마치 자기네를 불쌍히 여겨야 한다는 듯 한탄하는구나! 나는 네가 불쌍하지 않아. 조금도 불쌍하지 않아. 네가 나를 죽였잖아."

존재자의 존재의미가 존재자가 부여하려는 규정에서 벗어나는 것은 이 때문이다. 아무리 피하려 해도 세 사람은 서로 뒤엉켜 하나의 세계를 만든다. 히스클리프의 존재의미는 그 뒤엉켜 만들어진 세계 안에서 규정될 수밖에 없다. 여기에 그들의 자식이나 조카, 에드거의 여동생, 캐서린의 오빠인 힌들리 등이 맺는 관계가 더해진다. 그 모두가 뒤엉켜 만들어지는 세계가 히스클리프의 존재의미를 규정한다.

그 세계는 히스클리프가 없던 때와 달리, 사랑과 질투, 원한과 원망, 복수와 분노 등이 뒤얽힌 거칠고 삭막한 세계다. 히스클리프는 그런 세계를 만들며 존재하고 있는 것이다. 스스로가, 혹은 캐서린이 아무리 '사랑'으로 서로를 채색하려 해도 결코 사랑의 색만으로 칠해지지 않는다. 인근에 있는 다른 이들이 덧칠한 것과 섞여 만들어진 탁하고 고통스러운 색이 그의 존재의미다. 그렇기에 존재의미는 단순하지 않고 복합적이며 모순적이다. 히스클리프는 그가 끼어들어간 세계 속에 사랑과 복수와 분노와 질투, 원한 등이 뒤섞인 대기(atmosphere, 분위기)를 만들었고,

설법하는 고양이와 부처가 된 로봇

그렇기에 그런 복합적이고 모순적인 대기 전체가 바로 그의 존재의미다. 탁월한 문학작품은 어떤 특이한 존재자를 창조함으로써, 병존하리라고 생각하기 힘든 것들이 뒤섞인 특이한 대기를 창조해낸다. 이로써 우리는 존재자의 존재의미가 존재자의 특정한 규정을 벗어난 모호하고 다의적인 대기 속에 있음을 본다.

내 존재와 결부된 세계란 내 인근에 있는 것들이 모여 만들어진 것 전체다. 그러나 그건 거기 '있는' 것들의 총합은 아니다. 거기에는 있음으로 인해 자신이 없는 것과 별로 다르게 바꾸어 놓지 못하는 인물들도 있다. 사실 내 인근의 세계가 특이한 형상을 갖도록 끼어드는 인물은 그렇지 못하는 인물보다 훨씬 적다. '폭풍의 언덕' 집 안에 있는 인물 모두가 그 집의 대기가 갖는 특이성을 만들어내는 것은 아니듯이. 가령 하인 조지프는 자주 등장하고 나름의 개성이 있는 인물이지만, 그 집 대기의 특이성을 형성하는 데는 별다른 역할을 하지 못한다. 유별한 고유성(property)을 갖고 있는 인물이라도, 특이성(singularity)의 형성에 참여하지 못하는 경우가 있는 것이다. 즉 특이성은 고유성이 아니다. 이런 점에서 세계는 그 안에 있는 인물들의 합보다 '작다'.

있어도 큰 차이를 만들지 못하는 인물은 그 대기의 특이성을 만드는 데 참여하지 못한다. 있어도 존재감 없이 있는 것이다. 존재가 의미를 갖는다 함은 자신이 존재하고 있는 세계의 특이성

을 형성하는 데 참여하고(participate) 있음을 뜻한다. 그 특이성
의 부분(part)이 되어 존재하고 있다는 말이다. 특이적인 인물들
만이 특이성을 형성하는 데 참여한다. 그러나 그 특이성은 특이
점(singular point)들의 분포가 만드는 것이란 점에서, 어떤 특이적
인 인물과도 다르다. 즉 그 인물이 가진 고유성을 뒤져도 찾아낼
수 없고, 그런 인물들의 고유성들을 모두 더해도 얻어질 수 없
다. 그런 점에서 세계는 그 안에 있는 인물들의 합보다 '크다'.

시람들의 세계만 이런 것은 아니다. 쇳가루를 뿌려놓은 책받
침 밑에 자석을 한두 개 놓고 움직이는 놀이는 초등학교 때 다
들 해봤을 것이다. 자석의 위치와 분포에 따라 달라지는 쇳가루
의 형상은 그 자석들이 형성한 자기장을, 즉 자기력이 만들어낸
'세계'를 보여준다. 거기에 자석이 새로 하나 끼어들어오면 그 형
상은 또 아주 달라진다. 그렇게 달라진 모습의 세계, 그것이 바
로 새로 끼어든 자석의 존재의미다. 자석들 사이에 돌멩이나 나
무조각이 끼어들어도 자기장의 형상은 바뀌지 않는다. 자기장
의 세계 안에서 돌멩이는 있어도 특이성을 형성하는 데는 참여
하지 못하는 존재자다. 즉 자기장의 세계에선 존재의미가 없는
존재자다.

책받침 위에서 쇳가루들이 보여주는 자기장의 형상, 그것은
자석들이 만드는 세계의 형상이다. 자석들의 수나 분포가 달라
짐에 따라 그때그때 특이하게 달라지는 세계의 모습이다. 역으

로 자기장의 특이성을 알고자 한다면 자석들의 위치와 분포를 알면 된다. 이때 자석들을 물리적인 특이점이라고 한다. 자석이 라는 특이점들의 분포가 자기장의 특이성을 형성하는 것이다. 기상세계의 특이성도 마찬가지 방식으로 형성된다. 기압의 등 고선 중앙에 자리 잡은 고기압, 저기압의 중심은 기압의 특이점 이다. 기상캐스터가 보여주듯이, 그 고기압, 저기압의 분포와 강 도가 그날 기상세계의 특이성을 형성한다. 바람이 어느 방향에 서 얼마나 세게 불지, 햇빛이 쨍한 날씨인지 구름이 잔뜩 끼고 때로 비가 오는 날씨인지 하는 특이성을. 오늘의 기압의 분포에 강한 저기압이 하나 끼어들면 내일 날씨는 또 크게 달라진다. 그렇게 달라지는 날씨는 새로 끼어든 특이점(저기압)이 다른 특 이점들과 연계되며 만들어진다. 그렇게 달라진 날씨의 특이성이 바로 새로 끼어든 저기압의 존재의미다. 자석을 하나 새로 덧붙 여 나타난 자기장의 변화가 새로 덧붙인 자석의 존재의미인 것 처럼.

여기서도 태풍을 몰고 오는 열대성 저기압처럼, 그것의 있고 없음이 다른 기압들의 의미를 지울 만큼 크고 강력한 것도 있 고, 모처럼 저기압이 하나 끼어들었지만 다른 큰 대륙성 고기압 들에 눌려 단비는커녕 구름조차 몰고 오지 못하는 경우도 있다. 자석들 사이에 끼어든 나무조각이 자기장의 형상을 바꾸지 못 하는 것처럼. 어떤 것의 존재의미가 크다 작다는 말은 우선 그것이 세계 안에 존재하게 됨에 따라 야기되는 변화의 크기를 뜻한다. 또 하나, 어떤 것의 존재가 의미 있게 만드는, 즉 있고 없음에 따라 달라지는 세계의 크기 또한 존재의미의 크기를 뜻한다고 하겠다. 가족 안에서는 있고 없음의 크기가 확연하지만 문밖에만 나가면 있고 없음이 별 차이가 없는 사람이 있고, 사는 동네에선 있고 없음이 별로 큰 차이가 없지만 '학계'니 '예술계'니 하는 데선 있고 없음이 큰 차이가 나는 사람이 있는 것이다.

세계의 특이성은 사람들만으로 만들어지지 않는다. 어떤 집안의 대기를 특이하게 하는 데는 특이한 인물들 못지않게 사연이 있어 보이는 특이한 가구나 그림, 혹은 어둡고 컴컴한 방 같은 것도 크게 참여한다. 크고 오래된 인근의 나무, 그 주변을 날며 울어대는 까마귀들, 보는 이의 시선을 빨아들이는 깊은 연못 등등. 때로 내가 속한 세계의 특이성은 사람보다 그런 요소들에 더 크게 기대어 있기도 하다. 이것이 오랫동안 상상력을 경유하여 수많은 '신'이 탄생하게 된 이유다. 토지나 산, 나무, 동물 등에 깃든 '신'이나 '정령'은, 그런 것들이 갖는 특이적인 힘을 느낀 사람들이 그 힘에서 읽어낸 존재의미의 표현이다.

자신의 존재의미를 안다는 말은 자신이 존재하는 세계 속에서 어떤 존재자로서 존재하는지를 안다는 말이다. 자신의 존재의 의미를 추구한다는 것은 알기 쉽게, 그러나 많이 약화시켜 말하면 존재감이 있는 존재자로 살고자 함을 뜻한다. 있으나 없으나 별 차이 없는 존재자가 아니라 있고 없음이 크게 다른 존재자로 살고자 함을 뜻한다. 좀 더 분명하게 말한다면, 자신이 존재하는 세계 속에서 하나의 특이점으로서 존재하고자 함을, 자신이 존재하는 세계의 특이성을 형성하는 데 하나의 특이점으로 참여하고자 함을 뜻한다.

그러나 이는 '세계'라는 말에서 쉽게 떠올리게 되는 무언가 거창한 일을 하라는 말이 아니며, 남들과 달리 두드러져서 이름을 남기게 될 그런 일을 하라는 말도 아니다. 말없이 그저 서 있는 것 하나만으로 인근의 사람들에게 의지처가 되고 그걸 둘러싼 마을에 평화로운 대기를 '만들어주는(만드는 데 참여하는)'느티나무도 그렇고, 군소리 없이 내가 하자는 대로 해주며 내 작업을 가능하게 해주는 노트북 컴퓨터도 그렇듯, 조용히 그저 옆에 있음만으로 슬그머니 세계를 다르게 바꾸어놓는 것들이 있지 않은가! 요란하게 남의 눈을 끌고자 하지만 빈축이나 살 뿐인 사람들, 남들에게 명령하고 호통치지만 없다면 얼마나 좋을까 생각토록 하는 이는 또 얼마나 많은가!

조주나 남전이 했던 '있음을 안다'는 말을 나는 이런 의미로 이해한다. 그렇기에 이는 존재자의 공성을 보는 부처보다는 차라리 시장통의 상인이나 농부의 밭을 가는 물소, 혹은 숲속의 세계를 형성하는 이리나 늑대와 더 가까이 있다. 늑대가 있는 숲과 없는 숲은 얼마나 다른가! 소가 있는 농부의 세계와 소가 없는 농부의 세계 또한 그렇지 아니한가. 그렇기에 남전은 "삼세의 부처님은 있음을 알지 못하고 오히려 물소와 이리가 있음을 안다"고 했을 것이다. 있음을 아는 이는 무엇을 해야 하느냐는 말에, 마을에 내려가 밭 가는 물소가 되라 한 것 또한, 이런 의미에서 이해해야 할 것이다. 마을, 즉 자신이 존재하는 세계 속에서 있음과 없음이 분명히 다른 존재자로 존재하라는 말이고, 자신이 있음으로 인해 자신이 없는 것과 다른 세계를 만들어가라는 말이며, 그런 식으로 세계의 대기를 만들며 다른 존재자들과 함께 살아가라는 말이다. 자신이 존재하는 세계 속에서, 그 세계의 특이성을 만들어가는 특이점이 되라는 말이다. 물론 좋은 특이점, 멀고 가까운 사람들, 함께 세계를 구성하는 존재자들 모두를 기쁘고 평온하게 해주는 특이점 말이다.

설법하는 고양이와 부처가 된 로봇

있음과 없음이 다르게 되도록 사는 것, 특이점이 되어 세계의 특이성을 형성하는데 참여하는 방식으로 사는 것, 그것이 존재자가 자신의 존재의미를 추구하는 삶이고, '있음'을 아는 이가 사는 방식이다. 이를 "이르는 곳마다 주인이 되라(隨處作主)"는 임제의 말(《임제록》, 장경각 60)처럼, '주인'으로, 혹은 '주인공'으로 세상을 사는 방식이라고 해도 좋을까? 자신이 끼어드는 세계마다 그것을 만들어가는 주인이 되라는 말이 그것이니 말이다. 자신이 존재하는 세계 어디서든 그 특이성을 만드는 데 참여하는 주인공이 되어 살라는 말이니 말이다.

　일단 그렇다고 해야 할 듯하다. 주인이 된다 함은 그가 존재하고 활동하는 세계 속에서 '주인'으로서의 존재감을 갖고 있음을 뜻하기 때문이다. 또한 자신이 존재하는 세계의 특이성을 형성하는데 참여한다는 것은, 자신의 존재가 자신이 속한 세계가 갖는 색조에 하나의 색깔을 칠함을 뜻하고, 그런 식으로 어떤 세계의 형상을 그리는 데 참여하고 있음을 뜻하기 때문이다. 그리하여 그가 있는 세계와 없는 세계가 아주 다르게 된다면, 그 말은 그가 존재하고 활동함으로써 하나의 세계를 그가 없었을 때와 아주 다른 것으로 끌고 감을 뜻한다. 그러니 이런 존재감, 이런 존재의미를 갖고 있는 자라면 하나의 세계를 형성해가는 주인으로서의 위상을 갖고 있다 해야 한다. 그러니 '이르는 곳마다 주인이 되라'는 말은 '자신이 있는 곳마다 존재의미를 갖는 특이점으로 존재하라'라는 말로 바꾸어 써도 좋을 듯하다.

　이런 '주인'의 개념은 흔히 '주인이 되라'는 말에서 떠올리는 '주인 의식' 같은 것보다 훨씬 더 주인의 실질적 개념에 가깝다. 자신의 존재에 대해 스스로 이런저런 의미를 부여하는 것만큼이나, 자신이 '주인'이란 의식을 갖는 것은 쉬운 일이다. 그러나 그런 주관적 의미가 현실과 쉽게 괴리되는 만큼 그런 '주인' 의식도 현실과 쉽게 괴리된다. 아무리 '주인'이라 자각하고 외쳐도 실제론 그렇지 않은 경우가 많기 때문이다. 가령 그저 복종하며 사는 사람들조차 대개는 그 일이 자신이 원해서 하는 것이라고, 내가 그렇게 할 이유가 있어서 하는 것이라고 믿는다. 그렇지 않고서는 그런 삶을 견디기 어렵기 때문이다. 따라서 자신이 부여하는 의미가 존재의미가 아니듯이, 자신이 주인이라는 의식이 주인으로서 존재함을 뜻하지는 않는다고 해야 한다.

그러나 '주인이 된다 함은 특이점으로 존재함을 뜻한다'는 말로 끝내기엔 쉽지 않은 난점이 있다. 세계를 난감한 특이성으로 물들이는 '주인'이 적지 않기 때문이다. 이는 특히 어떤 일을 앞에 나서서 하는 '주인', '주인'의 권한을 갖는 지위에 선 사람들에게서 두드러지게 발견된다. 여기에 힘이나 권력이 더해지면, 그런 지위를 가진 자들은 자신이 속한 세계에 자신의 색을 집어넣고, 특이점이 되어 존재하기 쉽다. 그가 어떤 사람이든 간에 말이다. 그러나 알다시피 이런 지위에 있는 이들 가운데 적지 않은 이들은 다른 이들은 물론 자기자신에 대해서도 예속적인 삶을 부여하기 십상이다. 돈이나 권력의 힘을 키워 거기 예속된 삶을 만들어가기도 하고, 미움이나 원한의 감정에 사로잡혀 그런 삶을 타인에게까지 확장해가는 경우가 그렇다. 이러할 때 이처럼 돈과 권력, 혹은 미움과 원한으로 채색된 세계를 주동적으로 만들어가는 이들을 '주인'으로서의 삶을 산다고 하긴 어렵지 않을까?

적어도 임제가 '이르는 곳마다 주인이 되라'고 할 때, 그 말은 돈과 권력, 미움과 원한이 지배하는 세계를 만들어가라는 말은 아니었음이 분명하다. 그렇다면 세계의 특이성을 형성하는 존재, 특이점으로서 존재감을 갖는 존재라는 말만으로는 주인으로 산다는 것을 규정하는데 충분하지 못한다. '주인'이란 말이 생각보다 모호하기 때문이다. 그렇기에 우리는 '주인'이란 대체 무언가를 다시 물어야 한다.

'주인'이 되라는 말을 부정할 사람은 없을 것이다. 누가 대체 노예로 살고자 할 것인가! 그런데 이때 '주인'이란 어떤 의미일까? 자기가 원하는 대로 할 수 있는 사람? 그건 '자기'의 이상대로 살아가는 자를 뜻하지 않는가. 자신의 의지대로 타인을 지배하려는 자, 권력을 갖고 남들에게 명령하는 자, 이념을 갖고 그에 따라 자신이나 남들에게 명령하는 자가 바로 그렇다. 좀 더 적극적으로 해석한다면, 자신의 의지대로 세계를 만들어가는 자를 뜻한다 할지도 모른다. 그러나 세계의 '개척자', 세계를 문명화하는 자를 자처했던 식민주의자들이 바로 그렇지 않았던가. 조금 다르지만, 헤겔은 '주인과 노예의 변증법'에 대해 쓰면서 상대방에게 인정받기 위해 '죽음의 위협에 대해 목숨을 걸고 자신의 의지를 상대방에 대해 관철시키는 자'를 주인이라고 정의한 바 있다《정신현상학》. 아니면 경제학적 통념에 따라 사물이나 집을 소유하고 그것을 뜻대로 처분할 수 있는 자를 주인이라고 하기도 한다. 이 역시 사물을 자신이 장악하여 자기 의지대로 사용하고 처분하는 자를 뜻한다.

이런 '주인'의 관념은 '자유'라는 말과 쉽게 연결된다. 주인으로 산다는 말은 '자유롭게 산다'는 말이다. 그래서 선가에서도

설법하는 고양이와 부처가 된 로봇

자주 깨달음을 얻은 이를 '대자유인'이란 말로 표현한다. 상식에 충실한 이들 또한 대개 자신의 '의지'대로 살아가는 자가 '자유'로운 자고 '주인'이라고 말한다. 여기서 말하는 자유란 곧 '자유의지自由意志(Free Will)'를 뜻한다. 그러나 스피노자나 니체는 이것이야말로 심각한 오해라고 비판한다. 그 자유의지가 어떻게 '내' 안에서 생겨나는지를 묻지 않기 때문이다. 가령 밥을 먹겠다는 자유의지는 사실 위장이 내 머리와 근육에 보낸 신호와 명령에 따른 것이고, 자전거를 타고 힘차게 달리고 싶다는 의지는 이전에 자전거를 탔던 기억과 답답함을 느끼는 내 근육이나 피부의 감각이 보내는 명령을 수신한 것에 지나지 않는다. 위장이 그렇게 명령할 때, 나는 자유롭지 않다. 그 명령의 강도가 강할 때는 심오한 사유도, 다정한 말도 결코 쉽지 않다. 어떻게든 먹을 것을 찾아야 한다. 이때 '나의 자유'란 사실 '위장의 노예'를 뜻할 뿐이다. 그래서 스피노자는 '자유의지'란 없다고까지 말한다.

니체는 '나'의 의지란 없다고 말한다. '나의 의지'란 근육의 의지, 위장의 의지, 감각기관의 의지, 감정이 발송한 의지, 기억에 따라 일어나는 의지 등등 수많은 '자유의지'들이 모여들어 '하나'의 의지로 종합된 결과일 뿐이다. 그래서 니체는 차라리 자유란 그 많은 '자유의지'들을 지배할 수 있는 자에게 속한다고 말한다. 자신의 '자유의지'를 남에게 강제하고 관철시키는 자가 아니라, 자기 자신을 자기 뜻대로 할 수 있는 자, 자신 안에서 일어나는 수많은 '자유의지'들을 지배하는 주권(sovereignty)을 행사할 수 있는 자를 '주인'이라고 보는 셈이다.

그러나 이것도 '주인'이라고 말하기엔 불충분한 것 같다. 가령 영화 《올드보이》에서 이우진(유지태 분)은 오대수(최민식 분)에게 복수하기 위해 인생을 건다. 복수에 필요한 것을 위해 다른 모든 것을 포기하며, 그 복수심으로 자기 안에서 일어나는 다른 종류의 미소한 '자유의지'들을 모두 지배했을 것이다. 치밀하게 준비하고 교묘하게 계산하며, 모든 일들을 자기 뜻대로 한다. 오대수도 그렇다. 자기 이름조차 '오늘만 대충 수습하며 살자'고 해석하던 그가 이유도 모르는 채 15년을 갇혀 살게 되면서 복수를 위해 철저하게 자신의 신체와 욕망을 통제하며 자신을 뜻대로 할 수 있는 자로 만든다. 둘 다 약속한 복수를 실행할 수 있는 자이고 자기를 지배하는 '주권자'라 하겠다. 특히 이우진은 오대수의 행동마저 정확하게 예측하여 완전히 자기 손 안에서 갖고 논다. 결국 오대수는 철저하게 무릎을 꿇고 경솔했던 자기 혀를 잘라달라고까지 한다. 이우진은 모든 것을 자기 뜻한 바대로 한 것이다. 그러니 그는 '자유로웠다'고, 자기 인생의 '주인'이었다고 말할 수 있을까?

결코 그렇지 않다. 그는 복수의 이빨을 가는 원한의 감정에 충실하게 복종하는 노예였을 뿐이었고, 의도 없이 행해진 경솔한 수다로 누이를 잃은 상처의 노예였을 뿐이다. 모든 걸 자기 뜻대로 하고, 원하는 바를 모두 이루었지만, 결코 한순간도 주인으로 살지 못한 노예였던 것이다. 《폭풍의 언덕》의 히스클리프 또한 크게 다르지 않다고 할 것이다.

그러고 보면 '주인'이란 말처럼 속기 쉬운 것도 없는 것 같다. '주인'이란 말은 어쩌면 자신이 노예임을 잊고 있는 노예를 가리키는 말이라고 해야 할지도 모른다. 서암瑞巖은 항상 스스로 "주인공아!"라고 부른 후 스스로 "네!" 하고 대답하곤 다시 "정신차려라. 앞으로는 다른 사람에게 속임을 당하지 말라!"고 했다고 하는데, 이를 이런 맥락에서 읽어도 좋지 않을까. 하지만 이것만으론 충분하지 않다고 할 수도 있다. 가령 서암이 이렇게 자문자답하는 것을 본 풍혈은 "스스로 말하고 스스로 대답하는 것에 무슨 어려움이 있겠느냐"며 떠나버린다(《벽암록》 중, 70). 저렇게 매일 다짐을 하지만, 구체적인 상황에 처하면 어느새 주인이라 착각하며 노예가 되거나 객이 되는 일을 반복하는 게 우리네 삶이니 말이다.

그런 만큼 '주인'으로 사는 것은 삶을 가르는 관건이라 해야 한다. 그래서일 게다. 조주는 '부리는 자'와 '부림을 받는 자'라는 말로 주인으로 사는 자와 그렇지 않은 자를 대비하여 '주인'으로 사는 법을 반복하여 말한다.

"하루 스물네 시간 어떻게 마음을 써야 합니까?"

"그대는 스물네 시간의 부림을 받지만, 나는 스물네 시간을

부릴 수 있다. 어느 시간을 묻느냐?"《조주록》, 39)

깨달음을 구하는 이에 대해서도 비슷하게 말한다.

"출가하여 위없는 깨달음을 맹세코 구할 때는 어떻습니까?"

"아직 출가하지 않았을 때는 깨달음에 부림을 받지만, 출가하고 나서는 깨달음을 부릴 수 있다."《조주록》, 92)

깨달음은 '대자유'를 뜻하는 말이지만, 그것에 매이면 그 또한 부림받는 삶으로 인도한다. 깨달음이란 생각, 깨달음에 도달해야 한다는 생각에 끄달리게 되기 때문이다. 출가하고 나서는 그런 생각에 끄달리지 않고 살아야 한다는 말을 하려는 것일 게다. 그러나 이렇게 무언가에 끄달리지 말아야 한다는 생각조차 끄달림이 될 수 있다.

"무엇에도 끄달리지 않을 때는 어떠합니까?"

"응당 그래야 할 것이다."

"그것이 바로 학인의 본분의 일입니까?"

"끄달리는구나, 끄달려."

끄달린다는 것은 무엇인가? 무언가에, 가령 충동이나 감정, 혹은 관념에 사로잡혀 이리저리 휘둘리는 것이다. 이러해야 한다는 관념을 행동의 이유로 삼는 것이고, 충동이나 감정을 행동의 원인으로 삼는 것이다. 스스로 시작하는 것이 아니라 관념이나 감정 같은 것이 일으킨 것을 따라가는 것이다. 조주 앞의 학인은 깨달음에 도달해야 한다는 관념, 끄달리지 말아야 한다는 관념에 끌려다니고, 《올드보이》의 이유진은 원한의 감정을 모든 행동의 원인으로 삼아 살고 있는 것이다. 정도와 양상은 다르지만 모두 무언가에 사로잡혀 산다.

끄달리지 않는다 함은 그런 관념이나 감정과 독립적으로 행하고 사는 것이다. 스스로가 원인이 되는 방식으로 행하는 것이며, 스스로 시작하며 사는 것이다. 이를 '능동성'이라는 말로 표현해도 좋을 터이다. 행함이나 작용(動)의 소인所因이 아니라 능인能因으로 사는 것. 암두와 설봉이 길을 가다 폭설로 길이 막히자 오산鰲山에서 며칠 묵게 된다. 고지식한 설봉은 갇힌 방안에서 내리 좌선만한다. 그걸 답답해하는 사형 암두에게 설봉이 '까놓고' 가르침을 청하며 묻자 암두가 말한다.

"그대는 모르는가? 문으로 들어오는 것은 집안의 보물이 아니라, 모름지기 자기의 가슴 속에서 흘러나와 하늘을 덮고 땅을 덮어야만 비로소 조금은 들어맞는다는 것을!"《벽암록》상, 67)

문이란 신체의 문이니 감각기관을 뜻할 것이다. 혹은 감각기관으로 가득 찬 신체라고 할 것이다. 보고 듣고 읽고 배운 것은 모두 문으로 들어온 것이다. 문으로 들어오는 것에 따라 사는 것은 스스로 무언가를 시작하는 게 아니라 자기에게 닥쳐온 것에 반응하는 것이다. 능동적인 것이 아니라 반동적인 것이다. 물론 문으로 들어온 것을 차단할 수는 없으며, 그래서도 안 된다. 문제는 그리 들어온 것에 끄달리는가 그것을 부리며 사는가이다. 주인이란 '문으로 들어온 것'에 사로잡혀 사는 게 아니라, 그것들을 부리며 사는 자이다. 문밖에서 들어온 것, 감정이나 감각, 관념이나 관습 같은 것에 따라 움직이는 수많은 크고 작은 의지들에 끄달리며 움직이는 게 아니라, 자기 가슴 속에서 흘러나온 것을 원인으로 삼아 그것들을 적절하게 부리는 자이다. 그런 점에서 본질적으로 '시작할 수 있는 자'가 주인이다. 그러나 이는 자기의 관념이나 생각을 고집하는 게 아니라, 거꾸로 그런 관념을 내려놓고, 그런 생각을 빗겨나 생각할 수 있는 능력을 갖는 것이다. 어떤 지식이나 생각, 관념을 그저 거부하는 게 아니라(이 또한 조주 말대로 '끄달리는 것'이다) 그것들마저 들었다 놓았다 하며 적절하게 행해야 한다. 그것들을 부리며 살아야 한다. 이는 단지 자기 뜻을 고집하는 것이 아니다. 이는 종종 밖에서 들어오는 것들을 따라가는 양상으로 나타나기도 한다. 거백옥蘧伯玉의 입을 빌어 장자는 이렇게 말한다.

"범을 사육하는 사람(이) … 산 채로 음식을 주지 않는 것은 범이 그것을 죽이려는 마음을 일으킬까 두려워하기 때문이다. 또 감히 한 마리를 통째로 주지 않는 것은 범이 그것을 찢어발기려는 성냄을 일으킬까 두려워하기 때문이다. … 범이 자신을 사육하는 사람을 잘 따르는 것은 (사육자가) 범의 자연스런 본성을 잘 따르기 때문이다."(《장자 1》, 전통문화연구회, 183)

맞다. 나무를 잘 다루기 위해선 나무의 결을 따르는 게 중요하고, 범을 잘 다루기 위해선 범의 본능을 잘 따르는 게 중요하다. 백성들의 주인이 되기 위해선 백성들의 삶을 알고 그들의 마음을 잘 따르는 게 중요하다. 주인이 된다는 것은 그처럼 상대하는 자를 잘 따를 줄 안다는 것이기도 하다. 의도를 내세운 '유위'가 아니라 의도를 내려놓은 '무위'를 강조함은 이런 점에서 보면 주인이 되어 살기 위한 방법인 것이다.

주인이란 자기 마음대로, 자기 의지대로 하는 자가 아니다. 그런 걸로 치면 복수하려는 자야말로 누구보다 자기 의지대로 하려는 자이다. 주인이란 사물이나 사람들의 '마음'을 거슬러 억지로 하려는 게 아니라 그들의 '마음'을 따라가며 행할 줄 아는 자이고, 오면 오는 대로 받아주고 가면 가는 대로 보내주며 그때그때 오고가는 것을 오고가는 대로 비추어 볼(物來卽照) 줄 아는 자이며, 그럼으로써 하고자 하는 바 없이 하고, 얻고자 하는 바 없이 얻는 자라고 할 것이다.

주인이 되는 것은 쉽지 않다. 바깥에서 오는 것을 그저 따라가서도 안 되고, '내' 안에서 일어난 것을 고집해도 안 된다. 반대로 말해도 좋을 것이다. 바깥에서 오는 것을 따라가기도 하고, 안에서 일어난 것을 따라가기도 해야 한다. 중요한 것은 어떤 것에 매이지 않고 끄달리지 않는 것이며, 밖에서 들어온 것을 부리며 사는 것이고, 집어들었다 내려놓았다 함에 자재로운 것이다. 오면 오는 대로, 가면 가는 대로 있는 그대로 비추어 보는 것이다. 사물이나 사태의 참된 모습을, 내 마음의 진상眞相을 보는 것이다(立處皆眞). 그렇게 비추어 본 바에 따라 감각이나 지식, 신체와 의지를 부리며 사는 것일 게다.

> 큰 그릇이라면 남에게 홀리지 말고, 이르는 곳마다 주인이 되어(隨處作主) 선 자리 그대로가 모두 참이 되게 하라(立處皆眞). 다만 찾아오는 자가 있어도 모두 받아들이지 말아야 한다. … 다만 생각을 쉬면 될 뿐, 다시 바깥으로 구하지 말고, 사물이 다가오면 오는 대로 비추도록 하라(物來即照).(《임제록》, 장경각, 60)

'있음'을 본다는 것은 나를 둘러싼 것들, 내가 속한 세계에서 주인이 되는 것이다. 내가 있는 세계가 내가 없는 세계와 다르도록 그 안에 존재하는 것이고, 내가 있음으로 인해 만들어지는 그 세계의 특이성이 어떤 것인지를 정확하게 아는 것이며, 내가 원하고 남도 원하는 특이성, 모두가 평온하고 즐겁게 살 수 있는 세계의 특이성을 만들어가는 것이다. 그것이 바로 자신이 선 자리, 자신이 있는 자리가 진실성을 갖게 하는 삶이고, 이르는 곳, 자신이 존재하는 곳마다 주인이 되는 삶이다. 사물이나 사람이, 일체의 존재자가 다가오는 대로 비추어주며, 그들과 함께 만들어내는 특이성을 알아채는 것이고, '좋은' 특이성을 만들어가는

설법하는 고양이와 부처가 된 로봇

길을 찾아내는 것이다. 주인이 되는 법을 '지혜'라고 함은 이 때문이다.

●

제9장

아무것도 모르는 백치와
단 하나만 아는 바보

●

존재자 없는 존재와 존재 없는 존재자

01
이런 바보들!
이런 백치들!

어리석음, 지혜에 반대되는 말이다. 누구나 어리석음을 멀리하고 지혜를 얻고자 한다. 똑똑하고 현명한 사람이 되고자 한다. 불교 또한 지혜를 지칭하는 '반야般若'라는 별도의 핵심적인 개념이 있으니, 지혜를 추구한다 하겠다. 지혜를 위해 사람들은 대개 이런저런 지식을 얻고 여기저기 떠다니는 정보들을 모은다. '정확하고 올바른 판단'을 위해서다.

그러나 똑똑한 사람이 일을 망치고 사태를 난감하게 만드는 경우를 우리는 또 얼마나 많이 보는가! '똑똑한 사람'이란 말이 종종 '그 사람 조심해'라는 경고를 뜻하는 이유는 이 때문이다. 많이들 겪어서인지, 계산에 빠른 이들을 대하면 많은 이들이 '잔머리 굴리는 놈'이라고 거리를 둔다. 반대로 '바보'라는 말

설법하는 고양이와 부처가 된 로봇

은 어리석은 행동이 사실은 사태를 풀어가는 옳은 길이었을 때 사용되는 경우가 많다. 가령 '바보 노무현'은 그의 바보 같은 행동 때문에 생겨난 말이었지만, 사실 흔치 않은 그의 행적에 대한 애정과 경의를 표시하는 최고의 찬사였다.

루쉰(魯迅, 1881~1936)은 똑똑한 자와 바보를 이런 맥락에서 대비한다. 주인이 환기도 되지 않는 집에 살게 한다고 불평하는 노예에게, 똑똑한 자는 그래도 참고 살면 결국 좋아질 거라고 조언한다. 나름 이리저리 면밀하게 생각하여 말해준 것일 게다. 반면 바보는 그 얘기를 듣자마자 무대포로 달려가 벽을 부수고 창을 내려 한다. 그게 어떤 결과를 야기할지 계산하지 않고, 눈치도 보지 않고 말이다. 당황한 노예는 동료들을 불러 바보를 쫓아내고 주인의 칭찬을 듣는다. 그리곤 좋아질 거라는 똑똑한 이의 선견지명에 감탄한다.

똑똑한 자가 바보이고, 바보가 똑똑한 자라는 역설은 문학의 영원한 주제인지도 모른다. 스파르타쿠스처럼 승산 없는 종말이 분명한데도 그게 기다리고 있는 곳을 향해 우직하게 나아가는 자, '바보'라는 말에 딱 부합하는 이런 인물이 바로 고전적인 비극의 영웅이다. 비극의 영웅은 실은 모두 바보다. 지금도 그런 바보들은 많다. 노동조합법도, 근로기준법도 지키지 않는 엄혹한 시대에 자기 몸을 불살라 세상을 바꾸어보려던 '말도 안 되는' 바보짓을 한 전태일은 스스로 '바보'를 자처했었다(자신이 만든 모임의 이름을 '바보회'라고 명명했다). 패배와 죽음이 기다리고 있음이 뻔한 도청건물에 미련한 대의大義와 작은 소총 하나 들고 들어 갔던 광주항쟁의 마지막 시민들도 그랬다. 얼마 전에 강정에 가 보니 이미 '완공'을 선언한 해군기지 앞에서 군대와 국가를 상대로 이길 수 없을 싸움을 십 년 넘어 아직도 계속하고 있는 바보 들이 있었다. 작은 카약 세 척으로 구축함에 저지하겠다고 덤벼 드는, 당랑거철螳螂拒轍의 우愚를 반복하고 있는 바보들이.

그러나 어리석은 자에게도 두 가지 부류가 있다. 바보와 백 치가 그것이다. 바보란 머릿속에 옳다고 믿는 것 하나밖에 없어서, 좌고우면左顧右眄하지 않고 계산도 하지 않고 어떻든 그걸 하려는 자다. 반면 백치白癡란 백지처럼 머릿속이 텅 비어 누가 하자면 하자는 대로 하는 사람이다. 바보는 정직하여 옳다고 믿는 것을 난관에 개의치 않고 올곧게 실행하는 자다. 백치는 무구하여 옳고 그름의 판단 없이 있는 그대로 다 받아들이는 자다. 바보는 결과를 계산하지 않고 우직하게 나아가며 주어진 벽들을 돌파하려는 자다. 바보는 자신이 알고 있는 바를 최대한 끝까지 밀고 가는 자다. 백치는 자신이 알고 있는 바에서 벗어난 것을 오는 대로 받아들이는 자다. 감각이 전해주는 것, 몸이 전해주는 것을 그대로 받아들이는 자다. 전자가 돌파력이 강점이라면, 후자는 포용력이 강점이다.

이런 점에서 백치는 바보와 오히려 반대편에 있다고 해야 할

설법하는 고양이와 부처가 된 로봇

듯하다. 바보가 목숨을 걸고 한계를 넘어서는 서구적 영웅이라면 백치는 애써 구하지 않고 모든 것을 있는 그대로 싸안는 동양의 '성인'에 가까운 것 같다. 가령 장자는 "성인은 우둔하여 만년의 세월을 합쳐 하나로 하고 순수한 세계를 이룩한다"《장자 1》. 117)고 하면서 이렇게 말한다.

성인은 세속적인 일에 종사하지 아니하며, 이익을 추구하지 아니하며, 해로움을 피하지 아니하며, 구하는 것을 기뻐하지 아니하며, 도를 억지로 따르지 아니하니, 말이 없지만 말이 있고, 말이 있지만 말함이 없어 세속 밖에서 노닌다.《장자 1》. 113)

약간 표현을 달리하면, 바보란 자신의 어떤 규정성에 충실하여 그것을 우직하게 밀고 나가 자신을 그렇게 규정한 세계의 경계마저 넘어버리는 자라면, 백치란 어떤 규정성도 없기에 모든 규정성을 가질 수 있는 자이다. 그렇기에 바보는 유위를 통해 유위의 경계들을 넘어버린다면, 백치는 무위를 행하기에 모든 유위마저 오는 대로 끌어안는다. 바보가 현행의 삶을 올곧게 따라가면서 현행의 것을 넘어 잠재성의 지대로 넘어가는 자라면, 백치는 잠재성을 통해 수많은 현행의 삶을 긍정하는 자다.

이렇게 바보와 백치를 구별하고 보면, 많은 이들이 양자를 혼동하고 있음이 눈에 걸린다. 가령 도스토예프스키(1821~1881)의 유명한 소설《백치》의 주인공 미쉬킨은 스스로 '백치'라고 생각하며 남들 또한 종종 그렇게 비난한다. 그는 부드럽고 포용력있는 인물이고, 귀족들의 사교계에서 흔히들 따르는 예절이나 통념과 부딪치고 싸우지 않지만 그렇다고 거기에 매이지도 않는다는 점에서 백치에 가깝다. 그래서 흔히들 생각하는 바에서 어느새 벗어난다. 반면 똑똑한 가브릴라는 나스타시야를 처음엔 사랑했고, 토즈키 공작과 예판친 장군의 후원을 받으며 결혼을 향해 나아가지만, 그가 토즈키의 정부였다는 사교계의 소문 때문에 주저하며, 토즈키가 주는 나스타시야의 지참금 때문에 결혼한다고 생각해 자존심이 상해 망설인다. 이 때문에 그는 결국 나스타시야와 결혼하지 못하고 더없이 모욕적인 상황으로 떠밀려 간다. 이리지리 계산하며 똑똑한 짓을 하다 그로 인해 몰락하는 사람이다. 미쉬킨은 사진 한 번 본 것만으로 나스타시야의 성품을 알아보고 사랑하게 된다. 여러 사람이 얽혀 있어서 접근하기 힘든 처지임에도, 또한 가진 게 아무것도 없음에도 모든 이의 예상에서 벗어나 나스타시야에게 진심으로 청혼한다. 솔직하며 자신을 이해해주는 선량한 마음을 알아본 나스타시야는 이런 미쉬킨을 좋아하지만, 이미 '더러워진' 과거가 있는 자신에게 과분하다며, 돈을 바치며 돌진해오는 상인 로고진을 따라간다. 그러면서도 마음은 미쉬킨에게 가 있다. 이런 점에서 보면, 미쉬

설법하는 고양이와 부처가 된 로봇

킨은 패배가 예정된 장소로 우직하게 밀고 가는 비장한 영웅은 아니지만, 많은 생각을 하지 않고 정직하게 하고 싶은 것을 말하고 행하며, 그로 인해 사람들이 어느새 좋아하게 되는 인물이란 점에서 백치보다는 바보에 가깝다. 이런 식으로 백치와 바보의 형상이 섞여 있는 인물인 셈이다.

톨스토이(1828~1910)는 바보에게 찬사를 보내는 작품《바보 이반 이야기》를 썼다. 여기 등장하는 이반은 '바보'라 명명되지만 실은 백치에 가까워보인다. 이반은 외지에 나간 형들이 돌아와 재산을 달라 할 때, '형들이 원하는 것을 주라'고 흔쾌히 응한다. 망한 형들이 다시 와서 돈이나 군인을 만들어 달라 하니, 악마에게 얻은 재능을 이용해 역시 또 해달라는 대로 다 해준다. 모든 병을 고치는 약을 갖고 공주를 고치러 가다가, 아픈 거지 여인을 만나 그를 고쳐주는 데 쓰고 만다. 그래도 어떻게 공주를 치료해 왕이 되지만, 다시 농부의 옷을 입고 예전처럼 농사를 짓는다. 급료를 지불할 돈이 없다고 하면 지급하지 말라하고, 그러면 왕을 섬기지 않을 거라 하면 섬기지 않아도 좋다고 한다. 결국 현명한 이는 모두 그의 왕국을 떠나고 오직 '바보'들만 남는다. 변신한 악마가 와서 군대를 만들어야 한다고 하면 만들어보라고 하고, 금화를 뿌리려 하면 뿌리게 둔다. 그런데 그의 백성들 또한 '바보'들이어서, 자기 몸으로 일해 먹고 사는 것 말고는 별 관심이 없다. 악마의 사주로 외부의 군대가 와서 파괴와 약탈을 해도 싸우지 않고 그저 눈물만 흘릴 뿐이니, 군인들이 더는 못해먹겠다며 도망가버리고 만다. 자기 생각 없이 남들 하자는 대로 하는 자란 점에서 이반이나 그의 백성들은 바보보다는 백치에 가깝다. 그러나 이반이나 그의 백성들을 악마가 끝내 이기지 못한 것은, 백성들은 멋진 말로 현혹해도 자기 일에만 충실할 뿐 군인이 되려 하지 않고, 이반은 군인 되길 거부한 백성을 죽이라는 말에 어찌 그럴 수 있겠느냐며 거절하기 때문이다. 오직 하나 자기 몸으로 일해서 먹고 살아야 한다는 법에 우직하게 충실해서다. 이는 백치보다는 바보에 가깝다 하겠다. 굳이 따져보자면, 백치의 '무위'가 성공할 수 있었던 것은 이 바보 같은 우직함 때문이니, 이반과 그의 백성의 우둔함이란 사실은 백치의 흰 종이 위에 그려진 바보들의 모습이라 하겠다. 여기서도 백치와 바보는 섞여 있는 셈이다.

백치 달마와
혜충의 무봉탑

《장자》에는 최고의 경지에 이른 백치의 모습이 자주 등장한다. 가령 설결齧缺과 문답하는 왕예王倪가 그렇다. 설결이 묻는다.

"선생께서는 모두가 다 옳다고 동의할 무언가를 아십니까?(子知物之所同是乎)"

"내가 어찌 그것을 알겠소."

"그럼 선생은 선생이 알지 못한다는 것은 아십니까?"

"내가 그걸 어찌 알겠소."

"그렇다면 모든 것에 대해 무지하다는 말입니까?"

"내가 그걸 어찌 알겠소."

왕예는 세 번의 질문에 모두 '모른다'고 대답한 것이니, 아는 것이 없는 자, 머리 속에 아무것도 들어있지 않은 백치라 하겠다. 그러나 마지막 대답에 이어 왕예는 다음과 같이 덧붙인다.

"하지만 근근이 하는 말이지만, 내가 안다고 하는 것이 알지 못함이 아닌지 어찌 알 것이며, 내가 알지 못한다고 하는 것이 아는 것이 아닌지 어찌 알 것인가?"《장자 1》, 108)

안다는 게 거꾸로 무지가 아닌지, 모른다고 하는 것이 제대로 아는 게 아닌지 반문하는 왕예의 대답은 우리가 갖고 있는 지식이 거꾸로 세상을 아는 대로만 보기에 제대로 볼 수 없게 하는 건 아닌지, 그렇다면 안다는 생각을 접을 때 오히려 세상의 실상에 다가갈 가능성이 있는 건 아닌지 묻는 말이기도 하다. 왕예의 말이 이어진다.

"사람은 습한 데서 자면 허리병이 생기고 반신불수가 되는데, 미꾸라지도 그러한가? 사람은 소와 양, 개와 돼지를 먹고, 사슴은 풀을 먹고, 지네는 뱀을 달게 먹고, 소리개와 까마귀는 쥐를 즐겨 먹는다. 이 네 가지 중에서 누가 올바른 맛을 아는 것인가? … 모장과 여희를 사람들은 아름답다고 여기지만, 물고기는 그들을 보면 물 속 깊이 도망치고, 새는 하늘로 높이 날아가고, 사슴은 힘껏 달아난다. 이 네 가지 중 누가 천하의 아름다움을 아는 것인가?"

내 눈엔 아름답게 보이지만 그게 새와 사슴에겐 끔찍한 게 될 수 있을 때, 어찌 아름다움을 묻는데 안다고 답할 수 있을 것인가. 새에겐 새의 맛과 아름다움이 있고 사람에겐 사람의 맛과 아름다움이 있다. 사람도 그렇다. 중국인에겐 중국인의 맛과 미감이 있고 한국인에겐 한국인의 맛과 미감이 있다. 이디오피아인의 미감과 헝가리인의 미감은 얼마나 다른가. 이 중 어느 것이 진정한 맛이고 어느 것이 진정한 아름다움이라 말할 수 있을 것인가? 모든 분별을 넘어선 이 놀라운 생각이 왕예가 했던 '모른다'는 말의 숨은 뜻이었던 것이다. 이때 이 '모른다'는 말은 요구되는 지식을 갖지 못했음을 뜻하는 말이 아니라, 하나의 판단, 하나의 앎을 넘어서 다른 것들의 판단이나 앎이 들어설 수 있는 빈 여백을, 그렇게 텅 빈 머리를 뜻한다. 우리는 지식으로 그걸 가득 채워놓아서 다른 것들의 판단이나 앎이 들어설 수 없는 것이고, 왕예는 그걸 빈 채로 두어서 미꾸라지와 새, 사슴 등이 들어설 수 있었던 것이다.

백치가 머리가 텅 빈 자라면, 머릿속이 비어 있음을 뜻하는 이 '모른다'는 대답은 백치의 보편적 응답 형식이라 하겠다.《장자》의 〈제물론〉에 나온 이 얘기는 〈응제왕〉 편에 다시 언급된다. '네 번' 물어 네 번 '모른다'는 왕예의 대답을 듣고 설결이 크게 놀라 스승인 포의자蒲衣子에게 그 이야기를 전하자 포의자는 또 다른 백치 얘기를 해준다.

"유우씨有虞氏는 자기 마음 속에 인仁을 품어 사람들을 불러 모았으니 또한 백성들을 얻었지만 애초에 사람 아닌 자연의 경지로 나아가지는 못하였다. 그러나 태씨泰氏는 누워 잠잘 적에는 느긋했고 깨어있을 때는 어수룩해서, 어느 때에는 자신을 말이라고 여기고 때로는 자신을 소라고 여겼다."《장자 1》, 315)

여기서 태씨는 어수룩하고 우둔하여 자신이 사람인지, 말인지, 소인지도 잘 '모르는' 사람이다. 이는 때론 사람이 되고, 때론 말이, 때론 소가 되었음을 뜻한다. 그냥은 이해할 수 없는 이 말은 앞서 왕예의 말을 보면 이해된다. 사람이 사람인 채로만 있다면 사람 아닌 모든 것을 이해할 수 없다. 왕예 또한 때론 미꾸라지가 되고, 때론 사슴이 되는 식으로 자신이 선 입장을 바꾸어갈 수 있었기에 그 다른 것들이 느끼는 맛이나 아름다움에 눈을 돌릴 수 있었던 것이다. 이런 점에서 백치는 머리가 비어 다른 것의 생각이 들어올 여백을 갖는 자일 뿐 아니라, 몸 또한 비어 다른 것이 들어올 여백을 갖는 자라고 할 수 있을 것이다. 다른 것이 되는데 능숙한 자라고 해도 좋겠다.

따라서 백치는 확고한 자아를 찾고자 하는 이들, 자신의 정체성에 맞게 생각하고 판단하는 것이 올바른 삶이라고 믿는 이들과 정반대 편에 있다. 백치에겐 자아 같은 게 없다. 그래서 다른 모든 것이 될 수 있는 것이다. 이렇게 보면, 백치는 매우 불교적인 인물임이 드러난다. 자아란 없으며 그때마다 연기적으로 다가오는 것에 따라 자신의 본성이 달라진다고 하는 게 불교의 근본 가르침이니 말이다. 그래서인지 선승들은 백치의 '모른다'를 자주 구사한다. 무엇보다 《벽암록》의 가장 처음에 나오는 달마의 '모른다'가 그렇다. 달마에게 무제가 물었다.

"짐은 사찰을 일으키고 스님들에게 도첩을 내렸는데, 무슨 공덕이 있습니까?"

"공덕이 없습니다."

그리 애를 썼건만 아무 공덕이 없다니! 원오 말대로 달마의 대답은 "더러운 물을 느닷없이 머리에 끼얹는 꼴이다." 그래도 여러 고승들과 불법에 대해 토론하고, 나름 내공을 쌓은 무제인지라 여기서 열 받지 않고 다시 물었다.

"무엇이 근본이 되는 가장 성스러운 진리입니까?"

"텅 비어 성스럽다 할 것도 없습니다."

이번에도 물음 자체를 부정하는 썰렁한 대답이다. 그러니 무제도 약간 열을 받았을 법하다. 하여 묻는다.

"나와 마주한 그대는 누구십니까?"

"모르겠습니다."

무제의 질문은 좀 강하게 말하면, '그리 말하고 있는 너는 누구냐?'라고 반문하는 것일 게다. 누구길래 황제인 내게 그리 난감한 말을 하느냐는 질문일 수도 있겠다. 이에 대한 달마의 대답은 "모르겠습니다"이다. 다시 무제의 얼굴에 덮쳐왔을 당혹감이 눈에 선하다. 세상의 모든 진리를 묻는 것도 아니다. '당신은 누구인가?'라는 질문에 놀랍게도 '모른다'고 대답한 것이다. 아마도 '누구냐'를 묻는 흔한 질문이었을 무제의 물음에 달마는

'모른다'고 답함으로써 질문 자체를 '본성'에 대한 질문으로 승격시킨다. 불변의 자아 같은 것은 없음을 안다면, '모른다'는 대답은 그 본성에 대한 대답이다. 또한 그것은 연기적 조건에 따라 다른 어떤 것이 될 수 있는 존재임을, 자신에게 다가온 것들이 들어설 수 있는 텅 빈 존재, 무규정적 존재임을 드러내는 대답이다.

이를 안다면, 앞의 두 질문 역시 같은 종류의 대답이었음을 알 수 있다. 무제는 자신의 행위에 공덕이 있느냐고 물었지만 이는 이미 그것이 공덕이라는 판단을 갖고 물은 것이다. 답을 갖고 물은 것이다. 이에 대해 달마는 '없다'고 함으로써 공덕이란 답을 지우고, 그것을 공덕이란 무엇인가라는 물음으로 바꾸어버린다.

사실 무제가 말한 공덕이란 사실 불교도의 입장에서 판단한 것이다. 절을 짓기 위해 베어진 소나무들에게 그게 무슨 공덕일 것이며, 절에 드나드는 사람들로 인해 살 곳을 잃은 토끼나 너구리들에게 그게 무슨 공덕일 것인가. 성스런 진리를 묻는 질문 또한 그렇다. 늑대는 토끼를 먹고 소는 풀을 먹으며 사람은 소 돼지를 먹는다는 사실은 누구든 다른 것의 신체에 기대어 살아가야 한다는 진리를 표시하지만, 먹히는 토끼나 풀, 소나 돼지에게 그 진리란 성스러운 것이 아니라 두렵고 잔혹한 것일 뿐이다. '속제'가 이러하다면, '진제'는 그 모든 존재자들이 조건에 따라 달라지는 만큼 궁극의 본성은 텅 빈 무규정성을 가질 뿐이다. 그렇게 텅 비어 있기에, 성스럽다는 규정도 어울리지 않는다. 그것은 다만 사람이 다가가면 사람의 진리를 비추어주고 소가 다가가면 소의 진리를, 풀이 다가가면 풀의 진리를 비추어줄 뿐이다. 그렇기에 어디에나 있다.

꿰메고 잇댄 자국이 없는 무봉탑無縫塔이란 이런 궁극의 진리를 뜻한다. 꿰메고 있댄 자국이란 꿰매고 이은 자들이 만들어낸 경계다. 그에 따라 밝음과 어둠이, 좋음과 나쁨의 경계가 그려진다. 사람이 꿰맸다면 사람의 분별 기준이, 소가 꿰맸다면 소의 분별 기준이 탑의 형상을 결정하게 될 것이다. 그것은 궁극의 진리가 아니라 사람의 진리, 소의 진리일 뿐이고, 무봉탑이 아니라 사람의 탑, 소의 탑일 뿐이다. 그렇기에 나름의 그늘을 갖는 탑이다.

"스님께서 돌아가신 뒤에 필요한 물건은 무엇입니까"라고 묻는 당 황제 대종代宗의 물음에 혜충국사는 말한다.

"노승에게 무봉탑을 만들어주십시오."

난감한 부탁이다. 그러나 혜충국사의 제자였던 대종 또한 작가인지라 난감한 질문을 다시 혜충국사에게 받아넘긴다.

"스님께서 탑의 모양을 말씀해주십시오."

혜충국사가 만들 수 없는 탑을 부탁하니, 대종은 말할 수 없는 것을 말해달라며 되넘긴 셈이다. 혜충국사는 되돌아온 난문을 받아들고 한참을 말없이 있다가 묻는다.

"알았습니까?"

말할 수 없는 것을 말하지 않는 방식으로 말하는, 유마힐의
방법을 사용한 것이다. 이에 대해 황제가 답한다.

"모르겠습니다."

여기서 우리는 다시 '모른다'는 대답을 듣는다. 말해보라, 앞
서 달마와 같은 백치의 대답일까?

03

백치와 바보는
어디서
만나는가

소설가 이탈로 칼비노(1923~1985)의 작품 《존재하지 않는 기사》
는 백치와 바보에 대한 탁월한 소설이다. 이 작품은 익살스런 동
화의 형식을 취해서 쓴 짧은 소설이지만, 존재와 존재자의 문제
를 다루는 매우 진지한 소설이다. 칼비노에게 도스토예프스키
처럼 '백치'를 다루겠다는 생각이 있는 것 같진 않지만, 오히려
여기서 우리는 진정한 백치를 발견할 수 있다. 구르둘루라고도
불리고 오모보, 마르틴줄, 구디-우수프 등 수많은 이름으로 불
리는 인물이 그렇다. 그는 오리를 보면 자신이 오리라고 믿고 오
리처럼 행동하고, 개구리를 만나면 개구리, 배나무 옆에서 배나
무, 물고기를 만나면 물고기가 되는 인물이다. 심지어 시체를 묻
어주러 가선 자신이 시체가 되었다고 생각하여 스스로 판 구덩

이 속에 들어가 매장되어 버린다. 이처럼 하는 짓이 보는 이를 웃도록 만들고, 그래서 언제나 놀림감이 되는 인물이니, 정말 백치라는 말에 정확하게 부합한다. 그가 많은 이름을 갖는 것도 이 때문이다. 가는 곳마다 다르고 계절에 따라서도 다른 이름을 가지며, 만나는 이가 달라질 때마다 다른 이름을 갖는 것이다. "어떤 이름이든 그에게 달라붙어 있지 않고 흘러가 버린다고 할 수 있지요. 그러니까 어떻게 부르든 그에게는 별 차이가 없는 겁니다."(《존재하지 않는 기사》, 민음사, 38)

그를 보고 황제가 말한다. "내가 보기엔 자기 머릿속에 무엇이 들었는지 모르는 것 같군."(36) 왕도, 칼비노도 알고 쓴 것 같진 않지만, 이 '모른다'는 말에서 왕예와 달마의 '모른다'를 다시 만나게 된다. 구루둘루는 "존재하지만 자기가 존재하는 줄 모르는 사람"(37)이고, 존재자의 고정된 규정성을 갖지 않기에 어떤 존재자도 될 수 있는 '존재', 어느 하나로 명명할 수 없는 '존재'다.

이와 반대로 이 소설에는 '존재하지 않는 기사' 아질울포가 등장한다. 제목에서 보이듯, 어쩌면 주인공인 인물이다. 그는 존재하지 않지만 자신이 존재한다고 믿는 기사다. 그는 어떤 전투를 해도 전혀 더럽혀지지 않는 희고 깨끗한 갑옷을 입고, 정해진 규칙이나 규정에 대단히 엄격하며 사람들이 그것을 준수하는지 확인하고 다닌다. 활을 쏘아도 신경이나 근육을 사용하지 않는 듯한, 그러나 정교한 동작으로 과녁을 정확히 맞춘다. 플라톤이 말하는 이데아를 연상하게 하는 이 인물은 구르둘르와 반대로 엄격한 규정성을 갖는 존재자, 그러나 존재하지 않기에 '존재 없는 존재자'인 셈이다. 규정에서 벗어날 줄 모르는 존재자, 갑옷에 갇힌 존재자다. 아니 갑옷으로만 '존재하는' 존재자다.

아버지의 원수를 갚겠다며 참전한 젊은 기사 랭보는 이 두 인물 사이에 있다. 원수를 갚을 길을 찾는 그에게 아질울포는 알려준다.

"결투관리부, 복수관리부, 명예회복관리부에 가서 자네가 요구하는 사항의 이유들을 분명히 밝히고 자문을 구하라."(21)

규칙과 규정성의 갑옷만으로 존재하는 아질울포다운 대답이다. 찾아간 이들의 대답 또한 그렇다.

"장군의 복수를 하기에 가장 좋은 방법은 소령 세 명을 죽이는 거다. 우리는 자네가 손쉽게 제거할 수 있는 적 세 명을 배당해줄 수 있다. 그러면 만족하겠지?"(25)

극단적 관료를 상상하게 하는 그들 또한 규정성만으로 움직이는 존재자다. 가장 강한 의미에서의 관료란 오직 규정대로 움직이는 자란 점에서 존재 없는 존재자인 것이다. 규정만 있을 뿐 존재는 없는 존재자. 납득하지 못하는 랭보에게 그들은 좀 더 대범하게 계산하여 제안한다.

"그럼 대장 네 명이면 되겠나?"

여전히 납득하지 못하자, 투덜댄다.

"자네 아버지는 겨우 여단 장군이었는데…"

결국 그들이 도달한 결론은 이렇다.

"서류상으로는 아버지에 대한 복수를 이미 한 거나 마찬가지
야."(27)

그는 이런 일반 규정이 아니라 자신의 부친, 자기라는 "오직
한 사람에게만 해당하는 문제"를 풀고자 한다(22). 단 하나의
(singular) 존재, 그의 존재의미를 찾으려는 이에게 일반적 규정성
으로 답하는 것이 얼마나 공허하고 어이없는 일인지를 멋진 웃
음으로 보여준다.

랭보는 또 남자 이상의 기개를 가진, 남장한 여기사 브라다
만테를 사랑하게 된다. 사랑의 이유는 규정성을 뜻하는 갑옷
속에서 뜻밖의 신체를 보았기 때문이다. 물론 그는 군대란 규정
성이 어디 보다 엄격한 곳임을 인정한다. 그러나 그 규정성에 머
물 뿐이라면 자신도, 아버지도 자신의 단일한 문제를 해결할 수
없음을 안다. 그렇기에 규정성 속에서 뜻밖의 신체가 나타나자
그에 매료되는 것이다. 그런 점에서 랭보는 규정성의 세계 속에
서 규정성을 따라가지만 그 규정성을 넘어서, 규정성 뒤에 있는
것을 향해 가는 자다. 그런 식으로 자신의 존재의미를 찾아가
는 자다.

갑옷만으로 존재하는 기사, 존재하지 않는 존재자 아질울포

는 규정성에 충실하지만, 규정성에만 충실하기에 오직 하나를 향해서 밖엔 나아갈 줄 모른다. 규정성의 벽에서 벗어나지 못한다. 그리고 나중에 규정성이 사라지게 되자 소멸하여 버린다. 이런 점에서 아질울포는 오직 하나만 알고 바로 그렇기에 그것을 향해 가면서 급기야 규정성마저 넘어가는 바보와 다르다.

선가의 스님들이 '모른다'면서 텅 빈 진제로부터 접근할 때 백치가 된다면, 반대로 정해진 것, 제약된 것의 속제로부터 접근할 때 우리는 거기서 바보를 보게 된다. 화산禾山의 '북을 칠 줄 안다'는 공안이 그렇다. 화산이 익히고 배우는 것과 더 배울 것 없는 것을 모두 넘어설(過) 때 그것을 '진정한 넘어섬(眞過)'이라 한다고 설법을 하자 어느 스님이 나와서 다시 묻는다.

"진정한 넘어섬이란 무엇입니까?"

"북을 칠 줄 안다(解打鼓)."

"무엇이 참된 진리(眞諦)입니까?"

"북을 칠 줄 안다."

"마음이 곧 부처라는 건 묻지 않겠습니다만, 마음도 아니고 부처도 아니라는 것은 무엇입니까?"

"북을 칠 줄 안다."

"향상인向上人이 찾아오면 어떻게 하시겠습니까?"

"북을 칠 줄 안다."

무엇을 물어도 화산의 대답은 오직 하나다. 왜 화산은 '북을 칠 줄 안다'고 했을까? 모를 일이다. 왜 하필 북인가는 사실 중요하지 않다. 어떤 질문에도 같은 말로 답하며 밀고 간다는 점이 중요하다. 앞서 우리는 여러 종류의 학인에게 조주가 '차 한잔 하거라'라는 하나의 말로 웅대하는 것을 보았다. 거기서 '차'가 도의 상징이라고 해석하여, 차가 왜 도와 비슷한지를 설명하려 하면, 조주가 그 말로 하고자 했던 것을 놓치고 엄한 길로 가게 된다. 여기서도 그렇다. 다만 화산의 대답은 앞서 백치의 '모른다'와 반대로 '안다(解)'의 형태를 취하고 있음을 기억해두자.

화산은 어떤 걸 물어도 오직 하나, '북을 칠 줄 안다'고만 답한다. 마치 아는 게 그거 하나인 바보처럼, 마치 머릿속에 그거 하나만 들어있는 '바보'라도 되는 것처럼. 왜 그랬을까? 그에게 던진 학인의 물음은 화산이 '진정한 넘어섬'이 무엇인지를 설하는 자리에서 나온 것이었다. 그러나 '북을 칠 줄 안다'는 게 넘어섬의 '의미'라고 해석하면 바로 어긋나버린다. 더구나 그 뒤 다른 물음에도 동일하게 답하고 있지 않은가. 그런 식으로 북의 상징적 의미를 찾거나 '북을 칠 줄 안다'는 말의 의미를 해석하기보다는 그 말 하나로 진리나 향상에 대한 모든 물음을 넘어서고 있음을 직접 보여주고 있음을 주목하는 게 더 낫다. 북을 칠 줄 안다는 말 하나로 불법이나 진리에 대한 물음들을 넘어서고 있음을, 그대 또한 그러할 수 있음을 보여주려는 것이었을 게다. 운문이 화산의 '불을 칠 줄 안다'나 조주의 '차 한잔 하시게'나

설법하는 고양이와 부처가 된 로봇

모두 '향상'을 제창하는 것이었다고 한 것은 이런 의미다. 향상이란 지금의 나, 지금의 경계, 지금의 규정성을 넘어서는 것이니 말이다.

바보가 영웅의 감응을 주는 것은 몰락할 것을 알면서도 '오직 하나' 견지해야 할 것을 위해 그 몰락을 향해 나아갈 때다. 니체 또한 사람에게 사랑할 만한 것이 있다면, 그것은 자신의 몰락마저 긍정할 수 있다는 점 때문이라고 했다. 이때 몰락하는 자란 "저기 저편으로 건너가고 있는 자", '넘어서는(überwindene) 자'를 뜻한다.《차라투스트라는 이렇게 말했다》, 책세상, 20~21) 넘어서는 자를 니체는 '초인(Übermensch)'이라 했고, 선승들은 '향상인'이라고 했다. 향상인이란 넘어서는 자다. 반복하여 넘어서는 자, 자신의 현행적 규정들을 반복하여 넘어가는 자다. 넘어섬을 향해, 자신이 몰락하는 곳을 향해, 그리하여 자신을 규정하는 모든 것들이 붕괴되는 곳을 향해 갈 줄 아는 자다. 나라고 부를 것이 없어지는 곳을 향해, 어떤 규정도 없는 '존재 자체'를 향해. 아마도 거기서 바보는 백치와 만나게 될 것이다.

대수법진大隋法眞(834~919)의 유명한 공안에서 나는 이 영웅적인 바보의 모습을 본다. 어떤 스님이 대수에게 물었다.

"겁화劫火가 활활 타서 대천세계大千世界가 모두 무너지는데, '이것'도 따라서 무너집니까?"

"무너지느니라."

"그렇다면 그걸 따라가겠습니다."

"그걸 따라가거라."

●

제10장

고고한 발밑이 한바탕 망신이지

●

순수의 궁지窮地와 무위자연無爲自然

01
순수의 빗자루가
쓸어버리는
것들

사시사철 변함없이 푸른데다 품격 있게 뻗은 가지로 격조 있는
풍모의 소나무, 그 가지 위에 고고하다는 말을 표상하려는 듯 긴
다리로 높이 올라 목을 더할 수 없이 길게 뻗은 학을 그린 〈송학
도松鶴圖〉는 중국과 조선, 일본에서 오랫동안 그려온 그림일 뿐
아니라, 지금도 자개장이나 찻주전자 같은 일상용품에서도 아
주 쉽게 보게 되는 그림이다. 심지어 화투장 첫머리에 그려놓은
것도 바로 이 송학이다! 동아시아 삼국 모두에서 이리 인기가
있었던 것은 학이 이른바 '십장생十長生' 중 하나로 장수를 기원
하는 의미가 있어서 그렇다고들 하지만, 그뿐 아니라 〈송학도〉에
서처럼 소나무와 함께 그려질 때는 고고한 지조와 절개 같은 덕
의 상징이란 점도 한몫했을 것이다. 이를 염두에 둔 것일 텐데,

설법하는 고양이와 부처가 된 로봇

한 스님이 정과淨果에게 물었다.

"높은 소나무 위에 학이 서 있을 때는 어떠합니까?"

"발아래가 한바탕 망신이지(脚底下一場懡㦬)."

지조가 높고 고고하지만 어딘가 발 딛고 서지 않을 수 없는 한, 발을 더럽히지 않을 수 없다는 말일 게다. 새라고 해도 마냥 날 수만은 없으니 어딘가 바닥에 앉아야 한다. 아무리 고고한 새라도 먹어야 할 터이니 땅바닥에 떨어진 것을 주워 먹거나 산 것을 잡아먹어야 한다. 더럽지 않은 고고함, 그런 깨끗한 순수함이란 있을 수 없다는 말이다.《장자》는 여기서 한 걸음 더 나가, 그 지조와 고고함이 오히려 사람을 죽음으로 몰아갈 수 있다고 경고한다. 백이伯夷가 수양산 속에 들어가 굶어죽은 것은 그가 확고하다고 확신했던 덕목의 지조, 그가 발 딛고 있던 도덕적 관념을 위해 죽은 것이니, 덕으로 인해 "생명을 해치고 본성을 손상시킨 것"이라고《장자》, 2, 30).

정과에게 물었던 스님이 다시 묻는다.

"모든 산에 눈이 뒤덮였을 때는 어떠합니까?"

"해가 솟은 뒤에 한바탕 망신이지(日出後一場懡㦬)."

눈이 모든 산을 덮었으니, 산 전체가, 산 아래 마을도 모두 하얗게 되었을 것이다. 매년 겨울 보면서도 볼 때마다 탄성을 지르게 되는 장면 아닌가. 깨끗한 순백의 눈으로 뒤덮인 세계, 이는 더러운 것이 모두 사라진 순수의 상징이다. 이에 대해 정과는 앞서와 멋지게 운을 맞추어 말한다. 해가 솟은 뒤 한바탕 망신이라고. 해가 솟으면 눈이 녹을 것이고, 눈이 녹으면 순백의 눈 밑에 숨어 있던 '더러운' 세계가 드러난다. 깨끗함이나 순수함이란이 더러움을 가리는 일시적 장막에 불과하다는 듯. 사실 요즘도시에 사는 사람은 알겠지만, 눈 녹은 뒤가 평소보다 더 더럽고 지저분하다.

그 스님은 다시 한 번 묻는다.

"회창會昌 연간의 불법사태를 겪을 때 호법선신護法善神은 어디로 가버렸습니까?"

"삼문 밖 두 놈이 한바탕 망신이지(三門外兩箇漢一場懡㦬)."

회창 연간, 불교가 크게 탄압받던 시절에 불법을 수호한다는선신들은 대체 무얼 했느냐는 질문인데, 정과는 또다시 '한바탕망신(一場懡㦬)'이란 말로 받는다. 직접적인 의미는 불법을 보호해주지 못했으니 호법선신들의 무능력을 드러낸 망신이란 말이지만, 이는 '삼문 밖'에서 불법을 지키라고 호법신들을 세운 이의망신이기도 하다. 근본적으로는 안팎의 경계를 만들고 드나드는문을 따로 만든 이들의 망신이라 하겠다. 불법이나 불교의 영역을 따로 설정하고, 그것으로 내외를 구별하며, 그렇게 구획한 영역을 지키려는 발상 자체가 망신이란 말이다. 사실 불법의 영역을 따로 갖지 않은 채 어디든 섞어 들어간다면 따로 지킬 것도없을 것이고, 그렇다면 따로 탄압할 수도 없을 것이다. 물론 그렇

설법하는 고양이와 부처가 된 로봇

다고 해도 절이나 승려가 없을 수 없다면 탄압을 어찌 피하겠느냐고 고지식하게 물을 수도 있다. 그러나 그것은 불교가 아직 경계를 충분히 벗어나지 못했음을 뜻하는 말이니, 내세울 게 없는 말이다. 승속의 구별 없이 모든 속계 속에 녹아들어가는 것이야말로 모든 속제가 불법의 진제임을 설하는 불법의 지향점 아닌가. 정과가 '한바탕 망신'이란 말로 하려던 말은 이처럼 불법에 성속이 없고 내외가 없듯이 불교 또한 성속이 없고 내외가 없어야 한다는 뜻이었을 게다. 고결함이나 순수함이 더러움과 구별되는 경계가 따로 없어야 하듯이. 앞서 인용한 바 있지만, 남전이 했다는 대중설법은 바로 이런 의미라고 나는 믿는다.

"황매산 칠백고승은 모두가 불법을 아는 사람들이었기에 오조의 의발을 얻지 못하였으나 노행자만은 불법을 알지 못하였기에 의발을 얻었다."《벽암록》, 중. 218)

'정과의 세 가지 망신'이라고 한다는 멋진 세 문답의 요체는 하나다. 순수함이나 고고함, 혹은 지고한 불법의 영역을 별도로 설정하는 순간 '한바탕 망신'을 피할 수 없으리라는 것. 우리는 이를 불교뿐 아니라 세간에서도 자주 보게 된다. 가령 미술이 그랬다. 순수를 추구하는 이런 통념을 그럴듯한 예술 이론으로 바꾸어 순진할 정도로 강하게 고집했던 것은 20세기 중반 강력한 영향력을 행사했던 미술평론가 클레멘트 그린버그였다. 그는 20세기 이후 현대미술이란 캔버스 평면상에서 '공간적 환영'을 해체하는 과정이라고 간주한다.

약간 부연하자면, 르네상스 시대 이후 서양의 회화는 2차원 평면상에 3차원의 입체감을 갖도록 그림을 그렸다. 15세기 피렌체에서 발명된 기하학적 투시법(종종 '원근법'이라고 번역된다)이 이를 가능하게 해주었다. 투시법이 만드는 입체감은 사실 평면상에 만들어진 가상이다. 평면이지만 깊이를 갖는 3차원 공간인 듯 느끼게 하는 '공간적 환영'을 만드는 것이다. 이것이 서양 근대미술의 출발점이다. 반면 현대회화의 시작으로 간주되는 시기에, 가령 브라크, 피카소의 그림은 여러 개의 시점에서 본 상을 하나의 평면에 병치하여 이런 투시법적 공간감을 해체했다. 가령 앞 얼굴과 옆 얼굴을 하나의 얼굴로 통합해서 그리거나, 등이 보이는 몸에 정면 얼굴을 그린다든지 하는 게 그것이다.

1940년대 미국의 추상표현주의 화가인 바넷 뉴먼이나 마크 로스코는 색칠된 거대한 평면들만으로 그림을 그렸다. 2차원의 평면만 남은 그림을 그린 것이다. 그린버그가 보기엔 이것이야말로 브라크, 피카소 등이 시작한 '공간적 환영의 해체'가 정점 이른 작품이었다. 이런 식의 생각 밑에는 미술을 회화로 제한한 뒤, 그 회화에 고유한 것을 찾으려는 발상이 깔려 있다. 거기에 회화의 순수한 본질이란 바로 캔버스의 평면이라는 주장이 이어진다. 입체감을 주는 공간적 환영을 파괴하여 평면을 향해 간 현대회화의 역사는 회화의 그런 평면적 본질을, 회화의 순수성을 추구하는 과정이라는 주장인 셈이다. 그런데 이를 위해서 그는 20세기 회화의 매우 중요하고 거대한 유파들을 전부 미술에서 추방해버린다. 가령 1920년대 이후 가장 영향력이 컸던 초현실주의는 이런저런 '이야기(서사)'를 그림에 담았는데, 이야기는 문학에 속하는 것이지 미술의 본질과 무관하다며 현대회화의 역사에서 폄하하고 지워버린다. 또 밤에 카바레에 모여 퍼포먼스를 하며 난장('스와레soiré'라고 한다)을 벌이던 다다Dada 또한 추방되는데, 퍼포먼스는 미술이 아니라 연극에 속한다는 이유 때문이었다. 이런 식으로 미술과 무관한 것을 모두 다 추방하고 오직 미술의 본성에 충실한 것만 남겨 미술의 순수성을 수립하려던 것인데, 그 결과 아무것도 안 그리고 단색으로 칠한 평면 그 자체가 최고의 그림이 된다. 사실 그 평면상에 조금이라도 형태가 들어가거나 이런저런 색이 칠해지면 어느새 어떤 '공간적 환영'이 만들어지기 때문이다. 가령 그가 상찬하는 로스코의 색면추상 그림조차 실은 분할된 색면, 그리고 색깔의 농도 차이가 주는 기묘한 깊이감을 만든다. 이 또한 색채가 평면에 만들어낸 '공간적 환영'이다. 그러나 아이러니하게도 그의 그림이 감동을 주는 것은 바로 그 때문이었다. 이러다 보면 순수함의 빗자루로 그림의 모든 매력을 쓸어버리게 되는 건 아닐까.

　이렇게 회화의 본질을 규정하면, 단색 평면이 출현한 이후 화가는 더 이상 할 게 남지 않는다. 어떤 걸 그려도 평면이라는 본질로부터의 후퇴고 회화의 순수성을 침해하는 게 되기 때문이다. 게다가 단색의 평면조차 캔버스 천을 팽팽하게 당겨주는 테두리를 갖는다. 캔버스 자체가 2차원 평면이 아니라 3차원의 입체라는 말이다. 또 하나, 테두리(프레임)는 그것이 주위와 분리된 '공간'을 만들기에 어느새 또다시 공간적 환영을 만든다. 풍경을 사진이나 캔버스에 담을 때 사용되는 '프레이밍'은 이를 이용하여 풍경이나 장면을 주위 세계로부터 분리해낸다. 테두리를 통해 풍경의 환영이 만들어진다. 이를 두고 정과에게 묻는다면 다음과 같이 말했을 것 같다.

"그림에서 모든 공간적 환영을 제거했을 땐 어떠합니까?"

"캔버스 테두리가 한바탕 망신이지."

공간적 환영은 사실 눈앞에 없는 걸 재현해 보여주려는 순간 피할 수 없다. 재현이란 실은 없는 것을 있는 듯한 환영으로 만들어 보여주는 것이기 때문이다. 이를 다시 정과에게 묻는다면 다음과 같이 답할 것 같다.

"환영 없는 그림을 그리려 할 땐 어떠합니까?"

"붓을 든 손이 한바탕 망신이지."

그걸 피하는 방법은 그리는 대신 그냥 사물을 눈앞에 갖다놓는 것이다. 미니멀리즘minimalism을 시작한 도널드 저드(1928~1994)가 바로 그렇게 했다. "당신이 보는 것은 (그림이 아니라) 당신이 보는 것이다"라고 하며.

고상하고 순수한 것을 추구하는 이들이 가장 쉽게 빠지는 함정
은 그 순수한 어떤 것을 그렇지 못한 것과 쉽게 대립시켜 따로
얻고자 한다는 점이다. 가령 쇤베르크에게 음악을 배웠고 음악
에 매우 높은 식견과 섬세한 감각을 갖고 있다고 자부하던 아도
르노Adorno도 그랬다. 그는 대중음악은 물론 재즈조차 쉬운 재
미나 쾌감을 추구하는 문화 산업이라고 비판한다.

"모차르트를 재즈로 편곡할 경우 편곡자는 모차르트 곡이 지
나치게 심각하거나 어려울 경우 또는 별 이유 없이 멜로디를 다
르게 바꾼다. 그는 물론 보통의 관례보다 더 단순한 방법으로 멜
로디를 조화시킴으로써 모차르트를 변질시킨다."《계몽의 변증법》

재즈를 아는 사람이라면 이것이 재즈에 대한 어이없는 무지

의 산물임을 안다. 재즈는 즉흥성과 더불어 변주를 요체로 한다. 즉흥적 변주능력, 그게 재즈의 매력이자 힘이다. 이는 복잡하고 세련된 것을 추구하지 않지만, 그렇다고 복잡한 것을 단순화하지 않으며, 고상한 곡을 천하게 하지도 않는다. 거꾸로 흔한 대중가요처럼 '천한' 곡을 멋진 변주를 통해 '고상한' 작품으로 만든다. 재즈 뮤지션들은 사실 즉흥적인 변주를 하기 위해 중세 선법, 12음 기법 등과 같은 다양한 음악적 기법을 연구하고 연마하기도 했다. 이들에게 중요한 것은 저 뻔해 보이는 곡을 나름의 색조를 만들면서 얼마나 다르게 바꾸어놓을 수 있는가 하는 문제. 아도르노는 현대음악을 들으면서 12음 기법의 '음렬'을 식별할 수 없다면 음악을 안다고 하지 말라는 식의 태도로 이미 악명이 높지만, 이 악명은 자신이 지고하다고 믿는 것 말고는 알지도 못하고 이해하려 하지도 않는 저런 태도의 그림자라 하겠다.

미래주의자들은 고결한 척하는 이런 식의 예술을 혐오한다. "차체의 폭발적인 호흡에 비유되는 사포와 같은 커다란 파이프가 장식되어 있는 경주용 자동차-포탄을 타고 가는 것처럼 소리내는 자동차가 사모트라케의 승리의 여신보다 더 아름답다." 1909년 마리네티Marinetti가 쓴 〈미래주의 선언〉의 일부다. 자동차가 그리스 신화의 여신보다 더 아름답다는 말이다. 루이지 루솔로는 오케스트라의 연주나 피아노 소리보다 차라리 자동차의 경적소리, 파이프에 물 흘러가는 소리, 기차 가는 소리 같은 도시의 소음들이 더 아름답다면서 소음을 내는 장치를 고안해서 소음연주를 하고 돌아다녔다. 이는 '화음'이나 악기의 소리만을 음악적 소리라고 간주하던 오래된 믿음을 크게 뒤흔들었고, 악기 소리 아닌 것을 음악으로 끌어들이는 중요한 계기가 되었다. 소음이라는 '천한 것'을 예술적인 음악으로 끌어올린 것이다. 이는 현대음악의 중요한 발생지 중 하나다.

맥락이나 의미는 다르지만, 이런저런 고상함, 고결함을 추구하는 것을 겨냥해 '유위'라고 비판하는 《장자》에서도 역설적이게도 이처럼 순수함, 고상함을 추구하는 느낌을 주는 부분이 있다. 그에 따르면 자연 그대로의 본성대로 살아가고 타고난 덕을 따라 행하도록 인위적인 지식이나 도덕, 기술이나 잣대를 사용하지 않는 것, 그게 무위다. 가령 '천하를 다스린다'는 흔히 듣는 말은 '그대로 놓아두는 것'과 반대로 '유위적'인 것이다.

"천하를 있는 그대로 놓아둔다(在宥天下)는 말은 들었어도 천하를 다스린다(治天下)는 말은 듣지 못했다. 있는 그대로(在)라 함은 타고난 본성을 어지럽힐까 염려함이고, 놓아둔다(宥) 함은 천하 사람들의 타고난 덕을 바꿀까 염려함이다."(《장자 2》, 81~82)

하지만 다수의 사람들이 살면서 다툼이나 충돌이 없을 수 없으니, 더구나 사람들의 무리가 커지고 사는 영역이 넓어지면, 사람들을 다스리는 것은 피할 수 없는 일이다. 그렇게 "군자가 어쩔 수 없이 천하를 다스리게 되면 무위보다 나은 것이 없다. 무위한 후에야 타고난 성명性命의 정情을 편안히 할 수 있다."(《장자 2》, 90~91) 그러려면 성聖과 지知를 끊고, "자신의 총명을 끄집어내지 않아야 한다." 그럴 수 있다면, "직무를 방기하고 가만히 있어도 용처럼 자유롭게 출현할 수 있을 것이며, 깊은 물처럼 침묵하고 있어도 우레처럼 커다란 소리를 낼 수 있을 것이며, 정신이 움직이면 천지가 따라서, 조용히 아무 하는 일 없이도 만물이 생육될 것"이라고 한다(《장자 2》, 91).

이처럼 무위를 행하기 위해선 유위를 벗어나야 한다. 좀 더 강하게 말하면 유위적인 것을 버리고 깨버려야 한다. "(타고난) 도와 덕을 버리지 않고서 어떻게 인의仁義를 채택할 수 있으며 … 오성五聲을 더럽히지 않고서 누가 육률六律에 맞출 수 있겠는가."(《장자 2》, 43) 좀 더 과격하게 말할 때는 미술관과 박물관의 낡은 미술품들을 깨부수자는 미래주의자 말과 닮았다. "육률의 가락을 흩뜨려버리고 악기를 태워버리고 사광師曠의 귀를 막아버려야만 천하에 비로소 사람들이 밝은 귀를 갖게 될 것이다."(《장자 2》, 67) 유위의 가르침을 비판하는 '무위'의 주장이 성인을 배격하고 악기를 태워버리라고 할 때는 백남준의 퍼포먼스만큼이나 파격적이다. "성인을 배격하고 도둑질을 내버려두어야 천하가 비로소 다스려질 것이다."(《장자 2》, 62) 그러나 이렇게 무위가 유위를 배제한 반대의 영역이 되면, 고상한 예술이 천한 예술을 배제한 별개의 영역이 된 것과 너무 비슷하지 않은가.

유위 없이 무위가 행해지던 시대에 대한《장자》의 문장들을 보면 무위의 세계란 세상에 없는 유토피아가 아닌가 싶다. 즉 무위로 지덕智德을 이룬 시대에는 "사람들의 걸음걸이가 유유자적했으며 눈매 또한 밝고 환했다. 그때는 산에 지름길이나 굴이 없었고 못에는 배나 다리가 없었다. 만물이 무리 지어 살았고 사는 마을은 이어져 있었으며 그 때문에 짐승들을 끈으로 묶어 끌고 다니며 놀 수 있었고 새 둥지를 손으로 끌어당겨 안을 들여다볼 수 있었다. 성인이 애써 인을 행하고 발돋움하여 의를 행함에 이르러 천하가 비로소 의심하게 되었다. … 무릇 자연 그대로의 통나무를 해치지 않고 누가 희준犧樽 같은 제기祭器를 만들 수 있으며 … 타고난 성정性情을 떠나지 않고 어떻게 예악을 쓸 수 있겠는가."《장자 2》, 43)

이런 무위의 개념은 요순에 의해 무위의 정치가 무너진 지 한참 지난 장자 시대는 물론, 지금도 매혹적으로 보이는 듯하다. 가령 기계나 컴퓨터, 핸드폰으로 상징되는 현대 기술에 비해 바늘이나 등불의 발명이 훨씬 더 위대한 것이었다고 대비하는 글을 어느 책에서 읽은 적이 있다. 기계공업에 반대하여 장인적 제작으로 돌아가자며 공예운동과 DIY(Do It Yourself!)를 주장하던 윌리엄 모리스도 다르지 않다.

그러나 장인적 제작은 인간이 손대지 않은 무위일까? 바늘이나 등불은 정말 인위적인 것 없는 무위일까?《장자》에선 자나 먹줄을 쓰는 것도 유위라고 비판하는데, 망치와 끌을 쓰는 걸 어찌 무위라 하랴! 바늘이나 등불이 컴퓨터보다 더 위대하다 함은 그것보다 더 훌륭한 발명품, 더 탁월한 유위라는 말 아닐까. 귀농을 이런 맥락에서 인위적인 삶과 대비되는 '자연적' 삶이라고 보는 분들도 있다. 그러나 북미 인디언들은 땅을 가는 것을 어머니 대지인 자연에 칼질을 하는 것이라고 비판한다. 김매기는 손으로 하나 약으로 하나 '잡초'라는 미명 아래 엄청난 생명을 죽이는 작업이다. 기계를 쓰지 않는다 해도 농사는, 그것이 자신이 선택한 작물을 키우는 것인 한, 결코 자연을 '있는 그대로 두는' 무위라 할 수 없다.

프랑스의 문학자이자 철학자인 블랑쇼는 이런 무위의 개념을 가령 독서에 도입해 '무위의 독서'를 말한 적이 있다(《도래할 책》). 무언가를 찾으려 하지 않고 흘러가는 대로 눈과 생각을 맡겨두는 독서가 그것이다. 목적을 갖고 읽는 독서, 유위의 독서는 찾고자 하는 것만을 읽는다. 하여 새로운 것을 발견하며 읽기 어렵다. 이 개념에 꽂혔는지 프랑스 철학자 낭시는 블랑쇼의 이 '무위' 개념을 끌어들여 '무위의 공동체'에 대해 심오한 철학적 논변을 펼친 바 있다(《무위의 공동체》). 어떤 '과제(oeuvre)'도 설정하지 않고 어떤 '계획(oeuvre)'이나 '작업(oeuvre)'—'무위'란 이 '외브르oeuvre'라는 단어에 부정의 접두사를 붙인 데죄브르désoeuvre의 번역어다—도 하려고 하지 않는 공동체가 바로 무위의 공동체다. 이에 대해 블랑쇼는 한 걸음 더 나아가 자신에게서 가져간 이 '무위'라는 개념을 사용해 공동체를 '만들려고' 시도해선 안 된다고 응답한다. 만드는 순간 이미 유위가 된다고 보았기 때문일까. 두 경우 모두 무위란 유위의 부정을 뜻하게 되고 만다.

사실 미래주의는 '조화로운 소리', 고상한 음악에 대한 비판으로선 유의미했지만, 그와 반대로 조화로움의 해체, 음악적 아름다움에 대한 전통적 감각의 와해를 목표로 삼았기에 파괴를 지향하는 운동이 되고 만다. 〈미래주의 선언〉은 처음부터 이를 명시했다. "오늘날까지 문학은 골치 아픈 정체성, 황홀경 및 수면상태를 찬양했다. 우린 공격적인 움직임, 열정적 불면증, 레이서의 활보, 대담한 도약, 따귀, 주먹질을 찬양하겠다." 이런 생각이 파괴와 전쟁에 대한 찬양으로 이어지기 위해선 약간의 대담함만 있으면 된다. "우리는 전쟁(세상의 유일한 위생학), 군국주의를, 애국주의를, 무정부주의자들의 파괴행위를, 그것을 위해 죽는 아름다운 이상주의를, 여성경멸을 찬양하겠다."(〈미래주의 선언〉) 실제로 미래주의자들은 무솔리니의 파시즘을 지지하여 전쟁에 참여하며, 미래주의자 보치오니는 결국 그 전쟁에서 사망한다.

03
묘봉정
아래의
무위자연

무위자연無爲自然, 노자와 장자로 대표되는 도가道家 사상의 요
체다. 노자는《도덕경》48장에서 이렇게 쓰고 있다.

> 학문을 하면 날로 늘어가지만
> 도를 행하면 날마다 줄어든다.
> 줄이고 또 줄이면 무위에 이른다.
> 무위에 이르면 하지 못함이 없다.
> 세상은 언제나 무위로써만 얻게 된다.
> 일을 꾸미면 천하를 얻을 수 없다.
> 爲學日益 爲道日損 損之又損 以至於無爲 無爲而無不爲
> 取天下 常以無事 及其有事 不足以取天下

설법하는 고양이와 부처가 된 로봇

이는 선가仙家 사상에도 깊은 영향을 미쳤다. 하지만 굳이 유위적 세계를 파괴한다고 하지 않아도, 유위와 무위를 동렬에서 놓고 대비하게 되면 무위는 유위와 대립되는 반대개념이 되고, 유위를 배제한 별개의 영역이 되며, 그 결과 무위는 유위의 '인위적 배제'를 뜻하는 또 하나의 유위가 되고 만다. 손 대신 약을 쓰는 제초야 농약으로 인한 많은 위해를 야기하니 하지 않을 이유가 있지만, 단지 기계가 싫다는 이유만으로 재봉틀로 할 일을 바늘로 하거나, 컴퓨터가 옆에 있는데 굳이 손으로 계산하는 것은 '애써 하는 무위'로 보인다. 애써 하는 것이니 이것이야말로 유위 아닌가!

여기서 우리는 무위를 따로 말하는 순간 무위 아닌 또 하나의 유위가 되는 난점을 본다. '자연'이나 '자연주의'라는 개념 또한 그렇다. 자연이란 '스스로 그렇게' 있는 것이다. 그러니 손대지 않은 것('무위')을 뜻한다. 이로 인해 자연은 문명이나 기술 같은 것과 대립되는 것으로 간주된다. 서양에서 이런 자연 개념을 강하게 주장한 이는 루소Jean Jacques Rousseau(1712~1778)였다. "자연으로 돌아가라!"는 말이 이런 맥락에서 나왔음은 잘 알려져 있다. 이때 자연은 애써 돌아가야 할 어떤 것이 된다.

그러나 동물이 먹고 살기 위해 사냥을 하는 것이 '타고난 본성'이고 '스스로 그렇게' 사는 것이라면, 인간이 살기 위해 농사를 짓고 집을 짓는 것 또한, 비록 자연에 '손을 댄' 것이지만 '타고난 본성'에 따라 '스스로 그렇게' 사는 것이다. 그렇다면 인간이 하는 노동 또한 동물의 사냥만큼이나 자연에 속한다 하겠다. 그렇다면 그 노동을 좀 더 쉽게 하기 위해 도구를 사용하는 것 또한 자연에 속한다 해야 하지 않을까. 그 도구가 호미나 괭이면 자연이고 경운기나 이앙기면 자연이 아니라고 할 수 있을까. 인간이 만들어낸 다른 기계 또한 마찬가지다. 이렇게 보면 인간이 만들어낸 것 모두가 자연에 속한다. 자연이란 대지에서 스스로 솟아난 것이든 누군가에 의해 변형되고 만들어진 것이든, '탄생'한 이상 '스스로 그렇게' 있는 모든 것을 다 포괄한다. 손 댄 것도 손 대지 않은 것도 존재하는 것은 모두 자연이다. 이런 점에서 스피노자의 '자연'은 루소의 '자연'과 아주 다른 개념이다.

무위가 유위와 동렬에서 대립하면, 무위는 어느새 '애써 하는 무위'가 된다. 유위의 일종이 된다. 자연이 진정 자연이 되려면 문명이나 기계마저 싸안아야 하듯, 무위가 진정 무위가 되려면 유위마저 싸안아야 한다. 무위가 유위와 진정 다른 것은 양자를 대비하는 경계선을 지워버릴 수 있는가 여부에 있다. 유위적인 것마저 무위의 작용 안에 담아내는 것, 유위적인 것 안에서마저 무위의 '힘'을 작용케 하는 것.

앞서 본 것처럼 《장자》에서도 자연에 대한 루소적인 공상이나 '애써 하는 무위' 개념을 볼 수 있지만 《장자》 전체의 지향이 그렇다고 할 순 없다. 잘 알려진 것처럼 《장자》는 한 사람의 저

설법하는 고양이와 부처가 된 로봇

작이 아니라 비슷하다고 보이는 죽간본 문서들을 이리저리, 그나마 사람에 따라 다르게 모으고 편집한 것이라 여러 사람의 이질적인 글들이 섞여 있다. 《장자》〈내편〉은 대개 장주莊周라고 불리는 한 사람의 책이라고 보지만 〈외편〉이나 〈잡편〉은 여러 성향의 글들이 섞여 있다. 오히려 앞서 인용한 것보다 장자의 무위 개념을 더 충실하게 보여주는 것은 다음과 같은 문장이다.

보잘 것 없지만 쓰지 않을 수 없는 게 물건이고, 낮지만 따르지 않을 수 없는 게 백성들이다. 번거롭지만 하지 않을 수 없는 게 일이고, 거칠지만 시행하지 않을 수 없는 게 법이다. … 그렇기에 … 덕을 이루기는 하지만 인위에 얽매이지 않으며, 행동이 도에서 나오기는 하지만 계획하지는 않으며, 행동이 인에 부합하지만 그것을 믿지 않으며, 의에 다가가면서도 그걸 쌓지 않으며, 예를 지키면서도 금기에 얽매이지 않는다.(《장자 2》, 135)

도구, 지금이라면 기계까지도 포함하게 될 물건에 대해서도 이리 말한다. "물건을 용도에 따라 쓰기는 하지만 버리지 않는다. 물건이란 추구할만한 가치는 없지만 쓰지 않을 수 없는 것이다." 이런 의미에서 "유일절대의 하나이지만 바꾸지 않을 수 없는 것이 도"라고 한다. 무위란 좀 더 편하고 쉽게 해주는 것을 얻고자 하지 않으며, 좀 더 좋은 것을 이루고자 애쓰지 않지만, 그렇다고 이미 있는 것을 굳이 쓰지 않거나 버리는 것도 아니다. 법이나 도덕을 만들어 문제를 해결하려 하지도 않겠지만, 법이나 규범 일체를 애써 없애는 게 답이라 하지도 않는다. 물론 부적절한 법이나 과도한 도덕이야 웃어넘기겠지만, 나름 유효하게 기능하는 한 그걸 굳이 제거하려 하지는 않을 것이다.

지식 또한 그렇다. 도는 지식으로 얻을 수 있는 게 아니며 많은 경우 지식 때문에 도달하지 못하지만, 그렇다고 지식 모두를 거부해선 도를 이룰 수 없다. '도'에 대한 얘기나 불법에 대한 얘기를 《도덕경》이나 《장자》, 그 좋은 불전들이 없었다면 어찌 배울 생각을 했을 것인가. 지식은 움직이는 것을 멈추게 하여 포착한 것이고, 변하는 것을 포착한 순간에 고정한 것이니 언제나 실상과 어긋나게 마련이지만, 그것 나름대로 놓치면 안 될 것을 알려주는 유용한 것이다. 지식에 기대고 지식을 늘려 도를 얻으려는 것이 '유위'라면 지식을 피하고 거부하여 도를 얻으려는 것도 '억지로 하는 무위'란 점에서 또 하나의 유위다. 지식을 이용하되 그에 매이지 않는 것, 그게 무위다. 아, 물론 이런 무위의 개념은 '애써 하는 무위' 또한 거부하지 않는다. 그마저도 때로는 필요한 경우가 있다. 그럴 때는 그런 무위 개념이 유효하다. 다만 그럴 때조차 애써 하는 무위를 무위라고 착각하지 않으며 그에 매이지 않는다는 조건에서.

설법하는 고양이와 부처가 된 로봇

"애써 하려고 하면 어느새 벗어나버린다."

도를 묻는 조주에게 스승 남전이 해준 말이다. 요컨대 무위란 애써 하고자 하지 않음이지만 굳이 안 하고자 함도 아니다. 있으면 있는 대로 없으면 없는 대로 적절하게 쓰며 가는 것이다. 손으로 하는 것은 손으로 하는 것이니 좋고, 기계로 하는 것은 기계로 하는 것이니 좋음을 아는 것이다. 반대로 말해도 좋다. 손으로 하는 것은 손으로 하기에 나쁘고 기계로 하는 것은 기계로 하는 것이기에 나쁘다고. 그러니 그 자체로 좋은 것도 없고 그 자체로 나쁜 것도 없다. 좋고 나쁨은 조건—연기적 조건—에 따라 달라지는 것이다.

무위란 심지어 좋은 것을 애써 구하려 하지도 않고 나쁜 것이라며 굳이 피하지도 않는 것이다. 애써 구한 좋은 것이 사태를 악화시킬 수 있고, 굳이 피한 나쁜 것이 아쉬운 때가 있게 마련이다. 중요한 것은 있음과 없음, 편리와 불편, 새것과 낡은 것, 좋은 것과 나쁜 것에 미리 호오好惡의 분별을 하지 않고, 그 모두가 나름의 가치를 갖고 있음을 아는 것이다. 이렇게 보면 무위는 분별을 떠나라는 선승들의 가르침과 이어지고, 또한 '제물齊物'이라는 장자의 유명한 개념과 그대로 이어진다. 모든 것들이 나름의 가치로 평등한 세계, 그게 제물론의 세계니까. 그래도 그것을 '무위'라고 명명한 것은 그 말이 나름의 가치를 찾아가는 방향을 표시해주기 때문이다. '애써 하는 무위'로 오해될 위험이 있어도 '무위'라는 개념을 사용하는 것은 이런 이유에서다.

이런 무위의 개념이 선사들이 말하는 도나 무위법과 매우 가깝다는 것은 분명하다. 오조가 "불법을 몰랐던" 노행자에게 의발을 줄 수 있었던 것은 불법을 비불법과 따로 구별하지 않았기 때문이다. 그럴 때에만 비불법을 포함하는 모든 곳에서 불법을 추구할 수 있다. 승속僧俗과 범성凡聖의 선線이 그어지고 부처와 중생, 승가와 속세의 구별에 따라 사유와 행동이 움직이게 될 때, 어느새 불법과 비불법의 구별이 생겨나게 된다. 계도 받지 않은 행자에게 의발을 준 것은, 그처럼 계도 부처도 따로 없는 곳에서 불법을 닦고 전하라는 말일 게다. 어디서나 닦고 전하라는 말이다. 조주가 남전 회하에서 깨우침을 얻고 나서 80세가 되도록 세간을 행각하고 다닌 것은 이런 이유에서가 아니었을까.

승속의 구별은 그만두고, 세간을 떠나 산속에 숨어사는 것을 미덕으로 삼는 것은 어떨까? 스님들이 산속을 찾고 고립된 공간을 찾는 것은 어쩌면 승려를 천민화하고 도성 출입을 못하게 막았던 오백 년 조선 역사에 연緣하여 만들어진 습속은 아닌가 다시 생각해보아야 한다. 산속에 오랫동안 숨어 사는 것을 훌륭한 수행자의 미덕이라고 생각하는 것은 그런 연기적 조건 속에서 수행을 지속하기 위한 방편 아니었을까. 그렇다면 지금과 같이 도시가 산자락마저 밀고 올라가는 조건에서라면, 승려가 천민

이 아니라 획일화된 삶에서 벗어나는 길을 가르치는 스승이 되어야 하는 조건에서라면 산속을 찾는 것이 대단한 미덕이라는 믿음은 근본에서 다시 생각해보아야 하지 않을까.

궁극의 도 또한 무위와 같아서, 그걸 얻으려면 어느 쪽으로 가야 하는지 말해야 하지만 따로 별도의 영역이 있는 게 되면 방향을 오도하게 된다. 궁극의 도는 저기 높은 어디에 초월적인 자리를 갖는 게 아니라 어디에나 내재하기에 따로 장소를 갖지 않는다. 다시 말해 궁극의 도는 '초월적인 것(the transcendent)'이 아니라 '내재적인 것(the immanent)'이란 말이다. 다음의 공안은 이에 대한 것이다.

보복保福이 장경長慶과 산에서 노닐 때, 보복이 손으로 가리키며 말했다.

"저것이 바로 묘봉정妙峰頂일세."

장경이 이에 답했다.

"옳기는 옳지만 애석하군."

경청鏡淸이 이 말을 듣고 말했다.

"손공(장경)이 아니었다면, 온 들녘에 해골이 가득 널려 있었을 것이다."

산속에서 노닐지만 산꼭대기, 궁극의 지점이 어디인지 모른다면 우리는 어디로 갈지 모를 것이고, 도를 향해 가려면 어떻게 해야 하는지 알 수 없을 것이다. 그러니 묘봉의 정상이 어디인지 말하지 않을 수 없다. 장경은 그것을 두고 '옳다'고 하지만 동시에 '애석하다' 한다. 그렇게 말함으로써 묘봉정이 저기 어디 따로 있는 것처럼 오인될 수 있기 때문이다. 사실 그렇게 오해되는 일은 아주 흔하다. 도에 대한 경전도 그렇고 도를 깨우쳐주려는 선사들의 말도 그렇다. 그것은 무엇을 알려주는 만큼 또한 오인하게 한다. 어느새 사구가 되어 후학들의 현혹한다. 선승들이 종종 임종게에서 오랫동안 사람들을 속여 왔다고 쓰는 것은 이런 이유에서다.

그래서 경청은 말한다. 그걸 경고하는 장경의 말이 없었다면 사구에 속아 죽은 이들의 해골이 온 들판에 가득했을 거라고. 물론 앞서 말을 시작했던 보복이 이를 몰랐다고 한다면, 그 또한 큰 오해일 게다. 이 모두를 잘 알면서도 말할 수밖에 없음을 보여준 것이고, 그에 속아 넘어가진 않는지 시험해보려 입을 열었던 것이다. 자, 말해보라, 그대의 학은 어디를 날고 있는가?

설법하는 고양이와 부처가 된 로봇

●

제11장

묘희세계를 가루가 되도록 부수어버려라!

●

무상한 견고함과 조화를 넘어선 조화

01
무너지기에
무너지지 않는
법신

불도佛徒들은 진리를 찾는다. '생사문제를 해결하려 한다'고들 하는데, 그걸 해결하기 위해 찾아야 할 것이 바로 본래면목이다. 하여 불도들은 '본래면목'이라 불리는 진리를 찾는다. 진리를 찾은 것을 일러 '견성見性'이라 한다. 자신의 '성품을 본다'는 말이다. 본래면목과 다르지 않은 본래 성품을 보는 것이다. 견성을 한다는 말과 생사를 벗어나 해탈한다는 말은 같은 말이다. 그래서 종종 하나로 묶어 '견성해탈'이라 말한다. 본래면목에 속하는 진리를 '진제'라 하여, 속세에서 말하는 진리인 속제와 구별한다. 전자가 제일의제第一義諦, 즉 일차적인 진리의 세계라면 후자는 이차적인 진리의 세계다.《대승기신론大乘起信論》의 말로 바꾸면 진제란 '체體'에 속한 진리고 본성상 공한 세계에 대한 진리라면,

설법하는 고양이와 부처가 된 로봇

속제란 '상相'이 있는 것들이 서로 작용(用)하는 세계, 연기적 세계에 속한 진리다. 어느 세계든 부처가 있지만, 본래면목의 세계란 본체에 속하는 견고한 법신法身의 세계라면, 우리가 사는 세간은 부처 또한 보신報身이나 화신化身처럼 몸을 받아 태어나는 응신應身의 세계요 색신色身의 세계다.

그런데 이렇게 세계나 진리를 둘로 나누면 그 둘 사이에는 자칫하면 간극과 위계가 생겨나게 된다. 사실 위계는 이미 뚜렷하다. 진제가 제일의제고, 속제는 제이의제인 것이다. 여기에 간극이 더해지면 세계는 이제 둘로 나뉘어지게 된다. 이를 막기 위해 양자가 둘이 아닌 하나임을 강조하는 입론들이 다양하게 나타나게 된다. 가령 중관학中觀學의 영향을 받은 고구려의 승랑丞郎은 진속의 이제二諦를 통합하여 '중도'라고 함으로써 이원론을 넘어서려 한다. 이럼으로써 진제는 '중도'라는 좀 더 근본적인 개념에게 제일의제의 자리를 내어주게 된다. 속제와 더불어 제일의제의 일부가 된다.

진리를 찾는 이라면 누구도 진리가 확고불변하기를 바라마지 않는다. 서양에선 데카르트가 이를 아주 잘 보여준 바 있다. 확고부동한 것을 찾기 위해 그는 모든 것을 의심하는 방법을 취하기도 한다. 동양이라고 다를 것인가. 찾을 때마다 달라지는 게 진리라면, 그 진리는 찾자마자 더는 진리가 아닌 게 될 것이 분명하니, 진리라는 말에 값하지 못하게 되기 때문이다. 불도佛徒

또한 그렇다. 모든 것이 무상하며 끊임없이 생멸하고 변화하지만 본래면목이라 할 진제는 그와 달리 확고한 것이기를, 불생불멸의 것이기를 바란다. 덕분에 세간의 진리와 구별되는 또 하나의 진리 개념이 등장하게 되었던 것일 게다. 지고한 것이란 그렇게 견고하고 확고한 것이어야 한다는 믿음은 불도마저 뛰어넘지 못하는 사유의 숙명 같은 것일까?

모든 것의 본체란 자성이 없다는 의미에서 '공'이라는 말로 표현했던 용수가 그런 공이 따로 있다고 믿는 것을 '단멸공斷滅空'이라며 비판했던 것은 이를 잘 알고 있었기 때문일 게다. 선 또한 본래면목을 말하지만, 그 말에 포함된 '문법의 환상(명언종자!)' 때문에 그것이 무상한 세계, 시끄럽고 변덕스런 속세의 세계와 별개로 존재한다는 생각이 생겨나리라는 것을 잘 안다. 하여 '부처'에 대해 묻거나 불법의 대의를 묻는 것을 내쳐버리는 경우가 많다. 가령 대수법진과 위산의 문답이 그렇다. 대수가 위산 휘하에 있을 때였다. 어느 날 위산이 말했다.

"그대는 여기 온 지 여러 해 되었지만 전혀 물어보지 않는구나."

"제가 무엇을 물어야 할까요?"

"모르겠다면 무엇이 부처인지 묻도록 하라."

그러자 대수는 손으로 위산의 입을 막아버렸고, 이에 위산이 말했다.

"그대 이후로도 (그대처럼 모든 것을) 쓸어버린 사람을 내가 만날 수 있을까?"

위산의 "부처를 묻도록 하라"는 말은 대수를 시험하기 위한 미끼였다. 다들 부처를 묻고 부처를 찾으니 사실 누구나 던질 수 있는 질문인 셈이다. 더구나 모두 부처가 되고자 출가한 것 아닌가. 그러나 대수는 거꾸로 위산의 입을 막아버렸다. 아마 시키는 대로 물었으면 위산에게 한 방 먹었을 것이다. 임제가 목주의 권고대로 황벽에게 물었다가 맞았던 것처럼. 모두 부처를 따로 구하는 것을 경계하기 위한 가르침이다.

그렇지만 선승들 역시 본래면목을 말하고 부처를 말한다. 무언가를 구하려는 마음 없이는 시작도 할 수 없기 때문이다. 하지만 그것을 세간에서 벗어나 따로 구하면 안 된다. 그런데 선사들은 고지식하게 부처와 세간이 하나임을 말하기보다는 차라리 구하려는 이들이 가는 길을 반대방향으로 돌려놓기를 선호한다. 즉 부처를 구하려면 세간 속으로 들어가라고 한다. 진제를 구하려면 속세로 들어가고, 공을 보려면 상 있는 세계로 들어가라는 말인 셈이다. 세간이 바로 부처의 세계고 본체의 세계인 것이다. 그리고 그렇게 돌려놓는 반전이 야기하는 당혹을 깨우침의 계기로 삼고자 한다. 견고한 법신을 묻는 물음에 대룡大龍이 한 대답이 그렇다.

어떤 스님이 대룡에게 물었다.

"색신色身은 부서지는데 어떠한 것이 견고한 법신입니까?"

"산에 핀 꽃은 비단결 같고 시냇물은 쪽빛처럼 맑구나."

물은 스님은 부서지지 않는 견고한 법신에 대해 물었지만, 대룡은 비단결 같은 꽃과 쪽빛 같은 시냇물로 답한다. 이것은 물은 스님이 견고한 법신과 대비했던 바로 그 '부서지는 색신'이다. 견고한 법신을 묻는데 이렇게 대답한 것은 그 부서지는 색신이 바로 견고한 법신임을 말하고자 함이다. 부서지는 색신을 떠난 견고한 법신은 따로 없으며, 속제를 떠난 진제는 따로 없다는 말이다. 부서지지 않는 견고한 법신을 따로 구하려는 것 자체가 도에서 벗어나는 길이다. 도는 역으로 그 부서지는 색신을 따라가는 것이다. 대수는 이를 좀 더 강하게 표현한다.

어떤 스님이 대수에게 물었다.

"겁화가 훨훨 타서 대천세계가 모두 무너지는데 '이것'도 따라서 무너집니까?"

"무너지느니라."

"그렇다면 그를 따라가겠습니다."

"그를 따라가거라!"

'이것'이란 겁화의 불로 타는 것과 반대되는 것, 무너지는 대천세계와 대개념을 이루는 것이다. 앞서 대룡의 공안에서 나온 견고한 법신이다. 혹은 본래면목이고, 제일의제인 진제로 표현되는 무엇이다. 그런데 여기서는 그 '이것'도 무너지느냐고 묻는다.

불생불멸의 견고한 법신이라면 무너질 리 없을 터인데… 대수의 대답은 단호하다. "무너지느니라." 대룡이 그 변화하고 부서지는 색신의 세계가 비단결 같은 꽃이요 쪽빛처럼 고운 시냇물이라면서 긍정하며 뒤집었다면, 대수는 겁화의 불이 훨훨 타서 무너지는 것을 뒤집지도 않고 그대로 받아삼킨다. 이에 대해 물었던 스님은 그 말이 뜻하는 바를 알았던 것 같다. 따로 견고한 것을 구하지 않고 그 무너지는 것을 따라가겠다고 응수한다. 대수는 그것을 그대로 받아 "그를 따라 가거라"며 되돌려준다.

　나중에 누군가가 이 대수의 겁화 얘기에 나오는 스님처럼 소수산주紹修山主에게 물었다.

　"겁화가 훨훨 타서 대천세계가 모조리 무너지는데 '이것'도 무너집니까?"

　"무너지지 않는다."

　대수는 무너진다고 했는데, 소수산주는 반대로 무너지지 않는다고 한다. '이것'이란 견고한 법신임을 강조하려는 것일까? 물었던 스님이 다시 묻는다.

　"왜 무너지지 않습니까?"

　이렇게 되물은 것은 대수의 대답과 달라서였을 것이다. 아니, 그에 앞서 소수산주는 이 스님이 대수와 같은 대답을 답으로 생각하고 있음을 알아챘기에 그와 반대로 무너지지 않는다고 대답했을 것이다. 그래서 물었던 스님은 뜻밖의 대답에 "왜 무너지지 않습니까?" 하고 되물었을 것이다. 소수산주는 말한다.

"대천세계와 같기 때문이다."

이 얼마나 멋진 대답인가! '이것'이 무너지지 않음은 그게 대천세계와 같기 때문이다. 여기서도 견고한 법신의 세계가 따로 있다는 답은 그림자도 비치지 않는다. '이것'이든 '법신'이든 대천세계와 다르지 않은 하나다. 대천세계는 원래 무너지는 세계고, 무상하게 변화하는 세계다. 원래 무너지는 세계의 본성이 무너지는 것이라면, 그 세계가 무너질 때 본성은 무너지는 것일까 무너지지 않는 것일까? 무너지는 게 본성인 세계가 무너지는 것은 그 본성에 부합하는 것이니 그 자신의 본성 그대로 존속하는 것이다. 따라서 따로 무너질 것도 없고 무너질 수도 없다. 본래 무너지는 것이기에 무너지지 않는 것이다.

"나뭇가지가 마르고 잎이 떨어질 때는 어떠합니까?"라고 묻는 말에 "가을바람에 통째로 체가 드러났느니라"고 답했던 운문의 말도 그렇다. 본체란 바람 불고 계절이 달라져도 변함없이 그대로 있는 불변의 실체가 아니며, 겁화의 바람이 불어도 끄떡없는 견고한 어떤 것이 아니라, 바람 부는 데 따라 떨어지고 계절이 지나가면 함께 사그라져가는 무상한 변화 그 자체다. 변화하는 세계가 변화하는 것은 변화를 본성으로 하는 세계가 그 본성대로 존재하는 것이다. 무상하게 변화하 그 자체가 본체이다.

02
장님 코끼리
만지기가
어쨌다구?

어떤 학인이 운문에게 물었다.

"한마디 말로 남김없이 말한 경우라면 어떻습니까?"

"갈가리 찢어버려라!"

"화상께서는 어떻게 집어 담으시겠습니까?"

"쓰레받기와 빗자루를 가져오너라."

한마디 말로 남김없이 말한다 함은 세상의 진리를 한마디 말로 응축하여 표현함을 뜻한다. 세상의 모든 진리를 담는 한마디 말이라니, 할 수만 있다면 얼마나 좋으랴! 소설가 보르헤스(1899~1986)가 수많은 책들을 뒤져 평생 찾고자 했던 것이 바로 이것이었을 게다. "세상의 모든 불행을 피하기 위해 필요한 마술적인 하나의 문장"(〈신의 글〉, 《알렙》, 165) 혹은 모든 것을 담고 있는 단 한 줄의 시(〈거울과 가면〉,《셰익스피어의 기억들》, 87). 그는 이를 우주의 모든 책들이기도 한 한 권의 책(〈모래의 책〉, 〈바벨의 도서관〉), 모든 별이기도 한 하나의 별, 모든 사람이기도 한 한 명의 사람(〈알모따심으로의 접근〉)이란 말로 바꾸어 쓰기도 한다.

칸토어(1845~1918)의 집합론을 조금 안다면, 모든 것을 담은 하나의 말을 찾던 그가 〈알렙〉이라는 소설을 쓴 이유를 쉽게 알 수 있을 것이다. $\aleph$(알렙)은 실수의 개수(정확히는 '농도'라고 한다)를 표시하는 기호다. 사실 수에서 무한이라 하지만, 자연수도 무한이고, 짝수도 무한이며, 정수도 무한, 유리수도 무한, 실수도 무한이다. 이 무한들의 크기(농도)는 같을까 다를까? 얼핏 생각해보면 자연수는 짝수의 2배라고 해야 할 것 같지만, 둘 다 무한이니 그렇게 말하기 어렵다. 그렇다면 무한에 속하는 크기를 어떻게 비교하고 계산할 수 있을까? 이게 바로 칸토어가 던진 질문이었다. 그는 일대일대응을 찾는 방법으로 무한의 크기를 비교한다. 그에 따르면 짝수나 자연수, 정수, 유리수는 모두 같은 크기를 갖는다. 가장 작은 크기의 무한이다. 이를 $\aleph_0$(알렙 제로)라고 쓴다. 실수는 자연수보다 '많다'. 실수의 개수를 알렙에서 제로를 떼어 그냥 알렙이라고 표시한다. 알렙이란 모든 실수를 자기 안에 담은 하나의 수다. 보르헤스가 모든 수를 담고 있는 하나의 수가 알렙이라고 한 것은 이런 의미에서다. 하지만 고지식하게 덧붙이면, 그의 말과 달리 실수보다 더 큰 무한이 무한히

많기에 알렙은 모든 수를 담는 데 성공하지 못한다.

　진리란 단순한 것이라는 믿음은 과학자들의 믿음만은 아니다. 선사들 또한 진리란 단순하고 간결한 것이라고 믿는다. 물론 다른 종류의 단순함이지만. 그래서 수많은 경전의 말들을 한마디로 응축하여 표현하려 한다. 경전을 보는 대신 그 한마디만 부여잡고 밀고 나감으로써 깨달음에 이르도록 가르치고자 한다. 심지어 운문은 학인들의 물음에 단 한 자의 글자로 답을 한 것으로 유명하다. 한 글자에 모든 걸 담을 때 발생하는 강한 응축의 힘으로, 그 더없는 강도로 학인들의 통념이나 견식들을 깨주어 깨달음으로 이끌려던 것일 게다.

　한마디 말로 남김없이 말한다 함은 한마디 말에 세상 전체를 담는 것이다. 그러나 세상을 담는 그 '한마디' 말은 하나로 정해져 있지 않다. 선사들마다, 아니 선사들이 학인들을 만나 말을 할 때마다 다른 말로 전체를 담는다. 가령 '평상심'이란 말로 세상의 진리를 담을 때도 있고, '본래면목'이란 말로 담을 때도 있으며, '바리때'란 말로 담을 때도 있고, 주장자나 손가락 하나에 담을 때도 있다. 생각해보면 선사들만 그런 것도 아니다. 용수는 '공'이란 한마디로 세상의 모든 진리를 남김없이 말했고, 무착과 세친은 '식識'이란 한마디에 세상의 모든 진리를 담아 말했다.

　이렇게 다들 한마디 말로 세상의 진리를 남김없이 말했지만 그 말로 말해진 진리는 결코 같지 않다. '평상심'이란 말에 담긴 세상과 '본래면목'이란 말에 담긴 세상은, 각각이 모두 전체 세상이지만 같은 세상이 아니다. 바리때에 담긴 세상과 손가락 하나로 세워진 세상 또한 같지 않다. 공이란 말에 담긴 것도, 식이란 말에 담긴 것도 다른 세상이다. 하나의 세상인데 다른 세상들이라 함은 하나의 세상의 다른 표현들임을 뜻한다. '조선인'과 '조센진', '흑인'과 '깜둥이'가 동일한 사람들을 아주 다르게 표현하듯이. '강아지'와 '개새끼' 또한 그러하다.

그 각각이 세상 전체임엔 틀림없지만 그 각각이 다른 세상임 또한 틀림없다. 그 중 어느 것이 진짜라 할 것이고 어느 것이 가짜라 할 것인가! 각각의 표현마다 모두 각이한 의미와 이유가 있다. 그 중 어느 하나에 담긴 것이 유일한 진리라 믿을 때, 그 한마디 말은 다른 수많은 진리, 수많은 세상을 가리는 장막이 된다. 거짓이 된다. 깜둥이라는 말이 문제가 있는 말임은 틀림없지만, 그 말을 '흑인'이란 말로 지워버리면, '깜둥이'라고 부르던 사태는, 그 사태의 진실은 가려지고 숨겨져버린다. 아무리 훌륭한 말이라도 그 말에 머무는 순간 그것은 그것이 표현하지 못하는 다른 세상을 죽이는 말이 된다. 선사들이 말하는 사구란 원래 '죽은 말'이란 뜻이지만, 그렇게 죽은 것에 세상을 담아 죽이는 것이란 점에서 '죽이는 말'이기도 하다.

그래서 한마디 말로 남김없이 말한 경우라면 어떠하느냐는 물음에 운문은 말했던 것일 게다. "갈가리 찢어버려라!" 남김없이 말했다는 생각을 찢어버리고, 남김없이 했다는 한마디 말을 찢어버리고, 그 한마디 말이 만든 세상을 찢어버리고, 그런 식으로 세상을 가리는 장막을 찢어버리란 말일 터이다. 찢어버린 뒤에는 어떻게 할 것인가? 다시 찾아야 한다. 세상의 진리를 남김없이 말할 또 다른 한마디 말을. 불도佛徒란 불법佛法이나 불도佛道를 구하는 자이고, 불법이나 불도를 구한다는 것은 어떻든 세상의 진리를 찾아가는 것이니, 손에 들고 있던 한마디 말이 찢어져 흩어졌다면 다시 찾을 수밖에 없다. 그래서 학인은 다시 물었을 것이다. 한마디 말을 찢어버린 후 흩어진 것을 어떻게 다시 모아 담겠느냐고.

　운문은 답한다. "쓰레받기와 빗자루를 가져오너라." 흩어진 게 쓰레기란 말을 하려는 것이 아니라, 흩어진 것을 다시 모아 세상의 진리를 남김없이 말할 한마디 말을 다시 찾아야 한다는 말을 하려는 것이다. 앞서 남김없이 말한 한마디 말을 찢어버리라 했지만, 한마디 말로 남김없이 말하려는 시도 자체를 부정한 것은 아니란 말이다. 찢어버렸으니 다시 찾아야 한다. 그런데 다시 찾은 한마디 말 또한 마찬가지일 것이다. 결국 다시 말하고 다시 찾고 또 다시 말하는 것들이 끝없이 계속 되어야 한다. 그러고 보면 세상이란 얼마나 대단한가! 한마디 말에 들어갈 수 있도록 응축될 수 있지만, 끝없이 다른 말에 들어갈 수 있을 만큼 수많은 얼굴을 갖고 있으니 말이다. 하나의 세계가 바로 그대로 대천세계라 함은 이런 뜻이다.

'장님 코끼리 더듬기'라는 잘 알려진 얘기에 대해 조주가 했던 말은 이런 맥락에서 이해되어야 한다. 한 스님이 물었다.

"여러 장님들이 코끼리를 만져보고 제각기 다르게 말하는데, 무엇이 진짜 코끼리입니까?"

"가짜 코끼리는 없다. 잘못 알고 있는 것은 너다."《조주록》, 108)

다리를 만진 장님은 기둥 같다 하고, 코를 만진 장님은 뱀 같다 하는 식으로 각자 다르게 말했다는 얘기를 두고 대개는 코끼리의 실상을 알지 못하는 눈먼 자들의 착각이라고들 말한다. 그러나 진짜 코끼리는 어떤 것이냐는 물음에 조주는 단호하게 말한다. "가짜 코끼리는 없다"고. 장님들이 더듬어 알아낸 것 각각이 모두 코끼리의 실상에 대한 진실이라는 말이다. 그들이 알아낸 것은 코끼리의 실상을 각자 다르게 표현하는 말들이다. 눈으로 본 코끼리만이 진실이라는 관념은, 그때나 지금이나 여전한 듯하다. 반면 시인들은 눈으로 본 것이 놓친 것을 감지하기 위해 일부러 눈을 감고 더듬는다. 아니 더듬거리기 위해 눈을 감는다. "시─암중모색/ 더듬거리기 위해 눈 감기."(진은영, 〈Modification〉, 《우리는 매일매일》) 멋지게 차려 입은 모습이 가린 진실을 흔들리는 목소리가 몰래 알려주는 경우가 있지 않은가!

보는 것만 해도 그렇다. 인간은 400~700나노미터 파장의 가시광선만으로 세상을 보지만, 새들은 자외선이 섞여 들어간 세상을 보고 뱀들은 적외선이 배어든 세상을 본다. 박쥐는 초음파로 사물을 식별하고 개구리 눈은 움직이는 것만을 본다. 어느 것이 진짜 세계인가? 과학자 역시 세상의 이치를 담은 단순한 '하나'를 추구하지만, 물리학에서 말하는 '하나'와 생물학에서 말하는 '하나', 심리학에서 말하는 '하나'와 사회학에서 말하는 '하나'는 모두 같지 않다. 그중 어느 것이 진짜 세계인가?

여기에 가짜 세계는 없다. 그 모두가 진짜 세계다. 자신의 감각과 생존방식에 적합하게 파악한 진짜 세계다. 마찬가지로, 바리때에 담은 세계와 손가락 하나로 세운 세계, 공이란 말에 담은 세계와 식이란 말에 담은 세계가 모두 다르지만, 그 중 어떤 것이 진짜 세계냐고 묻는다면 어리석은 질문이 될 것이다. 가짜 세계는 없다. 다만 그 중 어떤 게 진짜일까를 묻는 이의 생각이 잘못된 것일 뿐이다. 그런 것들 말고 진짜 세계가 따로 있을 것이라는 생각이야말로 잘못된 것이다. "잘못 알고 있는 것은 너다!" 그러니 남김없이 말한 한마디를 찢어버리고, 다시 다른 한마디 말을 찾는다 함은 하나의 세계를 떠나 또 하나의 세계를 보려 함이다. 이렇게 찾고 찢기를 끝없이 반복하는 것은 그렇게 다른 세계를 보려는 여행을 끝없이 계속하는 것이다.

운문에게 물었던 학인처럼, 남김없이 말하는 '한마디'를 묻는 질문은 부처를 묻는 것처럼 흔한 일이었던 것 같다. 갈가리 찢어버리라는 운문의 말이 놀랄 만큼 강렬하다면, 그에 대한 조주의 말은 익살스러운 위트가 넘친다.

"무엇이 한마디입니까?"
"무어라 하였느냐?"
"무엇이 한마디입니까?"
"두 마디가 되었구나."(《조주록》, 106)

"무엇이 가깝고도 절실한 한마디입니까?"
"말에 떨어졌구나."(《조주록》, 114)

설법하는 고양이와 부처가 된 로봇

03
고요한 세계와
소란스런 세계

운문이 백추白槌가 울리는 소리를 듣고 말했다.

"묘희세계妙喜世界를 가루가 되도록 부수어버려라! 여러분, 발
우를 들고 호남성에 들어가 밥을 드시오."

백추란 절에서 어떤 일이 있음을 알리기 위해 건추犍椎를 쳐
서 울리는 것으로, 대중의 주의를 끌어모으는 동시에 정숙함을
요구하는 기능을 한다. 묘희세계란 시방정토의 하나로 아촉불
阿閦佛 내지 부동여래不動如來가 머무는 세계다. 이는《유마경》에
도 나오는데, 그에 따르면 유마힐은 그 묘희세계에서 죽어 이 세
계에 태어났다고 한다. 불가에서 말하는 이상적인 세계 중 하나
고, 속세를 떠난 진리의 묘희를 항상 느끼며 사는 세계를 뜻할
것이다. 그런데 대중들에게 정숙할 것을 요구하는 소리가 울리

자 운문이 나서서 그 묘희세계를 가루가 되도록 부수어버리라고 한다. 왜 그랬을까?

운문은 학인들의 물음에 한 글자로 응축된 답을 해서 유명하지만, 아주 경악스런 말로 학인을 움쩍달싹 못하게 한 것으로도 유명하다. 가령 누군가 석가모니가 태어나서 사방으로 일곱 걸음씩을 걷고는 "천상천하 유아독존"이라 했다는 말을 하자, "내가 그때 그 옆에 있었더라면, 그 놈의 주둥이를 찢어 개에게 던져주어 세상의 소란을 미연에 막았을 것이다"라고 했다. 부처를 만나면 부처를 죽이고 조사를 만나면 조사를 죽이라는 게 선사들 말이지만, 그래도 자신이 속한 종교의 창시자에 대해 어떻게 이토록 과격하고 공격적인 말을 던질 수 있으랴 싶다. 물론 운문의 이 말은 눈에 보이는 글자 그대로 읽으면 바보가 되는 말이지만, 아무리 역설과 반어를 극한적으로 사용하는 선가라 해도 이 정도의 과격함은 다른 어디서도 찾아보기 힘들다.

묘희세계를 가루가 되도록 부수어버리라는 말은, 부처가 무엇이냐는 물음에 '뒷간 똥막대기'라고 했던 말 이상으로 통쾌함마저 주는 강렬한 역설이다. 이 강렬한 말로 그는 묘희세계를 찾으려는 생각을 단번에 부수어버린다. 그 대신 발우를 들고 호남성에 들어가 밥을 먹으라고 한다. 《선문염송》에 주를 단 각운覺雲은 호남성이 먹고살만 하니 밥을 얻어먹기 좋아서 그리 말했다고 하지만(《정선 공안집 2》, 1152), 그런 걸 고려해서 호남성을 언급했을 거 같지는 않다. 즉 호남성을 섬서성, 사천성으로 바꾸어 쓴다고 해도 달라질 건 없다. 어디가 되건 사람들이 먹고사는 세간에 들어가서 밥을 얻어먹으라는 말이고, 묘희세계를 찾는 게 아니라 바로 그게 도라는 말이다.

돌아보면 이는 견고한 법신을 찾는 것에 대해 부서지고 무너지는 대천세계를 따라가라고 했던 대룡이나 대수의 말과 다르지 않다 하겠다. 그러나 이 말은 단지 무상한 색신의 세계가 바로 법신의 세계임을 지적하는 것에 그치지 않는다. '묘희妙喜'라는 말로 표현된, 평온하고 조화로운 세계를 구하려는 불도들의 발상을 부수어주기 때문이고, 고요하고 안정된 곳을 찾으려는 구도자의 욕망을 깨부수어주기 때문이다.

묘희세계란 기쁨으로 충만한 세계지만, 그 기쁨(喜)조차 기쁜 건지 아닌지, 있는 건지 없는 건지 알지 못할 묘한 경지의 세계다. 적대도 갈등도 없고, 탐욕도 분노도 없는 깨끗하고 평화로운 세계일 것이다. 그러나 적어도 사람들이 사는 세계라면, 그런 세계가 대체 어떻게 있을 수 있을 것인가. 태어나면서부터 살기 위한 욕망으로 추동되는 것이 사람이고, 그 욕망으로 생존을 지속하려 하기에 장애를 만나면 화를 내고 미워하는 게 사람인데, 그런 사람들이 존재하는 한 어찌 탐욕과 미움, 적대와 충돌이 없을 수 있을 것인가!

이는 우리가 매일 대면하는 가까운 이들 사이에서도 피할 수 없는 일이다. 그런 일을 만날 때마다 갈등하고 부딪치는 이들을 피하고 싶고, 이 피곤하고 힘든 세계를 떠나 갈등 없는 세계에서 살 수 있다면 하는 마음이 일어난다. 내가 사는 지역이나 나라 또한 그렇다. 핵실험과 항공모함이 걸핏하면 팽팽하게 긴장하고, 답답하고 욕 나오는 이들이 정치판을 소란스럽게 하며, 돈 없는 이는 돈이 없어 돈을 벌고자 하고 돈 많은 이는 돈이 아무리 많아도 더 많은 돈을 벌고자 하는 이 세상에 대해 침 튀기며 욕을 하거나 한탄과 냉소를 하지 않기는 얼마나 어려운가. 그런 마음이 어느새 하늘로 날아오르며 구하는 게 평등하고 평화로우며 탐욕도 분노도 없는 저 묘희세계 아닌가. 적대와 갈등이 사라진 조화로운 세계 아닌가.

그러나 처참하고 욕 나오는 세계를 한탄하고 벗어나려는 마음이야말로 싫은 것을 떨치려는 분노의 마음(瞋心)이고, 평화롭고 조화로운 세계에 대한 욕망이야말로 좋아하는 것에 달라붙는 탐욕의 마음(貪心) 아닌가. 유토피아란 원래 비참한 현실이 뒤집혀 반영된, 현실의 거울상이다. 즉 유토피아라고 불릴 저 조화로운 세계 또한 불화不和로 가득 찬 세계의 거울상이다. 지배자나 통치자들이 걸핏하면 말하는 '합의'가 실은 엄연한 '불화'를 가리는 그럴듯한 교언巧言에 불과하듯이, 조화롭고 평화로운 합일된 세계는 적대하고 상충하는 분열된 세계를 가리는 안이한 영색令色이다. 이런 말들, 이런 꿈들을 따라다닐 때, 현실의 불화는 더욱더 해결의 길로부터 멀어지고, 현존하는 적대는 더욱더 극심해진다. 반대로 그 불화의 존재를 있는 그대로 보고, 그 불화를 야기하는 힘들을 냉정하게 추적하여 그것이 야기하는 고통을 조금이라도 줄일 방법을 찾는 세심한 시선이야말로 그 불화의 세계를 조금이라도 평온하게 살아갈 길을 연다.

선가에는 평지에 풍파를 일으키는 것을 우려하는 말들이 자주 보이지만, 사실 바람 없는 대기가 어디 있을 것이고 파도 없는 바다가 어디 있을 것인가. 탐욕과 분노, 적대와 갈등이 없기를 바라는 마음은 대기 중에 바람이 없기를 바라고 바다에 파도 없기를 바라는 것만큼이나 이룰 수 없는 망상일 뿐이다. 그런 망상이 갈등과 적대를 피할 수 없는 현재의 삶을 더욱더 힘들게 한다. 평온하고 고요한 삶은 그런 망상, 그런 욕망을 접지 않는 한 불가능하다. 평온하고 고요한 삶이란 그걸 바라는 마음을 끊을 때 가능한 것이다. 고요함과 평온함을 구하는 마음이야말로 평온한 삶을 교란시키는 최대의 장애다.

김행숙의 시 〈소란과 고요〉《《이별의 능력》》는 이런 마음을 살그머니 익살 섞인 문장들로 다루어놓는다. 먼저, 앞의 두 연.

백 년 동안 바람이 불었고, 그리고 바람이 아주 심한 날에 날아가지 않는 것들은 많지 않았다. 바람이 아주 심한 날에 날아온 것들이 다시 바람이 아주 심한 날에 날아가곤 했다.

마을의 돼지 떼가 날아가 버린 대낮에 나는 돼지보다 무겁다
는 사실을 알았다. 고요한 밤이 연기처럼 찾아왔을 때 나는
슬프다는 것을 알았다. 돼지야, 돼지야, 이제 나는 뭘 믿고 사
니? 나는 뭘 먹고 사니?

백 년 동안, 다시 말해 언제나 바람이 불었다는 말이다. 바람
에 날려가는 것들이 있고 날아 들어오는 것이 있는 게 우리 삶
이다. 그런데 마을의 돼지 떼마저 날아가버린 날, 그 바람에 '내'
가 날아가지 않았다면 이는 내가 돼지보다 무겁기 때문이다. 그
러니 슬프다. 돼지보다 무겁다니! 이제 나는 뭘 믿고 살 것인가?
이제 뭘 먹어야 돼지보다 무거운 처지를 벗어날 수 있을까?
4연은 반대로 바람 없는 고요한 날들에 벌어진 일을 다룬다.

바람이 불지 않는 날들이 계속되었다. 나는 빗자루를 잡고
서 있었다. 나는 비바람처럼 비질을 하면서 너무나 감미롭게
싸악, 이라고 발음을 했다. 벼이삭이 쓰러지고, 사과나무에서
떨어진 사과가, 배나무에서 떨어진 배가 향기를 피워올리며
썩기 전에 먼저 데구르르 상처를 내면서 쓸려나갔다. …

바람 없는 고요한 날에는, 내가 하는 비질이나 감미롭게 발음
하는 작은 소리에도 벼이삭이 쓰러지고 과일들이 떨어지고 상

처를 내며 쓸려나간다. 내가 하는 일거수일투족에 가까이 있는 것들이 다치고 망가진다. 그것들은 내가 얼마나 싫을까. 살기 위해 하는 나의 작은 언행조차 그럴 것이다. 고요함 속에서는 내 모든 언행이 내 인근의 고요를 깨는 평지풍파가 되는 것이다. 얼마나 부담스런 고요함인가! 그러고 보면 바람이 항상 분다는 것은 얼마나 다행스런 일인가.

약간 다른 애기가 되겠지만, 꽤 오래 전에 일본의 영화감독 한 분과 얘기를 하면서, 걸핏하면 사고 나고 걸핏하면 문제가 터져 나와, 나처럼 조용히 공부나 하면 좋겠다 하는 사람마저 시도 때도 없이 시위에 나가게 하는 한국이란 나라에 대해 욕을 한 적이 있다. 그랬더니 그분은 심각하고 근본적인 문제들이 있음에도 불구하고 '유능하신' 관리들 덕에 표면상으로는 별 문제 없어 보이기에 아무 생각 없이 사는, 그래서 어떤 근본적인 변화도 없고 변화를 위한 운동마저 사라진 당시 일본에 대해 '바카나 헤이와(馬鹿な平和)', 즉 '바보 같은 평화'라는 말로 '응수'했다. 평화로울 때가 없고 걸핏하면 싸우고 뒤집고 해야 하는 나라와 평화롭지만 중요한 것을 잊고 있어 어떤 것도 변할 것 같지 않은 나라, 어디가 더 좋을까?

이렇게 말을 주고 받으며 세상은 참 공평하다는 생각을 했다. 시끄러운 나라는 시끄러워서 문제고, 평화로운 나라는 평화로워서 문제고. 바꿔 말해도 된다. 시끄러운 나라는 시끄러워서 좋고, 평화로운 나라는 평화로워서 좋고. 하지만 그 감독은 바보 같은 평화에 대한 반감이 아주 확고했다. 그러니 그가 어디를 더 좋다고 했을지는 분명하다. 생각해보면, 아무 일 없이 매일매일이 그게 그거인 평화로운 천국의 삶이, 매일매일이 소란스러운 지금 사는 나라보다 더 행복할까 싶다. '할 일 없는' 경지에 가보지 못한 처지이기에 하는 바보 같은 말이겠지만, 그런 천국은 정말 심심할 거 같다.

따로 조화로운 세계를 찾지 말고 따로 고요한 곳을 찾지 말라는 말은 사실 이해하기 어려운 말도 아니고, 또 많이들 알고 있는 말이다. 그러나 많이들 알고 있음에도 불구하고 심오한 깊이를 가진 이들도 어느새 잊고 마는 말이기도 한 것 같다. 가령 하이데거는 근대 과학기술의 지배를 쉽게 넘어설 수 없으며 '고향상실'—조화로운 공동체의 와해—을 극복하는 것 또한 쉽지 않음을 잘 알고 있었지만, 어느새 사방四方이 합일된 세계를 반복하여 설파하고, 그런 세계를 위해 시를 짓는 것을 지고한 존재론적 삶이라고 가르친다. 또 고요한 곳을 찾지 말고 시장 속으로, 밥을 벌어먹는 세상 속으로 들어가라는 선사들의 가르침을 잘 알고 있음에도, 고요한 곳을 찾아 산속으로 올라가 내려오지 않고, 오랜 기간 앉아 있는 것을 자랑스런 경력으로 삼는 선객들 또한 적지 않다.

예전에 가까운 친구에게 해인사 인근 어딘가 절 구경 갔다가

설법하는 고양이와 부처가 된 로봇

팻말을 보지 못한 채 선방 근처에 갔다가 큰 곤욕을 치렀다는 얘기를 들은 적이 있다. 선방인 줄 몰랐기에 지나가다 동행한 사람과 서서 얘기를 하는데, 얘기가 좀 길어졌던 모양이다. 그러자 선방에서 참선을 하던 이들 중 한 분이 튀어나와 저 팻말 안 보이냐고, 여기 왜 들어왔냐고, 참선하는 데 시끄럽게 떠든다고 사납게 쌍욕을 해대는 바람에, 찰싹 엎어져 한참을 사죄한 끝에 간신히 살아나왔단다. 들어오지 말라는 선방 근처에 들어가 수다 떤 것을 잘했다 생각하진 않지만, 그게 시끄럽다고 튀어나와 사납게 욕을 해대는 선객보다야 더 소란스러웠을 것 같진 않다. 고요함을 찾는 마음의 크기가 소란을 견디지 못하고 내지르던 그 욕설의 크기로 표현되었을 것이다. 그걸 생각해보면, 걸핏하면 싸우고 서로에게 상처를 주며 요란하게 깨지고 하는데도 반복하여 공동체를 만들고 불화를 견디며 사는 나나 동료들이 대견해보인다.

운문의 말을 속인의 짧은 생각을 정당화하는 데 끌어들이고 싶지는 않다. 그러나 평화롭고 고요한 세계란 게 어디 따로 있을 수 없다면, 불화와 적대의 소란스럽고 분열된 세계에서 흔들림없이 사는 법을 찾지 않고선 평화와 평정이란 있을 수 없음은 분명하다. 물론 찢겨지고 적대적인 세계에서 평정을 유지하며 살기는 결코 쉽지 않으며, 시장판에서 오래 산다고 번뇌의 세계 속에서 고요하게 사는 능력이 생기지도 않는다. 돈과 경쟁, 적대와 충돌을 따라다니며 더 그것들에 끌려다니기 십상이다. 그래서 선방에 앉아 행을 닦는 것이 필요한 것일 게다. 그러나 선정을 닦는 것이 고요한 세계에 계속 머물러 있다면, 이 시끄러운 시장판에서, 어느새 적대로 치달리곤 하는 이 세계 속에서 묘희세계와 함께 쉽게 부서지고 마는 건 아닌지 생각해볼 일이다.

한 스님이 조주에게 물었다.

"무엇이 정定입니까?"

"정定하지 않은 것이다."

"무엇 때문에 정하지 않다 하십니까?"

"살아 있는 것, 살아 있는 것이기 때문이다."(《조주록》, 58~59)

설법하는 고양이와 부처가 된 로봇

●

제12장

귀향, 혹은 부모도 태어나기 전의 고향

●

본래면목本來面目과 고향의 지질학

01
고향을 잃은 자와
잃을 고향도
없는 자

'고향'이란, 지금도 귀향을 하게 하는 어떤 힘, 흔히 그리움이나 정겨움 같은 것과 결부된 분위기가 함축되어 있는 말이다. 그래서 태어난 곳을 지칭하는 '본적지本籍地'라는 행정적 단어와 달리 고향은, 딱히 돌아갈 곳이 없는 사람조차 그리움의 뉘앙스를 갖고 사용한다. 끔찍한 체증의 고통을 견디며 매년 반복해야 할 '일'이 된 '귀성' 내지 '귀향'조차 긍정적 어감을 갖는 것이 이 때문일 게다.

그러나 그 고향에 사는 이들이나 떠난 적 없는 이들이 '고향'이란 말에서, 혹은 고향에서 그리움이나 정겨움을 느낄 수 있을까? 그럴 것 같지 않다. 고향에서 그리움이나 정겨움을 느끼는 사람은 정작 거기 사는 이들이 아니라 거기를 떠난 이들이다.

설법하는 고양이와 부처가 된 로봇

마치 어느 산골에서 풍경의 아름다움을 발견한 것은 그곳에 사는 이가 아니라 외지인이었듯이. 거기 사는 이들에게 그곳은 자신이 살아가야 할 환경(surrounding)일 뿐이다. 풍경이란 그 환경에서 거리를 두고 바라볼 때 포착되는 것이다. 고향의 그리움이나 정겨움 또한 그로부터 거리를 두지 않고선 느낄 수 없는 것이다. 거기 사는 이들에게 고향은, 만약 그곳이 깊은 시골이었다면 더 그럴 터인데, 정겨운 곳이라기보다는 떠나고 싶은 곳일 가능성이 크다. 새로운 삶의 가능성을 위해, 어쩌면 실패로 끝날 꿈을 위해 떠나고 싶은 곳. 고향에 대한 그리움도, 귀향에 대한 소망도 고향에 속한 감정이 아니라 고향을 떠난 자에게 속한 감정이다.

고향에 그리움이나 정겨움이란 뉘앙스가 바싹 달라붙은 것은 필경 근대화 초기, 혹은 자본주의 초기일 것이다. 그 이전에도 종종 수행이나 여행, 순례나 방랑 등으로 고향을 떠나는 이들은 있었지만 대개는 소수의 예외에 불과했다. 더구나 근대 이전에 농민들은 토지에 매인 존재여서, 자신이 태어난 땅을 대개는 떠나고 싶어도 떠날 수 없었다. 토지를 떠난다는 것은 유랑민 내지 부랑자가 되어 떠도는 삶 속으로 들어감을 뜻했다. 중세 도시는 그렇게 토지를 버리고 도망친 이들이 모여서 만든 것이었다. 근대화 초기의 대도시는 일자리를 찾아 고향을 떠난 이들이 모여드는 곳이었다. 도시에서의 삶이 힘들 때면 떠나온 곳의 풍경이 정겹고 그립게 떠올랐을 것이다. 떠나올 때의 꿈과 자존심 때문에 돌아가기 쉽진 않지만, 필경 그럴 때면 돌아가고 싶었을 것이다. 그리고 그것을 '고향'이라고 명명했을 것이다. 태어난 곳을 떠나본 적 없는 이에게 '고향'이라 부를 곳이 따로 있을 리 없다. '고향'이란 농촌 아닌 도시의 발명품이다.

고향상실에 대한 향수에 사로잡혀 사유하던 사람들이 있었다. 헝가리 출신의 문예이론가 루카치(1885~1971)는 개인과 전체가 통일되어 있던 시절, 공동체 안에 신분이나 계급의 분열이 없던 시절이 끝나버렸음을, "하늘의 별을 보며 길을 찾을 수 있는 시절은 행복하였노라!"라는 향수 어린 감탄문으로 표현한 바 있다(《소설의 이론》). 서사시가 모두를 하나로 모아주던 시절은 끝나버리고 산문의 시대가 시작된다. 근대가 소설의 시대가 된 것은 이런 연유에서였다고 그는 진단한다.

고향상실의 상황에 대해서 누구보다 명확하고 강렬한 문제의식을 표명했던 것은 하이데거였다. 그는 철학이란 그런 향수에 사로잡힌 기분 속에서 하는 것이라고, 그런 기분에 의해 사유의 방향을 잡는 것이라고 단언한다(《형이상학의 근본개념들》). 그는 인간이란 고립된 존재자가 아니라 '세계-내-존재'라고 하는데, 이때 세계란 근본에서는 고향을 뜻한다. 우리가 그 안에서 사는 세계가 바로 고향이다. 마치 물고기의 물과 같아 있을 땐 있음을 알지 못하고, 상실의 사태에 직면해서야 그것이 있었음을, 그러

설법하는 고양이와 부처가 된 로봇

나 상실되었음을 느끼게 되는 것, 그게 바로 고향이다. 그가 말하는 '존재'란 이처럼 내가 존재자로 살아갈 수 있게 해주는 물이나 대기 같은 것이다. 나중에 가선 그것을 나를 둘러싼 세계, 즉 내 머리 위에 펼쳐진 대기와 하늘, 내가 발 딛고 사는 대지, 그리고 하늘과 땅 사이에 존재하는 수많은 '신'들이 모여들어 있는 곳이라고 말한다. 여기서 나란 인간, 즉 죽음의 의미를 아는 자란 뜻에서 그가 '죽을 자'라고 부르는 존재자다. 존재한다는 것은 하늘과 대지와 신, 그리고 인간이 서로를 돌보고 걱정하며 함께 거주하는 것이다(〈건립함, 거주함, 사유함〉, 《강연과 논문》).

거주의 터전이나 장소뿐 아니라 하나의 사물에서도 그는 이처럼 '사방四方(하늘, 땅, 신, 죽을 자)'이 모여들어 있음을 본다. 릴케의 시에서 그는 포도주 안에는 하늘에서 내려준 비가, 그 비가 스며든 대지가, 대지에서 솟아난 샘물이, 그 샘물을 둘러싼 바위가, 그 술이 바쳐지게 될 죽은 자들이, 그리고 그것을 붓고 바치는 인간이 깃들어있음을 본다. 신에게 붓는 술에는 그렇게 사방이 하나로 포개져 머물고 있다. 사방이 서로에게 선사하는 행위가 네 겹으로 포개져 있다(〈사물〉, 《강연과 논문》).

이런 점에서 죽은 자나 신에게 바치는 헌주獻酒는 술집에서 마셔대는 술과 다르다. 헌주처럼 사방 세계가 모이며 포개어져 머물게 되는 한에서만 사물은 진정한 '사물'이다. 마찬가지로 올바른 삶이란 하늘과 땅과 신과 인간들이 하나로 모여들어 서로를 떠받치고 걱정해주는 거주의 장소를 만드는 것이다. 마치 다리(橋)가 분리된 땅을 모아주고 하늘과 강과 대지를 하나의 풍경으로 모아주며, 다리로 연결된 장소로 인간들을 모아들이듯이. 이런 방식으로 그는 근대의 과학기술로 인해 상실된 고향을 되찾고자 한다. 하늘과 대지를 걱정하고 보살피고 보호하며 살라는 것, 그것이 존재가 인간에게 보내는 전언이라는 것이다.

하나의 장소에 사방세계를 모아들도록 하고, 하나의 사물에 사방세계가 포개지며 모여들게 하려는 이런 발상에 화엄적 사유의 영향이 배어있음을 아는 것은 어렵지 않다(하이데거가 일본인 제자들을 통해 노자나 선, 화엄 등 동양사상에 대해 알게 된 바 있음은 잘 알려진 사실이다). 시방삼세十方三世의 우주가 겨우 4개의 존재자로 세운 '사방'으로 축소되었다는 것은 아쉬운 일이지만, 이는 먼지 하나나 인간이나 호랑이나 돌멩이 모두에게서 각이한 우주를 보던 것과 달리 '신성'이나 '자연성'을 잃은 대부분의 사물들을 '사물'이 아니라며 밀쳐낸 것에 비하면 아주 사소한 문제. 덧붙이면, '죽음으로 미리—달려가—보는' 영웅적 결단을 말하던 초기의 입장과 달리, 고향상실을 극복하는 것조차 닦달하고 억지로 얻으려 하기 보단 그저 '내맡김(Gelassenheit)'에 의해 이루어야 한다고 하는 후기의 사유에선 노장의 '무위' 이상으로 조주의 '내려놓으라(放下着)'라는 말의 진동이 더 강한 배음背音이 되어 울리고 있음이 감지된다.

설법하는 고양이와 부처가 된 로봇

노년의 하이데거가 그토록 좋아했던 시인 횔덜린(1770~1843)의 시 〈귀향〉은 '사방'이 서로를 걱정하며 서로에게 존재할 수 있도록 무언가를 선사하는 이런 '하나된' 고향의 모습이 확연하게 그려져 있다. 하이데거의 저서 《횔덜린 시의 해명》의 첫 번째 글은 이 시에 대한 분석이다. 첫째 연은 먼저 하늘이 선사하는 장면들로 시작한다.

알프스 산맥 한가운데에는 아직도 밝은 밤인데, 구름은
즐겁고 기쁜 것(Freudiges)을 노래하며, 입 벌린 계곡을 뒤덮고
있다.
그리로, 그곳으로 유쾌한 산 공기는 광란하듯 밀려들고,
전나무 가지 사이로 한줄기 빛이 가파르게 내리비치다 사라
진다.

마치 중개자인 양 새가 창공에 머물러 낮을 부르면 인간들이, 인간의 마을이 깨어나 화답한다. "그곳 골짜기 깊은 마을도 이제 잠에서 깨어나/두려움 없이, 지고한 것을 신뢰하면서, 정상을 우러러본다." 2연은 여기에 대지가 응답하며 시작된다. 대지에 속하는 그 높은 봉우리의 빛 속에는 "도시마다, 가옥마다/진정한 축복을 선사하는" 지복의 신이 살고 있다.

저 드높은 봉우리들은 은빛으로 고요히 빛나고,
그 위 설광雪光은 온통 장밋빛으로 물들었다.
더 높은 곳 저 빛 위에는 순수한 지복의 신이
성스러운 햇살의 유희를 즐기며 살고 있다.

이것이 고향이다. 아무 물건이나 '사물'이 아닌 것처럼, 고향 또한 단지 내가 태어난 곳이나 조상들이 살던 곳을 뜻하지 않는다. 그것은 오히려 이렇게 '사방'이 서로에게 무언가를 선사하며 어울리고 포개지는 곳을 뜻한다. "정녕 그렇다! 이곳이 출생지, 고향 땅이다."(4연) 귀향이란 고향을 찾아가는 것이다. 그러나 그것은 그가 태어난 곳이 아니라 바로 이처럼 사방이 서로를 걱정하며 서로에게 존재를 선사하며 모여드는 곳에 있다. "그대가 찾는 것, 그것은 가까이 있고 이미 그대와 만나고 있다."

휠덜린은 고향이 가까이 있고 이미 우리와 만나고 있다고 하지만, 가령 서울이나 베를린 같은 대도시에서라면 어떨까? 거기에도 이미 있다고 할까? 휠덜린은 모르겠지만 하이데거가 어떻게 말할지는 잘 알려져 있다. 그는 베를린대학의 초청을 거절하면서 '우리는 왜 시골에 거주해야 하는가?'라는 강연을 한다. 대도시의 좋은 대학 대신 숲속을 산책하며 사유하는 삶을 선택한다. 그에게 대도시란 고향 아닌 곳, 고향상실의 장소일 뿐이다. 지금의 베를린도, 그때의 베를린도.

설법하는 고양이와 부처가 된 로봇

지금 한국이 그렇듯, 근대화와 공업화가 충분히 진행되면 시골에는 적은 수의 노인들만 남게 된다. 남한 인구의 절반이 서울, 하나의 대도시에 모여 산다. 우리는 그렇게 대도시에서 태어나고 대도시에서 자란다. 그렇기에 우리에겐 고향이 없다. 고향이 없으니 잃어버릴 고향도 없다. 고향상실의 분노와 향수도 없고 귀향의 소망도 없다. 고향에 대한 그리움은 그저 단어 속에 남은 과거의 그림자일 뿐이다. 명절이면 보게 되는 대대적인 귀성의 물결 속에서조차 정겨운 고향에 대한 그리움 같은 건 찾아보기 어렵다. 의무화된 귀향이 휴가를 위한 여행으로 바뀌게 된 것은 꽤나 오래전의 일이다. 이런 이들에게 고향상실을 비판하며 그것의 극복을 요청하는 하이데거의 호소는 어떻게 들릴까? 현재 자신의 삶의 터전인 대도시를 떠나 시골을 찾아가란 말일까? 거기 가서 고향을 만들라는 말일까? 그게 아니면 대도시 그 자체를 저렇게 사방이 모여들며 합일되는 거주의 장소로 만들라는 말일까? 이는 하이데거조차 가능하리라고 생각하지 않을 듯하다. 어떤 것도 아니라면, 고향상실에서 시작하는 철학이 가리키고 있는 곳은 대체 어디일까? 귀향이란 어디로 돌아가는 것이며, 고향이란 대체 어떤 것일까?

02
지리학적 고향에서
지질학적 고향으로

고향이란 말에서 아직도 강한 그리움과 향수를 느끼는 이들은 실향민들일 것이다. 고향은 이미 우리 곁에서 사라져갔지만, 고향을 잃은 이들은, 그들의 그리움과 고통은 여전히 우리의 눈과 귀 가까이에 있다. 저기 멀지 않은 곳에 고향이 있지만 철조망 친 군사분계선 때문에 돌아갈 수 없는 이들, 혹은 이런저런 이유로 자신이 태어난 나라를 떠나 외국에서 살게 된 이들도 있다. 그들은 심지어 한국에서 태어나지 않았어도 한국을 고향이라 느낀다. 이때 '고향'이나 '고국'이란 외지에서의 힘겨운 삶을 씻겨주고 보듬어줄 어떤 편안함과 포근함 같은 의미를 함축하고 있다. "누구나에게 겨울을 위하여" 갖고 있을 법한 "한 개 쯤의 외투" 같은 것(기형도, 〈조치원〉, 《입 속의 검은 잎》). 하지만 '고향'이나

'고국'이 실제로 그런 걸 줄 수 없다는 안타까운 사실은 이젠 다들 잘 알고 있을 법하다. 그럼에도 귀향의 소망은 실향민들의 주위를 짙은 안개처럼 감싸고 있는 것 같다. 하지만 고향에 대한 향수와 귀향의 소망이 어떤 강도를 갖는다면, 그것은 흔히 생각하는 귀향의 어려움보다는 지금 사는 곳에서 겪는 삶의 고통이나 핍박, 혹은 외로움 때문일 것이다. 현행의 고통이, 그런 고통이 없으리라 상상되는 피안에의 그리움을 낳는 것일 터이다.

하지만 가령 1960년대 재일조선인들이 느끼던 고향에 대한 그리움을 단지 일본생활에서 감수해야 했던 고통의 음각화陰刻畵라고만은 할 수는 없다. 많은 이들이 강제징용에 의해, 혹은 먹고 살 것을 찾아 어쩔 수 없이 고향을 떠났고, 그렇게 떠난 고향이 바다 건너편 바로 저기에 있었으니까. 그것이 재일조선인의 '북송운동'을 가능하게 했던 '근본기분(Grundgemut)'이었을 게다. 니이가타(新潟)는 그 북송선이 떠나던 도시였다. 4·3항쟁으로 밀항해서 도망쳐, 환영받지 못하는 일본에서의 삶을 살았던 재일 시인 김시종金時鍾은 이를 잘 안다. 그러나 '조국'이란 말로 쉽게 환기되는 그런 귀향조차 많은 경우 고통스런 현재의 피안을 찾는, 고통 없는 낙처樂處가 저기 있을 것이라는 안이한 희망의 짝임 또한 잘 안다.

항상

고향이

바다 건너편에

있는 자에게

어느새

바다는

소원으로밖에

남지 않는다.

《니이가타》, 글누림, 93)

더욱 난감한 것은 그들이 돌아가게 될 고향은 그들이 떠나온 고향과 결코 동일할 리 없다는 냉정한 현실이다. 지명의 동일성이 고향의 동일성을 보증해주지는 못하는 것이다. 예전에 함께 살던 이들은 대부분 이런저런 이유로 떠났을 것이고, 남은 이들조차 전과 같을 리 없다. 떠날 때와 다른 정치적 경제적 조건이 그곳을 다른 땅으로 만들었을 테고, 심지어 향수 속에 떠올리던 산과 들판의 '풍경'마저 같은 모습일 가능성이 없다. 남이든 북이든 '발전'이나 '개발'의 욕망을 따라 자신이 살던 땅을 아주 빠른 속도로 바꾸어간 시간을 꽤나 길게 보냈으니까. 그렇기에 그런 귀향은 부재하는 고향으로, 또 하나의 타향이 된 땅으로 되돌아가는 게 될 것임이 분명하다.

그처럼 다른 모습이 된 땅, '고향상실'이란 말처럼 망가지고

상실되어버린 그 땅 또한 고향이라 해야 할까? 여전히 고향에 대한 그리움을 갖고 귀향을 소망한다면, 그렇게 바뀌어버려 당혹스레 대면하게 될 그곳으로 돌아가야 할까? 사실 세상만사가 무상한 변화 속에 있다면, 예전에 떠나온 곳으로 돌아가려는 시도란 이처럼 실패할 수밖에 없다고 해야 하지 않을까. 그렇다면 귀향이란 본질적으로 실패할 수밖에 없는 소망 아닌가.

낙포원안洛浦元安(834~898)은 이를 잘 알고 있다. 낙포에게 어떤 학인이 물었다.

"제가 고향으로 돌아가려 하는데, 어떻게 생각하십니까?"

"집은 허물어지고 가족도 흩어졌거늘 그대는 어디로 돌아가겠다는 말인가?"(《정선 공안집 2》, 1,101)

그렇다. 고향의 풍경이 달라지지 않았다 해도, 이미 자신이 떠나왔던 것처럼 다른 가족들 또한 떠나서 흩어졌을 것이고, 집은 더 이상 예전의 그 집이 아닐 것이다. 물론 여기서 학인이 돌아갈 곳을 찾으며 묻는 '고향'이란 단지 지리적인 땅으로서의 고향은 아니다. 그것은 혜능이 말했던 '부모도 태어나기 전父母未生前'의 탄생지, '본래면목'이라고 부르는 본원적인 고향이다. 만법의 근원이 되는 곳이다.

이는 수행자가 귀의해야 할 본원의 '도'나 불법을 묻는 질문이지만, 역으로 흔히 말하는 '고향'이란 말에 대해서 근본적으로 다시 생각하게 하는 질문이기도 하다. 낙포에게 물었던 학인도 그랬지만, 자신이 살던 생활의 장을 떠나 고향으로 가겠다며 북송선을 탔던 이들이나, 고향상실에 대한 향수 속에서 존재를 사유하고자 했던 하이데거에게나 모두 되던져져야 할 질문이다. "집은 허물어지고 가족도 흩어졌거늘 어디로 돌아가겠다는 말인가?" 아니, 돌아가겠다는 고향이라는 게 있기는 한 것인가.

귀향하는 이들이 돌아가고자 하는 고향이란 무엇인가? '내'가 태어난 땅? 그것만으론 떠나온 곳으로 애써 돌아갈 이유가 되지 못한다. 앞서 말했듯이 멀리 떠난 사람들을 당기는 정겨움과 그리움의 힘을 갖고 있는 곳이 고향이다. 정겨움과 그리움이 거기 맴돌고 있다면, 그건 거기에 그리운 사람들이 있고 익숙한 산과 내, 논과 밭이, 나무와 풀이 있는 곳이란 생각 때문이다. 그러나 남한도 그랬겠지만, 북송선을 타고 귀향한 이들이 당도한 곳은 정확하게 낙포 말대로 집은 허물어지고 가족은 흩어진 곳일 게다. 떠나올 땐 일본의 식민지였던 땅이었으나 돌아갈 곳은 사회주의 정권이 지배하는 땅이었으니, 사람이든 땅이든 예전의 모습은 자취도 찾아볼 수 없을 것이다. 그래도 그곳이 고향이라 믿고 가는 것은, 그곳이 바로 나의 '조국', 나와 내 가족만이 아니라 내 '할아버지'가 살던 곳이고 나의 '조상'이 살던 곳이란 생각 때문일 게다.

그러나 장편시《니이가타》에서 김시종은 '조상'을 찾아가려면 제대로 찾아가야지 그 정도 갖고 되겠느냐 반문하는 것 같다.

조상이란 나를 낳아 존재하게 해준 '기원'을 뜻한다. 그렇다면 조상을 찾아 거슬러 올라가는 것을 단지 할아버지에서 멈추는 건 어리석은 일이다. 할아버지의 할아버지…를 찾아 계속 거슬러 올라가야 한다. 신학이 아니라 과학을 따른다면, 그 '기원'은 신이 아니라 나의 유전자를 통해 이어진 인간 이전의 유인원, 그 유인원 이전의 어떤 생물로까지 거슬러 올라가야 한다. 모든 생물의 발생적 기원인 박테리아까지는 그만둔다고 해도, 최소한 동물들의 폭발적인 탄생이 있었던 고생대의 캄브리아기까지는 거슬러 올라가야 한다.

> 아내가
> 고생대의
> 조용함 가운데서
> 서성대고 있다.
> 《니이가타》, 68)

그렇다면 나의 조상이 탄생한 땅은 지금 내가 이름을 알고 있는 지리적 장소가 아니라, 인류의 기원이 된 동물들이 살던 땅, 이름도 없고 국경도 없어 '조국'이란 말이 아무 의미가 없는 지구상의 어떤 땅이다. 그건 우리가 잠깐 거슬러 올라가다 마는 지리적 고향이 아니라, 〈창세기〉의 신이 세상을 창조했다는 6천

년보다 훨씬 긴 시간, 5억 7천만 년의 시간을 거슬러 올라가야 도달하는 지질학적 고향이다. 거기서 우리가 발견하는 것은 어떤 지리적 명칭도 붙여지기 이전의 지구다. 지구가 바로 우리의 고향이다. 지구상의 어디든 고향인 것이다! 그에 비하면 겨우 백 년 정도의 역사만을 갖는 '조국'이란 얼마나 초라하고 불완전한 고향인가. 그렇다면 그런 '조국'을 위해, 그런 '고향'을 지키기 위해 서로 싸우는 것은 얼마나 어리석은 단견인가. 그런 고향을 위해 '죽음으로 미리—달려가—보는 결단'을 요구하는 것(하이데거, 《존재와 시간》)은 얼마나 맹목적인 성념인가!

사방세계가 서로를 걱정하고 배려하며 합일된 하이데거 말년의 고향은 어떠한가? 지구를 지키려는 마음을 환기시키는 지질학적 고향이 거기 있다고 해야 할까? 그러나 죽은 자들이 신이 되어 인간을 지켜주고 죽을 자인 인간이 하늘과 땅을 보호하며 거주하는 하이데거의 '사방' 세계란 '민족의 시간'을 넘지 못한다. 길게 잡아도 만 년 단위의 시간을 넘지 못한다. 단군을 끌어들인 신화의 시간조차 5천 년의 시간을 넘지 못하고, 야훼가 창조한 세상의 시간조차 6천 년을 넘지 못하지 않는가! 겁劫의 시간을 거슬러 올라갈 줄 아는 스케일이 없다면, 고향이란 자신이 기억하는 어떤 시간, 자기와 가족, 이웃들이 땅을 갈고 씨를 뿌려 대지로부터 식물을 키워내던 얼마 안 되는 시간을 벗어나지 못한다. 그런 고향이란 자신이 기억하는 '장소'를 뜻할 뿐이다.

하이데거가 횔덜린을 빌어 말했던 귀향을 특정 장소로 되돌아감이 아니라 어디서나 고향을 만들어야 함을 뜻한다고 하면 어떨까.? 그러나 그때 돌아갈 고향이란 하이데거 자신이 좋다고 믿는 어떤 상태를 뜻할 뿐이다. 어느 경우든 이런 고향이란 '자신'이 기억하거나 그리워하고, '자신'이 좋다고 믿는 형상에 불과하다는 점에서 '아상我相'의 한 조각은 아닌지 질문해야 한다.

03
본래면목,
부모 이전의
고향

"부모도 태어나기 전 내 자신의 본래면목은 무엇인가"를 묻는 혜능의 질문을 나는 이런 맥락에서 이해하고 싶다. 내 자신의 본래면목을 내 자신 안에서 찾는 것은 내가 갖고 있는 것, 내가 익숙해 있는 것에서 본래면목을 찾는 것이니, 언제나 아상我相이나 아소상我所相만을 재발견하게 될 뿐이다. 내가 돌아가야할 '고향'을 내가 익숙한 것에서 찾는 것과 다르지 않다. 그래서 그는 내 자신의 본래면목을 나는 물론 부모도 태어나기 전으로 거슬러 올라가도록 묻는다. 내 자신의 본래면목이 부모 이전에 있다니, 이 얼마나 놀랍고 당혹스런 질문인가! 부모 이전이라 했으나 거기서 할머니 할아버지를 들이대는 것은 바보짓이다. 그들의 본래면목 또한 그들의 부모 이전에 있음을 함축하는 말이

설법하는 고양이와 부처가 된 로봇

기 때문이다. 서양인처럼 신으로 거슬러 올라간다면, 그 신의 본래면목조차 신의 부모 이전에서 찾으라는 말이다. 생물학적 발생을 따라간다면, 이 질문은 인간 이전으로, 유인원 이전으로 계속 거슬러 올라가게 한다. 어떤 것도 그것을 탄생하게 한 부모 이전으로 거슬러 올라가게 한다. 그때 우리는 어디에 도달하게 될까? 필경 생명체 탄생까지 가야 한다. 35억 년 이전의 지구? 아니다. 최초의 생명체가 출현한 곳에 이르렀다면, 그것의 부모 이전으로 다시 가야 한다.

결국 우리가 도달하게 되는 것은 어떤 거슬러 올라감도 불가능하게 되는 지점이다. 모든 존재자 이전의 존재, 모든 유 이전의 무가 아마도 그것일 게다. 그러나 그것은 그저 없음을 뜻하는 무가 아니라, 모든 유가 탄생할 수 있었던 무, 수많은 존재자들의 잠재적 싹을 포함하고 있기에 어느 하나로 명명할 수 없는 무이다. 중관학 개념으로 바꾸어 말하면 그건 바로 '공'이다. 공이란 불변의 본성이 없기에 조건에 따라 어떤 것도 될 수 있는 무규정성이니까. 그런데 여기서 또 다시 중요한 반전이 이루어진다. 만약 부모도 태어나기 전의 고향이 공이라면, 시간을 거슬러 올라갈 것도 없지 않은가. 지금 여기 존재하는 모든 것이 그런 무규정성으로서의 공을 잠재성으로 안고 있으니. 부모도 태어나기 전의 고향은 지금 여기의 나 자신에게도 있는 것이다! 그런 점에서 '거슬러 올라감'이란 시간을 거슬러 올라감이 아니라 지금 현재의 규정성을, 지금 현재의 연기적 조건을 거슬러 올라감이다. 그렇다면 고향으로 돌아감 또한 시간적 기원의 장소를 찾아가는 게 아니라 모든 규정 이전의 잠재성을 찾아가는 것이라고 해야 한다.

장자라면 어떤 거슬러 올라감이 불가능하게 되는 지점이란 무라고 답했을 것이다. 만물이 생겨나게 한 '하나' 이전, 그 미분화된 하나가 생겨나게 된, 유도 없고 이름도 없던(無有無名) 태초의 무라고(《장자 2》, 169). 하지만 이 무는 그저 '없음'은 아니다. 그저 없음이라면 아무것도 낳을 수 없기 때문이다. 그건 차라리 '혼돈'이다. 어떤 구멍도 생기기 이전의 혼돈混沌(《장자 1》, 343), 아무런 규정도, 제한도 없는 혼돈. 그렇기에 언제나 어두움 속에 숨어 있는 도, 현도玄道이다. 장소도 없고 시간도 넘어선 만물제동萬物齊同의 세계. 도를 말하는 대인大人의 가르침은 "메아리 없는 곳에 머물며 일정한 장소를 가리지 않고 움직이며, 그대들을 데리고 어지럽고 혼돈한 카오스(撓撓)로 왕복하는데, 한없이 노닐며 출입함에 일정한 장소가 없으며 해와 함께 시간의 흐름을 초월하며, 그 말과 몸이 커다란 만물제동의 세계와 부합한다."(《장자 2》, 131) 나중에 다시 보겠지만, 조주에게 "만물은 하나로 돌아가는데, 그 하나는 어디로 돌아갑니까" 하고 물었던 스님이 염두에 두고 있었던 것이 아마도 이것일 게다.

앞서 고향으로 돌아가겠다는 학인에게 한 낙포의 대답은 집이 허물어지고 가족도 흩어졌는데, 그게 그대가 돌아가고자 하는 곳인가, 그게 그대가 말하는 고향인가 반문하는 것이다. 어디로 돌아가겠느냐는 물음은 그대가 생각하는 고향이 대체 어디 있겠느냐는 말이기도 하다. 그러자 학인이 다시 말한다.

"그렇다면 돌아가지 말라는 말씀이로군요."

"뜰 앞에 남아 있는 눈은 햇볕이 녹이지만, 방 안에 날리는 먼지는 누구를 시켜 쓸어 없앨까?"

말해보라, 낙포의 말은 돌아가라는 말인가 돌아가지 말라는 말인가? 일단 말만으로 보자면, 방 안에 날리는 먼지를 쓸어 없애려면 누군가 있어야 한다는 말이니, 집은 허물어지고 가족은 떠났지만 가서 그렇게 허물어진 집에 먼지라도 쓸어주라는 뜻이다. 즉 고향으로 돌아가라는 말이다. 그러나 단지 "고향이 예전 같지 않겠지만 그래도 돌아가서 고향을 돌보며 살아라"라는 뜻이라고 한다면 크게 오해하게 된다. 뜰에 남은 눈은 햇볕이 녹여주지만, 사람이 살지 않아 방 안에 날리는 먼지는 누구도 쓸어주지 못하리라는 말이기도 하기 때문이다. 고향이라고 하지만 집도 가족도 무상하여 먼지 날리는 것으로 변하게 마련이니 따로 고향이라 할 곳을 찾는 것이 부질없다는 뜻이기도 하다. 요컨대 고향으로 돌아가라는 말이기도 하지만 동시에 돌아갈 곳이 따로 있지 않다는 말이기도 하다.

본래면목이라 해도 마찬가지다. 변하지 않는 고향 같은 그런 본래면목은 없다. 그러니 따로 찾아갈 고향이 없듯이, 따로 찾아 갈 본래면목은 없다. 그러나 탐심과 치심, 분심에 끄달리며 사는 현재의 삶이 본래면목이 아님은 분명하다. 따라서 본래면목을 찾아, 고향을 찾아 돌아가야 한다. 가서 방 안에 날리는 먼지를 쓸고, 번뇌들을 쓸어 없애주어야 한다. 그것은 뒤집어 말해 먼지 날리는 곳이라면, 쓸어주어야 할 것이 있는 곳이라면 모두 돌아 가야 할 고향이란 말이다. 먼지 날리는 삶을 넘어서지 못하는 한, 따로 고향을 찾아가고 따로 산속에 틀어박혀도 거기는 고향 이 될 수 없다. 본래면목의 자리가 아니다. 반대로 그런 삶을 넘 어설 수 있다면 따로 어디 안 가도, 선 자리 앉은 자리가 바로 본래면목이란 말이다.

그러나 이 말에 만족할 순 없다. 이것뿐이라면 낙포의 말은 사실 육조가 말하려는 본래면목보다는 거울에 먼지가 쌓이지 않도록 매일 열심히 닦으라는 신수의 게송에 더 가까이 있는 게 되기 때문이다. 낙포도 이를 잘 알고 있었던 것 같다. 비록 학인 의 질문에 답하기 위해 자신을 '낮추어' 방 안에 날리는 먼지를 누가 쓸어줄까 했지만, 혹시라도 오해할까 싶어 다음과 같은 게 송을 덧붙인다.

뜻을 굳혀 고향으로 돌아가고자
배를 타고 오호五湖를 건너노라.

삿대를 잡으니 별과 달이 숨고
노를 멈추니 해가 밝도다.
닻줄을 풀고 삿된 언덕을 떠나서
돛대를 달고 바른 길 향해 떠나네.
도달하고 보니 집은 깨끗이 쓸려 사라졌고
집안에서 어리석음 저지를 일도 면했도다.

《정선 공안집 2》, 1,101)

도착해보니 집이 깨끗이 쓸려 사라졌다 함은 집이라고, 고향
이라고 따로 말할 것이 없었음을 뜻한다. 그러니 집안에 들어가
먼지 쓰는 어리석음 또한 면했다는 말이다. 즉 먼지를 쓸어 없애
깨끗이 해야 할 것이 따로 없다는 말이니, 본래 한 물건도 없으
니 먼지 앉을 곳이 어디 있겠느냐는 육조의 가르침과 부합한다
하겠다.

　본래면목이란 본래 청정하여 어떤 것도 오는 대로 비추어주
는 거울 같은 것이니, 스스로 텅 비어 있기에 오는 조건을 있는
그대로 비추어 줄 수 있다. 그렇게 조건에 실려 오는 바에 따라
어떤 것도 될 수 있는 공이라 해도 좋을 터이다. 또한 그것은 어
떤 말이나 규정이 달라붙을 수 없기에 '혼돈'이라 하겠지만 모든
것을 배태하고 있으니 그 모든 것을 낳는 '도'라고 해도 좋을 것
이다. 조산이 스승 동산洞山(807~869)을 떠나며 했던 말도 이와

같은 것일 게다.

조산이 동산에게 작별인사를 하자 동산이 물었다.

"어디로 가려 하는가?"

"변함이 없는 곳으로 가려 합니다."

그러자 동산이 "변함이 없는 곳에 어찌 가는 것이 있겠는가?"라고 물었다. 변함없는 곳이 어디 있겠느냐는 낙포의 응수와 달리, 변함없는 곳이 있다면 오고감이 없을 터인데, 거기에 '간다' 함이 어떻게 있을 수 있겠느냐는 반문이다. 오고감이 없음을 증명하려 했던 《중론》의 〈관거래품觀去來品〉의 주장을 떠오르게 한다. 이에 대해 조산은 "가더라도 변함이 없습니다"라며 인사하고 떠났다(《공안집 2》, 1,049). 본래면목이나 체體에 대해 하는 '불생불멸'이라는 말이나 '오고감이 없다'는 말은 무상하게 변하는 상相들의 세계에서 말하는 변화와 같은 층위의 말이 아니다. 그렇기에 조산의 대답은, 《조론肇論》의 〈물불천론物不遷論〉에 나오는 승조僧肇(384~414)의 게송을 생각나게 한다.

선람旋嵐의 바람이 불어 큰 산이 무너져도
아무런 변화가 없이 고요하고
강과 하천이 다투어 달려도
흘러가는 것이 없이 고요하다.
아지랑이가 피어나지만

움직임이 없고
해와 달리 하늘을 달리지만
어떤 움직임도 없이 고요하다.
旋嵐偃嶽而常靜 江河競注而不流
野馬飄鼓而不動 日月歷天而不周

그러나 조산의 말을 인정한다고 해도, 사실 이 말은 무상하게 변하는 세계에 반하는 불변의 실체가 있는 것인 양 오해하게 한다. 더구나 본래면목을 찾는 이로선 그것의 변함없음에 빠져, 그 항상됨에 빠져 무상한 변화를 놓치기 십상이다. 그래서였을 것이다. 원오는 조산의 말을 수긍하긴 하지만, "나라면 '변함이 없는 곳으로 가려합니다'라는 말을 듣고 그에게 '이놈아! 문밖으로 나가기도 전에 벌써 변해버렸다'라고 말해주었으리라"라고 덧붙인다. 운거雲居가 궁극적인 경지를 물으며 주고받았던 다음의 문답도 이런 의미라 하겠다.

운거에게 어느 학인이 물었다.

"승가의 궁극적인 경지는 어떤 것입니까?"

"산에 사니 좋구나."

학인이 절을 올렸다. 그러자 운거가 묻는다.

"그대는 어떻게 생각하는가?"

궁극적 경지가 뭐라 생각하느냐는 물음이다.

"출가한 사람은 선·악과 역·순, 생·사 등의 경계에서 마치 산이 움직이지 않는 것과 같이 해야 합니다."

그러자 운거는 한 대 후려치며 말했다.

"앞서 간 성인들의 가르침을 등질 뿐 아니라 우리 후손들을 망치는 견해이다."

그 옆에 있던 학인에게 다시 물었다. 학인은 답한다.

"눈에는 하늘이나 땅의 빛깔이 보이지 않고, 귀에는 거문고나 피리 소리가 들리지 않습니다."

그러자 운거는 이 학인도 한 대 후려치고 다시 말했다.

"앞서 간 성인들의 가르침을 등질 뿐 아니라 우리 후손들을 망치는 견해이다."(《공안집 2》, 1,029).

여기에 대룡의 법신이란 문답을 추가하는 게 좋을 듯하다. 어느 학인이 대룡에게 물었다.

"색신은 부서지는데 어떠한 것이 견고한 법신입니까?"

"산에 핀 꽃은 비단결 같고, 시냇물은 쪽빛처럼 맑구나."(《벽암록》, 하, 94)

대룡의 말이 "산이 사니 좋구나" 했던 운거의 말과 다르지 않음은 이해하기 어렵지 않다. '궁극의 경지'를 묻는 말에 답했던 운거의 말도, '견고한 법신'을 묻는 말에 답했던 대룡의 말도 가르치려는 바는 하나다. 귀향 즉 본래면목으로 돌아감이란 부서지고 변화하는 무상한 지금 여기를 긍정하라는 말이라는 것.

설법하는 고양이와 부처가 된 로봇

●

제13장

병들지 않는 사람이
병드는 이유는 무엇입니까

●

병든 신체와 고통의 생리학

01
고통의
참을 수 없는
무의미

어느 절이든 하나씩 기념품점이 있게 마련이다. 거기서 파는 손수건이나 다포茶布에서 쉽게 볼 수 있는 글이 있으니 《보왕삼매론寶王三昧論》이 그것이다. 이 글은 명나라 때 스님인 묘협妙叶이 쓴 《보왕삼매염불직지寶王三昧念佛直指》 중 제17편 〈십대애행十大碍行〉에서 나온 것이라 한다. 세상을 살아가면서 흔히 바라게 되는 마음을 뒤집어, 얻고자 하는 마음이 사라질 때 오히려 정작 소중한 것을 얻게 됨을 보여주는 뛰어난 10개의 역설적 문장으로 요약되는 글이다.

몸에 병 없기를 바라지 말라.
몸에 병이 없으면 탐욕이 생기기 쉽다.

설법하는 고양이와 부처가 된 로봇

하여 병고로써 양약을 삼으라 하셨느니라.

세상살이에 어려운 일이 없기를 바라지 말라.
세상살이에 어려움이 없으면
교만하고 사치스러운 마음이 일어난다.
하여 근심과 어려움을 해탈의 길로 삼으라 하셨느니라.

공부하는데 마음에 장애가 없기를 바라지 말라.
마음에 장애가 없으면
배움이 거쳐야 할 과정을 무시하고 넘어서기 쉽다.
하여 장애를 소요逍遙로 삼으라 하셨느니라.

수행에 마魔가 없기를 바라지 말라.
수행에 마가 없으면 서원이 견고해지기 어렵다.
하여 마구니를 법의 도반으로 삼으라 하셨느니라.

일을 도모하면서 쉽게 되기를 바라지 말라.
일이 쉽게 이루어지면 뜻이 가벼워지고 오만해지기 쉽다.
하여 일의 어려움을 편안한 즐거움으로 삼으라 하셨느니라.

사람을 사귈 때 내가 이롭기를 바라지 말라.

나만 이익을 얻고자 하면 도의를 무너뜨리고 잃기 쉽다.
하여 순결로써 사귐을 길게 하라 하셨느니라.

남이 내게 순종해 주기를 바라지 말라.
남이 내게 순종하면 스스로 우쭐거리는 마음이 생기기 쉽다.
하여 내 뜻을 거역하는 사람으로
동산의 숲으로 삼으라 하셨느니라.

덕을 베풀면서 대가를 바라지 말라.
덕을 쌓으면서 대가를 바라면 내가 의도하는 것이 있게 된다.
하여 왕성하고 영광스러운 공덕이라도
헌신짝처럼 여기라 하셨느니라.

분에 넘치는 이익을 바라지 말라.
분에 넘치는 것을 바라면 반드시 어리석은 마음이 움직인다.
하여 작은 이익을 부귀로 여기라 하셨느니라.

억울한 일을 당했을 때 해명하려고 하지 말라.
해명하려고 하면 아상我相과 인상人相이 일어나기 쉽다.
하여 억울함을 받아들이는 것을
수행의 문으로 삼으라 하셨느니라.

설법하는 고양이와 부처가 된 로봇

10개의 문장이 모두 우리가 쉽게 갖게 되는 태도를 멋지게 뒤집어주지만, 내게 특히 인상적인 것은 병이나 고통, 장애처럼 없었으면 하고 바라거나, 없애고자 애쓰게 되는 것을 다룬 앞부분의 문장들이었다. 어디서 처음 봤는지는 기억나지 않지만, 보고선 잊혀지지 않아 앞부분의 문장들을 내 식으로 요약하여 종종 사용한다. "몸에 병 없기를 바라지 마라, 인생에 고통 없기를 바라지 마라, 일에 장애가 없기를 바라지 마라"면서.

생각해보면 너무 자명한 얘기다. 세상이 내 몸에 맞추어 움직여주는 게 아닌데 어떻게 몸에 병이 없을 수 있으랴. 심지어 자기 몸조차 몸이 원하는 대로 움직이는 게 아니라 입이나 눈, 감정이나 욕망이 원하는 대로 움직이니, 병이 나지 않는 게 이상하지 않은가. 그러니 몸에 병 없기를 바라는 건 폭풍우 속에서 몸 안 젖기를 바라는 일이다. 고통이나 장애 또한 그렇다. 인연 조건이란 내 뜻대로 선택하는 게 아니라 내 뜻 밖에서 결정되어 오는 것이니 내 뜻대로 될 수 없다. 내가 하려는 것이나 내가 바라는 것과 잘 맞아주면 그거야 행운이지만, 그런 행운이 항상 찾아올 리는 없다. 가끔 만나면 그나마 '하늘의 도움'이라 감사해야 한다. 우리가 살아가는 세상이 한없는 속도로 변해가는 무상의 세계고, 우리는 누구도 그 무상한 변화를 따라갈 수도 포착할 수도 없음을 안다면, 내가 대면하는 세상과 내가 연기적 조건과 잘 맞아떨어지는 일은 극도의 우연에 불과하다. 그 어긋

남을 흔히 하듯 고통으로 받아들이게 되면, 세상은 본질적으로 고통으로 가득한 것이 될 터이다.

병 없는 신체란 있을 수 없고 고통 없는 삶이란 있을 수 없는데도 병이나 고통 없기를 바랄 때 우리는 '두 번째 고통' 속으로 밀려들어간다. 바라는 것을 얻을 수 없는 고통이 그것이다. 몸에 난 병이 주는 것이 신체적 고통이라면, 병 없는 신체에 대한 욕망이 그 병 앞에서 좌절하게 될 때 오는 게 심리적 고통, '정신적' 고통이다. 경전에서 말하는 '두 번째 화살이 이것이다. 때로는 이 두 번째 고통이 첫 번째 고통보다 너 크다. 영화나 소설에서 종종 보게 되지 않던가. 자신에게 닥쳐온 병이나 고통 앞에서 "신이여, 왜 제게 이런 고통을 주시나이까?", "신이여, 왜 하필이면 저입니까?" 외치며 고통스러워하는 장면을.

《도덕의 계보》에서 니체는 고통보다 더 견디기 어려운 것이 바로 그 고통의 무의미성이라고 말한 바 있다. 이토록 고통스러운데 그 고통이 아무런 의미가 없다니! 신에게 묻는 저 신음 같은 질문은 바로 이 고통의 무의미성에 대한 항의 어린 질문이다. 이는 고통 없음에 대한 욕망이 고통에 대해, 고통의 무의미함에 대해 갖게 되는 분노의 표현이다. 이런 질문을 통해 이들은 자신에게 닥쳐온 고통의 의미를 찾고자 한다. 그리고 종종 찾기도 한다. 자신의 과거사에서 찾기도 하고, 자신을 시험하려는 신의 뜻에서 찾기도 하고, 자신을 단련시켜 더 나은 미래를 찾게 해주려는 신의 의도에서 찾기도 한다. 이렇게 찾은 답이 고통을 견디거나 그것을 이겨내는 데 도움이 될지도 모른다. 그러나 그럴 때조차 그것은 헛된 질문이고 허황된 답이다.

더 나쁜 것은 그 고통의 원인을 남에게서 찾는 경우다. '이건 틀림없이 누구누구 때문이야!'라며 적의를 갖고 공격한다. 그래서 어느새 자신의 고통을 야기한 누군가를 찾아내려 한다. 책임을 지울 누군가가 있어야 하기에. 집단이나 공동체 안에서 병이라 할 수 있는 갈등이나 와해의 고통 같은 것을, 내부에 스며든 이방인들이나 자신이 싫어하던 누군가의 탓으로 돌리고 그를 공격한다. 여기서 우리는 '원한의 감정'이 작용하고 있음을 본다. 과거의 파시즘이 정확히 이러했고, 지금 '여혐', '남혐'이나 외국인에 대한 혐오행위가 정확히 이러하다. 병이나 고통 없는 상태에 대한 욕망(貪欲)이 병이나 고통에 대한 분노(瞋恚)를 낳고, 이것이 엉뚱한 대상을 공격하는 어리석음(愚癡)으로 이어지는 것이다.

병을 외부에서 침입한 병균의 산물이라고 보고, 건강이란 그렇게 침입한 적들을 퇴치함으로써 얻어지는 것이라고 보는 태도가 이런 마음과 아주 가까이 있다. 우리 신체의 내부에는 세포 수에 버금갈 만큼 많은 세균들로 가득 차 있다. 그 세균들의 입장에서 보면 우리 몸이란 그들이 생존해야 할 환경이다. 마치 숲이나 지구가 우리가 살아가야할 환경인 것과 마찬가지로(지구나 숲에 대해 우리는 역으로 세균 같은 존재다). 또 우리는 항상 수많은 세균들로 가득 찬 대기를 숨 쉬고 남의 살을 음식으로 섭취하며 산다. 그렇게 섭취한 것들 가운데는 우리 몸에 맞는 것도 있고 안 맞는 것도 있다. 우리 인간이 살기 위해 하는 일이 숲이나 지구에 맞는 것도 있고 안 맞는 것도 있듯이. 안 맞는 게 있어도 내 몸이 그것을 수용할 능력이 있는 한, 그 세균이 있다는 사실이 병이 되진 않는다. 반면 내 몸의 수용능력이 떨어져 어떤 세균을 감당할 수 없게 되면 병이 난다. 숲이나 지구에 대해서 인간이 하는 일도 그러하다. 비유하자면, 지구에 발생한 온난화와 같은 기후변화는 인간이라는 '세균'으로 인해 지구의 '몸'이 겪는 질병이다. 병이란 이처럼 내부와 외부, 개체와 환경 사이에 있는 이질성과 불화가 환경의 수용능력을 초과할 때 발생하는 현상이다.

그러나 내 몸이 내 것이라는 믿음은 내게 발생한 병이나 고통을 모두 외부자 탓으로 돌리게 한다. 이런 관점에서 보면 세균은 모두 내 몸에 침투하여 병을 일으킬 잠재적인 '병균'으로 보인다. 이는 세균이 인간에게 올 때 '병균'으로 왔다는 발생적 요인 때문에 좀처럼 넘어서기 힘들다. 19세기까지 서양에서 전염병의 원인에 대해선 두 가지 다른 입장이 있었다. 하나는 독기毒氣(miasma) 때문이라는 입장, 다른 하나는 눈에 안 보이는 미세한 균(細菌, microbe) 때문이라는 입장이 그것이다. 지금과 달리 당시까지 지배적인 견해는 전자였다.

파스퇴르(1822~1895)는 병균이 전염병의 원인이라는 믿음을 갖고 있었는데, 이를 입증하기 위해 병균을 찾다 세균을 발견한다. 그러니 세균은 처음부터 '병균'이었던 셈이다. 이 때문에 파스퇴르는 어디나 병균이 존재한다는 생각에서 문고리를 만지는 것도, 악수를 하는 것도 대단히 꺼려했고, 강박증 환자처럼 하루에도 몇 십 번 손을 씻곤 했다. 이로 인해 꽤 오랫동안 세균은 그 자체가 병균으로 간주되었고, 위생이란 세균을 제거함으로써 확보되는 것이라는 군사주의적 관념이 깊이 뿌리를 내리게 된다.

그러나 세균이나 외부자를 모두 제거하면, 그것이 제거되기 전에 내가 먼저 죽는다. 우리는 세균 없이는 살지 못한다. 몸에 좋은 음식은 대개 발효 음식이다. 발효 음식은 세균의 힘에 의해 숙성된 음식, 세균이 먹다 남은 음식이다. 유산균 광고에서 보이듯 때론 건강을 위해 세균을 직접 먹기도 한다. 세균들이 내 몸에, 즉 자신이 살아갈 환경에 적응하려면 시간이 필요하다. 내 몸에 들어온 지 오래된 세균들은 병을 잘 일으키지 않고, 많은 경우 내 몸에 필요한 기능을 하며 내 몸과 공생한다. 이는 내 몸이라는 그들의 생존 '환경'에 그들이 잘 적응했음을 뜻한다. 이런 세균은 아무리 많아도 병이 되지 않는다.

위생 관념에 철저하고 소독을 열심히 하는 사람들이 병에 쉽게 걸리는 것도 이와 무관하지 않다. 평소에 이질적인 것들, 외부적인 것들과의 접촉이 없으면 오히려 미소한 접촉만으로도 쉽게 병이 들기 때문이다. 나는 헝그리 정신에 따라 유효기간 지난 음식은 물론 좀 상한 것도 엔간하면 먹고, 바닥에 떨어진 것도 엔간하면 주워 먹는다. 위생 관념에 철저한 한 친구는 그것을 보면 질겁한다. 그러나 그 친구는 아토피니 장염이니 배탈이니 뭐니 하는 병에 자주 시달리지만 나는 좀 상한 것을 먹어도 엔간해선 탈이 나지 않는다. 물론 이는 사람마다 다르니 쉽게 일반화해선 안 되겠지만, 위생 관념과 병 사이의 거리는 생각만큼 멀지 않다는 건 분명하다. 자기 몸의 능력을, 자기 주제를 모르면서 아무거나 섭취하는 것도 바보짓이지만, 자기 몸의 고통이 모두 남 탓이라고, '병균' 탓이라며 제거하려는 것 또한 그에 못지않은 바보짓이다.

02
병,
내 몸에 날아든
날개의 씨앗

병이란 세균과 그들의 생존 환경인 내 몸이 만나는 지점, 혹은
내 몸과 내 생존 환경인 지구가 만나는 지점에서, 양자의 부조
화나 불화가 드러나는 현상이다. 고통 또한 내 삶과 그것의 '환
경'이라 할 연기적 조건의 만남에서 불화나 부조화가 드러나는
현상이다. 그렇기에 병이나 고통은 양자의 관계에서 발생한 문
제들을 보여주는 징후고 기호다. 내 몸에 난 병은 지금 내 몸의
상태가 어떠한지를 드러내주는 기호고, 내 몸의 수용능력을 넘
어서는 것이 증상의 형태로 내 몸의 능력을, 그 한계를 드러내주
는 '한계현상'이다.

　한계현상으로서의 병은 중요하다. 우리는 자신의 한계와 부
딪치지 않고선 사유하지 않으며, 병과 대면하지 않고선 몸에 시

선을 주지 않는다. 병들고 고통스러울 때, 우리는 비로소 자신의 몸에 눈을 돌린다. 자신의 삶을 되돌아보게 된다. 그러니 병이나 고통을 그저 제거해야 할 대상으로만 본다면, 그것은 몸이나 삶이 내게 보내는 신호나 기호를 무시하고 제거하는 것이다. 가령 두통은 내 몸의 세포나 기관들의 비명소리다. 머리를 내 몸이 감당할 수 있는 상태 이상으로 과도하게 사용하고 신체를 능력에 비해 지나치게 몰아세웠다고 알려주는 신호이고, 이제 좀 쉬자고 호소하는 목소리다. 이를 신호나 기호로 다루지 않고 진통제를 써서 통증을 제거하기만 한다면 삶을 조성할 기회를 잃을 것이고, 몸의 능력을 초과한 삶은 계속될 것이며, 결국 크게 앓아눕게 될 것이다. 고통의 제거가 건강을 망치는 길로 밀고가는 것이다. 고통을 줄이기 위해서 진통제를 먹을 때조차, 자신의 신체가 지쳐서 힘들어하고 있음을 잊지 않아야 한다. 몸의 호소에 맞추어 생활을 조절하려 할 때 고통은 건강의 이유가 된다. 그런 점에서 병과 고통은 몸의 건강을 위한 훌륭한 교사다. 비록 자신이 답을 알진 못하지만 우리로 하여금 자신의 삶에 대해 스스로 묻고 답을 찾도록 촉발하는 훌륭한 교사다.

병과 고통을 통해 우리는 자신의 몸에 대해 알게 된다. 몸이 약한 사람들이 예민한 감각을 갖는 것은 이 때문이다. 소화력이 약한 사람은 예민한 혀를 갖고, 폐가 약한 사람은 예민한 코를 갖는다. 반면 건강한 사람은 튼튼한 몸 덕분에 둔한 감각을 갖는 경우가 많다. 특별히 약한 데가 없기에, 외부의 자극에 예민할 필요가 없기 때문이다. 그런 점에서 보면 세상은 참 공평하다. 약한 사람에겐 예민한 감각을 주고, 둔한 사람에겐 튼튼한 몸을 주었으니까.

그런데 병이 많으면 몸이 예민해지지만, 병을 많이 앓는다고 자기 몸을 잘 알게 되진 않는다. 병을 통해 자기 몸에 눈을 돌리고, 병에게서 더 좋은 삶을 배우려 하지 않는 한 예민한 감각은 그저 더 큰 고통만 야기할 뿐이다. 고생을 많이 하고 고통을 많이 겪었다고 해도, 거기서 배우려고 하지 않는 한 사는 게 힘들어질 뿐, 지혜로워지지는 않는다. 배우려는 이에게 절망은 새로운 삶을 찾는 절실한 물음을 던져주지만, 그렇지 않은 이에게 절망은 고통스런 삶을 부정할 이유만을 준다.

진정한 희망은 절망의 터널을 통과한 뒤에 오고, 진정한 기쁨은 고통을 넘어서 새로운 삶의 방식을 찾았을 때 온다. 니체는 위대한 건강이란 위대한 병과 함께 온다고 한 적이 있다. 고통의 크기는 넘어서려는 자에게는 그가 얻을 자유의 높이를 뜻한다고 했던 것도 그였다. 그의 심오한 사유를 만들어냈던 것은 그를 어둠 속으로 끌고 들어갔던 심각한 병이었다. 그의 사유의 깊이는 유언장을 쓰게까지 했던 거대한 병의 심연에서 얻은 것이다. 이런 점에서 본다면 건강한 몸이 표면을 여기저기 떠돌 무구성無垢性을 준다면, 병든 몸은 심연을 들여다 볼 깊이를 준다. 건

강과 병, 둘 다 나름의 가치를 갖는 것이기에 역시 '공평하다' 하겠지만, 높이 날고자 하는 이에겐 차라리 병이 더 소중한 자원이 될 것이다. 왜냐하면 높이 날아오르기 위해선 물러서거나 몸을 웅크릴 '아래'가, 깊이가 필요하기 때문이다.

병들지 않고 높이 날게 된 이가 있었던가
병이란 내 몸에 날아든 날개의 씨앗

석두의 제자였고 폐사가 된 천황사天皇寺를 복구해 살았던 인연으로 졸지에 '천황'이란 이름을 얻게 된 천황도오가 입적하기 직전에 남긴 기연을 나는 이런 의미로 이해한다. 천황도오는 한평생 언제나 "쾌활하다! 쾌활하다!"고 외쳤으나, 입적하려는 순간 병을 앓으면서 이렇게 말했다.

"괴롭다, 괴로워! 원주야, 술을 가져다 내게 먹여다오, 고기를 가져다 내게 먹여다오. 염라대왕이 나를 잡으러 왔구나."

원주가 물었다.

"화상께서는 한평생 쾌활하다고 외치시다가 지금은 어째서 괴롭다고 부르짖으십니까?"

그러자 도오가 다시 묻는다.

"말해보라! 그때가 옳은가 지금이 옳은가?"

그러나 원주는 아무 말도 없었고, 도오는 목침을 떨어치우곤

설법하는 고양이와 부처가 된 로봇

곧바로 입적했다.

처음의 언행은 눈에 보이는 것만을 보는 세인의 눈으로 보면, 이 양반 왜 이러시나 싶을 정도다. 그러나 마지막 던진 물음은 이 언행이 '왜 이러실까?' 묻게 하기 위한 것이었음을 확연하게 보여준다. 삶에서 피할 수 없는 쾌활함과 괴로워함에 대한 근본적 물음을 제자에게 던져주기 위해, 죽기 직전 자기 위신을 땅에 처박으며 도인으로선 결코 하기 힘든 언행을 한 것이다. 저 물음을 받았던 원주로서는 입적 직전에 던진 저 물음이 평생 잊혀지지 않은 채 남았을 것이다. 그럼 저 물음을 받아, 말해보라! 도오는 무엇을 묻고자 저런 물음을 던진 것일까?

닥쳐온 죽음 앞에서 두려움을 피할 수 없다면, 평생 외치던 쾌활함이, 혹은 평생 추구하던 쾌활함이 진정 쾌활함일 수 있을까? 병이나 고통에서 오는 괴로움을 피할 수 없다면, 평소에 느끼던 쾌활함이 진정 쾌활함이라 할 수 있을까? 그것은 어쩌면 저 근본적인 고통 내지 괴로움을 잠시 가리고 잊기 위한 얇은 장막 같은 것 아닐까. 아마도 도오는 그의 말대로 쾌활한 삶을 살았을 것이다. 그런 삶을 가르치기 위해 평생 '쾌활하다'라고 일삼아 말했을 것이다. 그리고 그의 인근에 있던 이들이라면 그것을 충분히 배웠을 것이다.

그러나 그것이 그저 말로 배우고 머리에 기억한 가르침일 뿐이라면, 죽음 앞에서 피할 수 없이 대면하게 되는, 도오가 던진

저 물음 앞에서 무력하게 와해되고 말 것이다.

평소 '쾌활함'의 가르침을 잘 알고 있던 원주에게 도오가 저리 말했을 때, 그는 아마도 이를 시험하려는 것이고, 그런 식으로 자신이 가르쳐온 것을 안이하게 받아들이는 것을, 자신의 가르침을 손수 뒤엎는 언행으로 당혹스런 궁지에 몰아넣으려고 했던 것 아닐까. 죽음 앞에서 대면하는 이 괴로움이야말로 살아 있는 것들이 피할 수 없는 실상 아닌가. 그렇다면 쾌활하다 할 때가 옳은가 괴롭다고 할 때가 옳은가? 이를 두고, 선사의 물음이나 선의 공안은 쾌활함이나 괴로움을 넘어서 있다는 식으로 답을 내는 것은, 선을 가르치는 체하며 죽음 앞에서 던지는 이 절실한 물음을 너무 쉽게 뭉개버리며 피해가는 나쁜 방패다. 선을 망치는 '선의 방패'다. 차라리 소박하게 도오가 던진 물음을 진심으로 다시 묻는 게 도오의 가르침에 다가가는 길이다. 저 죽음 앞의 괴로움 앞에서 나는 진정 쾌활하다 할 수 있는가? 죽음의 고통이 저 뒤에서 피할 수 없이 기다리고 있는데, 지금의 쾌활함이 진정 쾌활함이라 할 수 있을까? 그렇다고 죽음의 고통을 이유로 살아가는 순간순간의 쾌활함을 잊는다면, 그 또한 바보 같은 삶 아닌가. 그렇다면 쾌활할 때의 쾌활함을 따름이 옳은가, 죽음 앞의 괴로움을 절감함이 옳은가?

설법하는 고양이와 부처가 된 로봇

03
병들지 않는 자,
바꾸어가며
병드는 자

선가에서는 '병들지 않는 사람'에 대한 물음이 종종 등장한다. 대개는 병든 선사들에게 던져지는 물음이다. 가령 덕산이 병이 들었을 때, 어떤 학인이 물었다.

"병들지 않는 사람도 있습니까?"

"있다."

"병들지 않는 사람은 어떠합니까?"

"아야! 아야!"

'아야! 아야!'는 아픔을 표현하는 감탄사다. 그러니 덕산의 대답은 병들지 않는 사람 또한 병든다는 말이다. 병들지 않는 사람도 병든다는 대답이니 선승들이 흔히 사용하는 역설이다. 그런데 이 역설로 덕산은 무얼 말하려는 것이었을까? 병들지 않는 사람은 없다는 것? 아니면 병들지 않음이란 병의 일종이라는 것? 어느 것이든 병들지 않는 사람은 없다는 말 아닌가. 이것뿐이라면 너무 평범한 말 아닌가. 그렇다면 병들지 않는 사람이 있다는 말은 대체 왜 했던 것일까?

동산에게도 비슷한 공안이 전해져 내려온다. 동산이 병이 들었을 때 어떤 학인이 물었다.

"화상께서 병이 들었는데, 병들지 않는 사람도 있습니까?"

"있다."

동산 역시 덕산과 동일하게 답했다. 그런데 학인이 이번엔 다르게 묻는다.

"병들지 않는 사람이 화상을 간호해줍니까?"

"오히려 나에게 그를 간호해줄 힘이 있다."

"(병든) 화상께서 어떻게 그를 간호할 수 있습니까?"

"내가 간호할 때는 병이 있거나 없거나 상관하지 않는다."

여기선 병들지 않는 사람이 누구인지 좀 더 분명하게 드러난다. 그것은 병든 동산의 본래면목 같은 것, 다른 말로 '본래인本來人' 같은 것이다. 청정하여 오염되지도 않고 먼지가 끼지도 않는 공한 본성이다. 그렇다면 병드는 사람이 누구인지는 두말할 것도 없다. 현행의 나, 그때그때의 연기적 조건 속에서 사는 사람들, 혹은 지금 현재를 사는 '금일인今日人'이다. 덕산이 한 말도 이렇게 보면 쉽게 이해된다. 모든 사람은 청정한 '자성', 공한 본성을 갖고 있기에 병들지 않는 사람이면서 동시에 연기적 세간을 살아가며 병들고 물드는 현행의 사람인 것이다. 뒤집어 말하면, 모두들 세간의 삶을 살면서 병들고 오염되지만 그 본성은 본래 공하여 청정하니 병들어도 병들지 않는 것이다.

동산에게 물은 학인은 세간의 통념에 따라 병들지 않은 사람이 병든 사람을 간호해주느냐고 묻는다. 본래인, 본래면목이 지금 조건에서 병들고 오염되는 현실의 '나'로 현행화되지만, 본래 청정하여 병들지 않는 그 잠재적 능력이 병들며 사는 현행의 '나'를 돌보느냐는 물음이다. 그러나 동산은 역으로 병든 자신이 병들지 않는 사람을, 본래면목을 간호하고 돌볼 힘이 있다고 말한다. 간호할 것도 없고 돌볼 것도 없는 청정한 본성인데 무얼 돌본다는 말인가? 아니, 학인이 다시 묻듯이, 병들고 물든 사람이 어찌 병들지 않은 사람을 돌본다는 말인가? 간절한 마음으로 부처를, 청정한 자성을 찾는 것을 뜻하는 것일까? 하긴 모든 중생이 본래부처라 하지만, 그것을 알지 못하기에 부처 아닌 중생으로, 병드는 사람으로 산다고들 하지 않던가.

그러나 차라리 그와는 반대되는 말을 하려는 듯하다. 본래면목이 공한 것은 어떤 연기적 조건이든 그에 따라 다른 본성, 다른 모습을 취할 수 있기 때문이다. 본래 청정하여 어떤 것에도 물들지 않음은, 물들지 않은 상태로 따로 존재하는 게 아니라 어떤 것에도 물들 수 있기에, 그때그때 무언가에 물들어 있음을 함축한다. 다만 물들지 않는 본성이라 함은 어떤 것에도 지워지지 않을 만큼 물들지는 않기에, 조건이 달라지면 어느새 그 물이 빠지고 다른 물이 듦을 뜻한다. 그렇다면 공하고 청정한 본성이 공하고 청정한 것은, 그때마다 다르게 물들이는 현행의 삶, 현행의 조건 때문이라 해야 한다. 요컨대 본래부처란 어디 따로 있는 게 아니라 현행의 병드는 자의 삶 모두와 그때그때 그 자리에서 함께 하고 있으며, 바로 그렇게 모든 '병'에 자신을 내어줄 수 있기에 병들지 않는다고 하는 것이다. '병든 자가 병들지 않는 자를 간호한다' 함은, 그처럼 병든 자에게 자신을 내어줌으로써 이전의 현행적 규정에서, 이전의 병에서 벗어나기 때문이다. 본래인이 병이 있든 없든, 지금의 현행적 상태에 물든 나, 지금의 병든 나가 다가갈 때, 본래인은 그때까지의 상태에서 빠져나와 다른 무엇이 된다. "내가 간호할 때는 병이 있거나 없거나 상관하지 않는다"는 말은 이런 뜻일 게다.

약간 다른 얘기가 되겠지만, 물들지 않는 부처가 따로 있다고 하는 생각이야말로 선사들의 '간호'가 필요한 것이다. 그래서 선사들은 부처에 대해 말하곤 곧바로 거기에 미혹되는 것을 경계하는 말로 그 말을 뒤집는다. 가령 협산선회夾山善會(805~881)가 어느 학인의 물음에 답한 말이 그렇다.

"어떤 것이 도입니까?"

"햇빛이 눈앞에 가득하니, 만 리에 조각구름도 걸리지 않았느

설법하는 고양이와 부처가 된 로봇

니라."

"학인이 어떻게 알아야 됩니까?"

"맑은 못 물 속에 노는 고기가 스스로 미혹하느니라."

도란 만 리에 구름 한 조각 걸림 없는 본래 청정한 햇빛 같은 것이다. 그러나 그런 생각에 머무는 순간, 맑은 물 속에서 노는 고기가 스스로를 미혹하는 것이 된다는 것이다. 이는 현행의 조건에 물들고 세간의 삶 속에서 병드는 세인의 병과는 다른 병이다. 깨달음이나 부처에 사로잡히고 물드는 병이다. 깨달음이란 무엇이고, 자성이란 무엇이라는 정확한 답조차 딱 들어맞는 답에 머물러 있을 뿐이라면, 그것은 깨달음이란 이름의 속박이 된다.

부처가 되겠다는 마음으로 고요한 곳을 찾고, 고요함을 얻겠다는 생각에서 소란스런 것을 욕하고 비난한다면, 그것은 부처에 매인 것이고 고요함에 사로잡힌 것이다. 병 없는 삶의 욕망에 사로잡힌 것이다. 고요함을 위해 소란을 비난하는 것이야말로 최대의 소란이고, 자신이 체험한 삼매를 자랑삼는 것이야말로 최대의 소유욕이다. 부처가 되겠다는 욕망이야말로 최대의 탐심이고 깨달음에 대한 애착이야말로 최대의 집착이다. 그래서 깨달음을 얻겠다는 마음도 내려놓고 부처를 구하겠다는 마음도 내려놓으라고 하지 않던가.

사실 방금 저리 말한 협산 또한 그러했다. 아직 선회라는 이름을 쓸 때였다. 죽림사란 절 주지를 하며 설법을 했다.

"법신이란 무엇입니까?"

"법신이란 모습이 없는 것이다."

"법안이란 무엇입니까?"

"법안이란 티가 없는 것이다."

그러나 이 고지식한 말을 듣고 대중 속에서 웃는 스님이 있다. 도오원지道吾圓智(769~835), 약산유엄藥山惟儼(745~828)의 제자다. 이를 보고 얼른 법좌에서 내려와 물었다.

"스님은 지금 무슨 일을 두고 웃으십니까?"

"그대가 행각길에 보따리를 풀어놓고 찾지 못하기에 웃네."

"저에게 법을 설해 주시지 않겠습니까?"

"나는 설법할 줄 모르네. 소주蘇州 화정현華亭縣에 뱃사공을 하는 스님이 계시니 그곳으로 찾아가 보게."

뱃사공은 선자船子라는 한자말의 번역어다. 도오가 말한 이 스님은 뱃사공을 하며 지내는 화상和尙이라 뱃사공화상, 즉 선자화상船子和尙이라 한다. 선회는 도오 말대로 화정현으로 선자화상을 찾아간다. 그는 도오와 함께 약산유엄의 제자였던 덕성德誠인데, 절에 들어가 살지 않고 화정현에서 배 한 척을 띄워놓고 뱃사공을 하며 오가는 이들을 인연 닿는 대로 가르쳤기에 화정선자華亭船子 내지 선자화상이라 불린다. 찾아온 선회에게 선자화상이 묻는다.

"스님께서 요사이 어느 절에 머물렀는가?"

"절이란 머물 수 없는 곳이고, 머문다면 그것은 절이 아닙니다."

"절이 아닌 경계는 어떠하던가?"

"이는 눈앞에 있는 법이 아니라 하겠습니다."

"그대는 지금까지 어디에서 배웠는가?"

"귀와 눈으로는 도달하지 못할 경계입니다."

"한 구절 딱 들어맞는 말은 영원토록 나귀를 매어두는 말뚝과 같은 속박이다."

그러면서 선자화상은 선회를 느닷없이 떠밀어 물속에 빠뜨려 놓곤 배에 달라붙으면 노로 밀쳐내길 반복하며 "말해보라! 말해보라!"다그친다. 정말 목숨이 위태로운 지경에 던져넣곤 다그치는 물음에, 물속에서 발버둥치던 선회는 문득 큰 깨달음을 얻는다. 절에 대해 묻는 말이나 절 아닌 경계를 묻는 말이나, 선회의 대답은 여전히 하나를 반복한다. 눈과 귀로 도달하지 못할 경계, 모습 없는 법신과 티 없는 법안, 혹은 구름 한 조각 걸림 없는 청정한 햇빛 같은 본체를. 언제 어디서 어떻게 말해도 맞는 말이다. 그러나 거기 매여 있는 한, 그 체의 작용은, 그때마다 다른 모습으로 작용하는 구체적인 삶의 모습은 놓치게 된다. 어디서나 들어맞기에 어디서도 제대로 들어맞지 않는 답, 그러나 틀린 것은 아닌 '정답'이기에 거꾸로 영원히 벗어날 길 없는 속박이 되는 대답이다.

이를 간파한 선자화상은 그를 물속에 던져넣곤, 생사의 갈림 길에 몰아넣는다. 그리곤 다시 묻는다. 자기 목숨이 경각에 달린 그 순간, 걸림 없는 법, 눈과 귀로는 닿을 수 없는 경계를 다시 말할 수 있겠느냐고. 치명적 순간의 자기 삶에 대해서도 아무 답을 못하는 답이 무슨 답이 되겠느냐고. 그걸 떠나 다시 말해 보라고, 정답은 던져두고 다시 말해보라고 묻는 것이다.

덕분에 선회는 큰 깨달음을 얻는다. 목숨이 경각에 달린 그 절박함 덕에 무력한 정답은 떨어져 나가고 '지금 이 순간'에 부응하는 무언가가 떠올랐던 것일까. 어쨌건 그 뒤 도를 깨친 선회가 작별인사를 올린 뒤 떠나가면서 자꾸 뒤돌아보자, 선자화상은 "사리여, 사리여!" 하고 불렀다. 선회가 고개를 돌리자, 선자화상은 노를 꼿꼿이 세우고 "그대는 (나에게) 특별한 것이 있다고 생각하는구나"라고 하며 급기야 배를 뒤집어엎어 물속으로 들어가 세상을 떠났다는 전설 같은 얘기가 전해진다. 자기 자신 또한 속박의 말뚝이 되지 않도록 스스로 사라져버리는 이 극진한 노파심이라니!

나는 《벽암록》 제3칙에 나오는 마조의 유명한 공안 또한 이런 맥락에서 이해한다. 마조 또한 말년에 병이 들어 몸이 많이 아팠다고 한다. 어느 날 원주가 물었다.

"스님, 오늘은 몸이 어떠하십니까?"

설법하는 고양이와 부처가 된 로봇

"일면불日面佛 월면불月面佛."

이 공안을 두고 대개는 일면불, 월면불이란 《삼천불명경三千佛名經》에 나오는 부처의 이름이라고 하면서, '일면불을 1,800년을 살고 월면불은 하루밖에 못 사니, 이제 죽나 언제 죽나 아무 상관없다는 말'이라고 한다. 생사심을 떠난 경지를 표현한 말이란 뜻이다. 그러나 중요한 경전에도 개의치 않는 선에서, 삼천 개의 부처 이름만 나온다는 잘 알려져 있지도 않은 저 경전을 전제로 제자에게 저리 말했다면 그건 아무리 생각해도 선승답지 않다. 선에서도 상징적 표현이나 말들을 사용하지만, 대개는 이미 잘 알려진 관습적인 것을 사용하며, 그것도 대부분 그 의미를 깨는 방식으로 사용함을 안다면, 이런 해석은 너무 '해석적'인 해석이다. 해석을 위해 두들겨 맞춘 해석이다. 즉 '일면불 월면불'을 부처의 이름이라고 가정하고 수명을 언급하며 생사를 떠나있음을 설파하는 것으로 보아선 곤란하다. 이를 '해부처, 달부처'라고 번역하기도 하지만, 그 경우 '해부처', '달부처'란 무엇인지를 다시 해석해주어야 하는데, 부처이름이 되어버리는 한 앞서의 해석에 다시 기대게 된다. 다시 강조하건대 일면불, 월면불은 부처의 이름이 아니다.

'일면불, 월면불'이란 문장을 곧이곧대로 읽는 게 더 낫다. 즉 '해(日)'나 '달(月)'을 주어로 보고 '면面'을 동사로 보아야 한다. 그리고 '불佛'을 면面의 목적어로 보아야 한다. 요컨대 마조의 이 말은 '몸이 어떠하시느냐'는 원주의 물음에 대해 '해가 부처를 만나고 달이 부처를 만난다'고 대답한 것이다. '만나다' 대신 '보다'라고 바꾸어써도 좋다.

그럼 매일 뜨는 해와 달이 만난다는 부처는 누구인가? 병들어 앓고 있는 마조 자신이다. 병든 몸이지만, 매월매일 부처로서 살고 있다는 말일 게다. 몸이 아파도 부처라는 뜻, 아니 몸이 아픈 게 부처라는 뜻이다. 그렇게 병들어 아프지만 매일매일 부처로서 지금 여기를 살고 있음을 뜻한다. 병든 몸 그대로 바로 부처인 것이고, 부처란 그렇게 병들고 죽는 몸과 따로 있지 않다고 하면서, 부처를 찾는 제자에게 그렇게 병든 몸마저 부처로서 있는 그대로 긍정할 것을 가르치고 있는 것이다.

●

제14장

간택하지 않음 또한 하나의 간택인데…

●

분별 없는 윤리학, 차별 없는 존재론

01
지극한
도의
궁지

조주는 선가에서도 최고의 언변으로 이름난 선승이지만, 그 많은 탁월한 말들 가운데 가장 잘 알려진 것은 "지극한 도는 어렵지 않으니, 오직 간택하지 않으면 될 뿐이다"라는 말이다. 이를 보여주는 단적인 예는 바로《벽암록》인데, 달마의 '모른다'를 다룬 제1칙 바로 다음이 조주의 이 공안이다. 그뿐만 아니라 뒤의 56칙, 57칙, 58칙 모두가 이 말을 둘러싼 공안을 다룬다.《벽암록》2칙에서 다루는 공안은 이렇다.

　조주 스님이 대중에게 법문을 했다.

　"지극한 도는 어렵지 않으니, 오직 간택을 하지 않으면 될 뿐이니라. 근근이 말하는 것이지만, 이 또한 간택이고 명백함이다. 노승은 명백함 속에 있지 않다. 그대들은 이를 보호하고 아끼려

느냐?"

그러자 한 스님이 나서서 물었다.

"명백함 속에 있지 않다면 무엇을 보호하고 아낀다는 말입니까?"

"나도 모른다."

"스님께서 모르신다면 무엇 때문에 명백함 속에도 있지 않다고 말씀하십니까?"

"묻는 일 끝났으면 절 올리고 물러가라."

그런데 "지극한 도는 어렵지 않으니, 오직 간택하지 않으면 된다"는 말은 원래 조주가 한 말이 아니라, 삼조승찬三祖僧璨(?~606)의 《신심명信心銘》에 나오는 문구다. 조주가 언급한 이후 이 말은 '간택'이란 말을 '분별'이란 말로 바꾸어 선가의 핵심 종지宗旨를 요약한 것으로 널리 사용된다. 그러나 여기서 조주의 설법은 삼조의 말을 그냥 반복하는 게 아니다. 즉 '간택을 하지 마라'고 하지만, 동시에 그것 또한 간택이고 명백함을 가정하는 것이라며 부정한다. 그렇기에 자신은 그 명백 속에 있지 않다며, 즉 '간택하지 말라'는 말을 명백히 옳은 것이라고 말하지 않는다며 한발 물러선다. 그리곤 그대들은 이 말을 보호하고 아끼려 하겠느냐고 묻는다. 아니, 어쩌라는 것인가? 간택하라는 건가 말라는 건가?

이리 복잡하고 난감하게 말하는 것은 그가 이 말이 갖는 논리적 난점을 정확히 알고 있기 때문이다. 즉 간택을 하지 마라는 말 자체가 하나의 간택이기에, 간택을 하지 않아도 간택이 되는 궁지가 기다리고 있다. 이 말은 '자기 언급'을 통해 자기부정을 하게 된다는 점에서 '거짓말쟁이의 역설'과 유사한 역설에 빠진다. 거짓말쟁이의 역설이란 쉽게 말하면 "내가 하는 말은 모두 거짓말이다"라는 말에 포함된 역설이다. 만약 방금 이 문장이 참이라면, 이 문장도 내가 한 말이니 거짓말이 된다. 이 문장 또한 내가 한 말이라 거짓말이라 하면, 거짓말하는 걸 거짓말한다고 했으니, 이 문장은 참이 된다. 이처럼 어떤 문장이 말하는 바가 문장 자신에게 되돌아와 적용되는 것을 '자기 언급'이라 한다. 거짓말쟁이의 역설도, 간택하지 말라는 말도 자기 언급을 통해 자기가 부정되는 역설을 야기한다.

이런 난점을 잘 알기에 조주는 순진하게 "간택하지 마라" 하고 끝내는 대신, 그 말 또한 간택이라면서 자신은 그 말의 명백함을 가정하지 않는다고 한 것이다. 그러나 이 말은 간택하지 말라는 말을 포기한 게 아니라, 그 말조차 명백하지 않다면서 그 말보다 앞선 자리로 거슬러가는 말이다. 이로써 그 말에 포함된 간택조차 벗어나려 하는 것이다. 간택하지 말라는 말조차 명백하지 않다면서 간택을 하지 않으려 함이다. 간택하지 말라는 말조차 따르지 않음으로써 간택하지 말라는 말에 '따르고' 있는 셈이다. 무슨 말인지 헷갈리기 시작했을 듯하다. 논리적 역설은

설법하는 고양이와 부처가 된 로봇

언제나 그러기 마련이니, 복잡해보이겠지만 약간 세심하게 따져 보는 게 좋겠다.

간택하지 말라는 신심명의 가르침은 그 자체가 요구하는 바가 명백한 문장이다. 그러나 명백한 그 요구는 그 자체로 또 하나의 간택이다. 도식화하자면 '간택하지 말라'=명백함='간택하지 말라는 간택'이 된다. 조주는 이에 대해 '나는 명백함 속에 있지 않다'고 한다. '명백함 속에 있지 않다'고 한 것은 '간택'이란 말이 반복되며 꼬이는 사태를 파하기 위함이다. 이는 '명백함=간택하지 말라는 간택'과 거리를 두려는 말이다. 간택하지 말라는 간택조차 따르지 않겠다는 말이다. 하지만 간택하지 말라는 말을 따르지 않는 방식으로 간택하지 않겠다는 말이다. 간택하지 말라는 말을 따르지 않음으로써 그 말을 따르게 된 셈이다!

간택하지 말라는 말을 충실히 따르면 간택이 된다. 반대로 조주는 그 말을 따르지 않음으로써 그 말을 따를 수 있음을 보여준 것이다. 이는《신심명》을 빌어 말했던 바를《신심명》의 명제보다 앞선 논리적 위치로 거슬러 올라가 실행하고 있는 것이다.《신심명》에 따른 간택을 따르지 않음으로써《신심명》의 간택을 따르는 놀라운 역설을 보여주면서 말이다! 그 말에 충실히 따르면 그 말을 어기는 게 되는 궁지를, 또 그 말에 따르지 않음으로써 그 말에 따르게 되는 역설로 뒤엎어버린 것이다. 이 얼마나 놀랍고 멋진 논변인가!

이렇게 빠져나가지만 논리적으로 보자면 그 뒤에도 다시 난감한 역설이 기다린다. 조주에게 묻는 스님이 이를 정확하게 포착했다. 조주는 스스로가 "간택하지 말라"는 말에서 벗어나기 위해, 자신이 '명백함 속에 있지 않다'고 했다. 그러면서 '그대들은 이를 보호하고 아끼겠느냐'고 묻는다. 말해보라, "간택하지 말라"는 말을 아끼라는 말인가 그러지 말라는 말인가? 자신은 명백하지 않다면서 빠져나간 궁지 속에 대중을 슬쩍 다시 밀어넣는 물음이다. 그러나 질문한 저 스님은, 그렇게 명백하지 않다면 무엇을 보호하고 아끼고 한다는 말을 어찌 하겠느냐고 반문한다. 스스로가 명백하지 않다면 간택하지 말라는 말도, 보호하고 아끼려 하느냐는 의미로 모호해져버리니, 그런 말을 어찌 할수 있느냐고 반문한 것이다.

그러나 이는 조주가 명백함 속에 있지 않다는 말로 역설을 만들며 간택의 궁지에서 빠져나간 것임을 알지 못했기에 하는 말이다. 하지만 그걸 설명하려 하는 순간 자기 언급('간택하지 말라'는 '간택'…)으로 인해 논리적 악순환 속에서 뱅뱅 맴돌게 될 뿐임을 조주는 잘 안다. 그래서 그렇게 내지르는 질문에 고지식하게 설명하는 대신 "나도 모른다"고 응수한다. 하지만 이때 '모른다'는 말은 이런 난점을 모른다는 말이 아니며, 저 물음에 대해 답을 '모르겠다'고 하는 순진한 대답도 아니다. 그것은 '명료하고 뚜렷하게' 말할 수 있는 것 너머에 속한 문제, 논리적 논변이나 지식을 통해서 명백하게 규정할 수 없는 영역에 속한 것임을 뜻한다. 역설의 영역이 바로 그것이다. 역설 아니고는 말할 수 없는 문제가 거기 있는 것이다. 그러니 이 말로 조주는 보이지 않게 비약한 셈이다. 명백히 말할 수 있는 것 근저에 있는 명백히 말할 수 없는 것으로, '안다'고 말하는 명백함의 영역에서 그 밑에 있는 '모른다'는 말로 표시된 역설의 영역으로. 그렇기에 이는 "당신은 누구냐" 하는 양무제의 물음에 달마가 답했던 '모른다'와 같다고는 할 수 없어도 아주 가까이 인접해 있다고 하겠다.

그런데 물었던 스님은 이 '모른다'를 '안다'를 뜻하는 명백함과 대칭적인 것, 그것의 반대말로 이해했다. 그렇게 되면 또다시 논리적 역설이 발생한다. 명백하다거나 명백하지 않다 함은 '모른다'고 하는 상태에선 말할 수 없다. 그래서 그는 "모르신다면 어떻게 명백함 속에 있지 않다고 하느냐"고 물었던 것이다. 날카로워 보이는 논리적 반문이지만, 이는 조주가 '모른다'고 했던 말을 이해하지 못한 채 그저 '안다'와 '모른다', '명백하다'과 '명백하지 않다'라는 단순한 이항적 대립구도에서 왔다 갔다 하고 있는 것이다. 이런 것이 바로 '말'에 사로잡히는 것이다. 여기서 더는 답할 것도, 더는 물을 것도 없다. 해봐야 같은 말들을 주고 받으며 맴돌게 될 뿐이다. 그렇기에 조주는 말한다. "묻는 일 끝났으면 절하고 물러가거라." 사실 여기서 필요한 것은 조주가 한 말의 논리적 타당성이 아니라, 그 말로 가르치고자 했고, 그 말로

행하고자 했던 것이 무엇인지를 돌이켜보는 것이었다. 즉 조주
는 할 말을 이미 다 한 것이다.

덧붙이자면, 나중에 어느 스님이 "지극한 도는 어렵지 않으
니 오직 간택을 하지 않으면 될 뿐이라는데, 요즘 사람들은 이
말에 너무 집착하고 있지 않습니까?" 하고 묻자 조주는 "전에
도 어떤 사람이 나에게 물었으나 5년이 지났건만 잘 모르겠다"
대답한 것도 이런 맥락에서다. 또 설두가 투자投子에게 "지극한
도는 어렵지 않으니 간택하지 않으면 될 뿐이라 한 뜻이 무엇이
냐?"고 묻자, 투자가 "이 짐승 같은 놈아! 이 짐승아!"라고 대답
한 것도 이런 맥락에서 한 것이다.

19세기 초까지 서양의 수학자들은 공리公理란 의문의 여지가
없이 자명하다고, 그래서 누구나 인정할 수 있다고 생각했다. 그
러나 공리에 기반하여 정합적으로 구성된 유클리드 기하학에서
평행선 공리가 결코 자명하지 않음이 19세기 중반에 이르면 확
인되게 된다. 뿐만 아니라 그와 다른 공리, 즉 평행선이 없다거
나 많다고 하는 공리를 채택해도 정합적인 기하학의 공리계를
구성할 수 있음이 증명된다(이를 '비유클리드 기하학'이라 한다). 그 결
과 이제 공리란 자명한 게 아니라 더 이상 묻지 않기로 가정된
전제였음을 인정하게 된다. 수학적으로 확고한 지식이란 더는 묻
지 않기로 한, 결코 확실하다 할 수 없는 가정에 기초하고 있었

음을 받아들이게 된다. 그 공리를 서술하기 위해 사용되는 점, 선, 면 같은 기본 개념들 또한 정의되지 않은 말로 정의된 불확실한 말이다. 가장 확고하다 믿었던 지식의 출발점은 결코 확고하지 않은 개념, 확인될 수 없는 가정 위에 있었던 것이다.

생전에는 되도 않은 소리를 하는 몽상가 취급을 당했던 게오르그 칸토어(결국 정신병원에서 죽었다)의 집합론이 수학의 기초에 자리 잡은 것은 19세기 말이다. 그러나 칸토어 집합론에는 논리적 모순으로 보이는 몇 가지 치명적인 역설들이 포함되어 있었다. 수학의 확고한 기초가 되어줄 거라고 믿었던 집합론에 모순이 존재한다는 난감한 사태에 직면한 수학자들은 논리적 정합성이나 형식적 정합성을 확보하여 그 궁지를 빠져나가려 한다. 논리적 명확성을 통해 확고한 '의미'의 세계를 만들고자 했던, 논리실증주의자라고 불리는 철학자들도 이와 동일한 길을 택했다.

그러나 1931년 쿠르트 괴델은 모든 수학적 공리계에 공리만으로 참·거짓을 결정할 수 없는 명제가 존재하며, 어떤 수학적 공리계도 자신의 무모순성을 증명할 수 없음을 증명했다('괴델의 정리' 혹은 '불완전성의 정리'라고 한다). 논리적 형식 안에 논리만으로 해결될 수 없는, 아니 논리적 정합성이 붕괴하는 어두운 심연이 존재함이 증명된 것이다. 공리들이 시작하는 지점뿐만 아니라 공리들 사이에도 어둠이 자리 잡고 있었던 것이다.

이런 논리적 궁지는 연기의 개념을 밀고 올라가 '공'이란 개

넘을 제안했던 용수에게도 동일하게 있었다. 어떤 것에 대해서도 본성이 없이 '공하다'고 하는 순간, 그것은 '공하다'는 문장 자체로 되돌아와 그 문장의 의미를 '공한' 것으로, 무의미한 것으로 만들어버리기 때문이다. "만일 그대가 '모든 사물들의 자성은 그 어디든 존재하지 않는다'고 말한다면, 자성을 갖지 않는 그대의 바로 그 말은 결코 자성을 부정할 수 없다."(《회쟁론》§1, 경서원) 이런 비판에 대해 용수는 자신에게 어떤 주장도 없다고 한다(《회쟁론》§29). 말 자체만으론 적이 당혹스럽지만, 아무 주장을 한 적이 없다는 말이 아니라, 자신의 말에 자성이 없음을 인정하는 말일 것이다. 자신의 말이 자성을 갖지는 않지만 그렇다고 그 논의가 파괴되는 건 아니라면서(§24), 우리는 일상적 (언어) 관습을 인정한 위에서 말할 수밖에 없음(§28)을 지적한다. 나는 지금 용수가 쓴 순서를 뒤집어 요약했는데, 자기 말에 자성이 없으며(§24), 관습 위에서 말할 수밖에 없다(§28)는 말을 고려한다 해도 자신에게 어떤 주장도 없다는 말(§29)은 논쟁을 하는 용수의 곤혹스런 처지를 보여주는 것 같다. 인도는 중국과 달리 논리적 논쟁의 전통이 강하기에 논리적으로 설득해야 하는데, 논리적으로 말하려는 한 공에 대한 주장은 스스로를 무력화하는 역설을 피할 수 없다는 난점에 기인하는 궁지다.

이를 안다면 삼조의 문구에 포함된 논리적 역설을 알아보고 그것을 넘어서는 조주의 설법은 새삼 놀랍고 멋진 것임을 알 수

설법하는 고양이와 부처가 된 로봇

있다. 그는 논리 속에 존재하는 심연을 정확히 알고 있었다고 보인다. 물론 조주만이 그랬다고 할 순 없다. 선승들은 모두 가장 근본적인 것, 가장 심오한 법은 말할 수 없는 것임을 잘 알고 있었다. 말하자마자 어긋나버리게 됨을. 그럼에도 불구하고 말을 빌지 않고선 전할 수 없기에 빗나갈 것을 감수하고 또한 예상하며 말로 가르치고자 했다. 간택을 하지 말라는 말이 타당한 말이지만 조주가 그 말 또한 명백하지 않다며 빠져나간 것은, 말하자마자 어긋나버리는 이 근본적 궁지를 잘 알기에 한 말이다. 그런데 조주는 거기서 그치지 않고 그 말에서 벗어나는 방식으로 그 말을 실행하는 방법을 보여주었다. 그럼으로써, 말로 가르치려는 것을 배우면서 그 말에 매이지 않고 넘나드는 법을 가르쳐준다. 그런 식으로 그 말로 가르치고자 했던 것을 실행하는 법을 스스로 보여준 것이다.

조주에게 물었던 스님이 나중에 다시 조주에게 물었다.

"지극한 도는 어려울 게 없고 오직 간택을 그만두면 될 뿐이라 하였는데, 말을 하기만 하면 그것이 곧 간택인데 스님께서는 어떻게 사람을 지도하시겠습니까?"

"왜 이 말을 다 인용하지 않느냐?"

앞서 인용한 문구에서 조주 자신이 명백함 속에 있지 않다는 말을 왜 빼먹었느냐는 말일 게다. 허나 이 스님은 이번엔 '명백함 속에 있지 않다'의 난점 대신 간택하지 말라는 게 간택이고 입을 열면 간택임을 지적하려는 것인지라 "제가 여기까지 밖에 못 외웁니다"라며 슬쩍 빠져나간다. 그러자 조주가 대답한다.

"지극한 도는 어렵지 않으니 오직 간택을 하지 않으면 될 뿐이니라."

조주는 앞에선 간택하지 말라는 말을 따르지 않음으로써 그 말을 따르는 길을 택했었다. 명백함 속에 있지 않다는 말도 이 때문이었다. 그런데 사실 그 말은 애초에 삼조의 말을 따르기 위한 것이었으니, 삼조의 말을 그대로 반복함으로써 충분한 것이라는 생각이었을 게다. 하여 이번엔 간택의 논리적 궁지에 개의치 않고, 그 말이 정작 가르치려는 바를 직설적으로 표명하며 간택하지 말라고 말한다. 더구나 명백함 속에 있지 않다는 말도 인용하지 않고 빼먹었으니 애써 그 논리적 궁지로 되돌아갈 이유가 없다. 중요한 것은 말의 논리적 정합성이 아니라 그 말로 가르치고자 하는 바 아닌가! 조주가 대단했던 것은 단지 말솜씨만은 아니었던 것 같다.

설법하는 고양이와 부처가 된 로봇

02
분별은
공동체를
잠식한다

간택하지 말고 분별하지 말라는 말은 사실 동물인 우리로서는 정말 가능할까 싶을 만큼 어려운 일이다. 제자리에 선 채 태양과 물만 있으면 먹고 사는 문제가 해결되는 식물과 달리 동물은 그런 능력이 없기에 먹이를 찾아 돌아다녀야 한다. 뇌는 그렇게 돌아다니며 먹이를 찾기 위해, 혹은 적들의 먹이가 되는 상황을 면하기 위해 탄생한 기관이다. 그런 점에서 뇌란 생각하기 위한 기관이 아니라 운동하기 위한 기관이다.

이를 잘 보여주는 게 멍게의 일종인 우렁쉥이다. 우렁쉥이는 알다시피 땅바닥에 달라붙어 착생생활을 한다. 자웅동체인 성체 우렁쉥이가 낳은 유생은 올챙이처럼 생겼고 물속을 헤엄쳐 이동한다. 그런데 성체 우렁쉥이에겐 뇌가 없지만 유생에겐 뇌와 척색이 있다. 이놈은 이동하여 살아갈 곳을 찾은 뒤에 머리를 땅에 박고 착생한다. 착생한 뒤에 유생은 꼬리와 뇌를 먹어치운다. 운동을 하지 않게 되었기에, 많은 에너지를 소모하는 뇌를 먹어 없애버리는 것이다. 우리도 비슷하다. 힘들고 에너지 소모가 많은 일은 누구든 피하려 하지 않는가. 내려올 걸 뭐하러 산에 올라가느냐고 하고, 읽어도 이해하기 힘든 그 어려운 책을 뭔 영광 보겠다고 애써 읽느냐고 하지 않는가. 그러니 유념할 일이다. 운동하지 않으면, 힘든 일을 피하면 멍게처럼 뇌가 없어질 지도 모른다!

뇌가 하는 일은 판단하는 일이다. 즉 동물의 뇌가 해야 할 일 중 가장 일차적인 것은 이동하다가 만난 상대에 대해 덤벼들어야 할지 도망쳐야 할지, 그냥 있어도 되는지를 '판단'하는 것이다. 이걸 잘못 판단하면, 어느새 죽고 만다. 만난 상대가 내게 '좋은 것'인지 '나쁜 것'인지를 분별하는 것은 이와 관련되어 있다. 만난 놈이 누군인가 세세히 파악하는 것은 이차적이다. 핵심은 놈이 내가 기뻐할 대상인지, 두려워할 대상인지를 최대한 빨리 판단하는 것이다. 바로 이것이 분별, 간택의 자연학적 발생인이다. 긴급한 상황에 대처하기 위해 진화된 능력이지만, 일단 신체에 자리 잡은 이후엔 급하든 그렇지 않든 모든 판단에 작용하고 끼어든다.

이로 인해 어떤 대상에 대한 분별은 대개 단순한 '구별'만이

설법하는 고양이와 부처가 된 로봇

아니라 호오의 평가를 포함하며, 강도의 차이는 있겠지만 대개 감정이 동반된다. 감정이란 신경 신호들이 수많은 뉴런neuron(신경세포)들을 이용하여 신중하고 정확한 판단을 하다간 죽기 십상인 시급한 상황에 대처하고자, 간단한 특징만으로 재빨리 판단해 행동하게 하는 증폭장치다. 그래서 감정이 일어나면 신체 전체가 일시에 크게 변한다. 신체 전체에 퍼진 신경망에 증폭된 신호가 빠르게 퍼져가고 근육은 얼른 움직일 수 있도록 긴장되기 때문이다. 이는 동물의 생존을 위해 진화된 신체적이고 무의식적인 반응이다.

감정이 동반되기에 분별은 대뇌 신피질에서 사고가 진행되는 것보다 훨씬 빠르고 강하게 증폭된 신호를 신체에 보낸다. 뇌보다 앞서 신체가 '생각'하고 판단한다. 감정이란 이미 반쯤은 행동이 된 신체반응인 것이다. 그렇기에 감정이 일면 눈앞의 사태를 정확히 보기 어렵고, 들리는 얘기도 듣기 어렵다. 생각보다 먼저 행동하게 된다. 그래서 사태에 빠르게 반응하게 되지만, 사태를 정확하게 이해하지 못하고, 그 사태에 대해 올바르게 대처하지 못하는 경우가 허다하다. 속도를 위해 정확성을 포기하는 셈이다.

더욱 불행한 것은 감정적인 언행은 상대방의 감정적인 반응을 낳게 마련이란 점이다. 화가 나서 하는 상대의 말을 차분히 듣고 '그렇군, 내가 무얼 잘못했어!'라고 판단하는 사람은 찾기 힘들다. 그가 하는 말이 무슨 일인가는 귀에 들어오지 않는다.

그저 화난 감정의 표현으로 접수될 뿐이다. 그건 필경 화난 감정, 화난 행동을 유발한다. 어차피 도인이 아닌 한 감정이 안 일어날 리 없다. 감정이 일어나면, 정확성 같은 것은 안중에서 사라진다. 빠르게 자극에 반응하려는 마음이 일어나고 그것이 증폭되어 신체 전체로 확산된다.

그러니 감정이 일단 일어났다면, 그걸 알고 그게 가라앉길 기다렸다 생각하고 말하고 행동하는 것이 좋다. 생각해보면 적어도 나에 관한 한 감정적으로 판단하여 한 행동 치고 후회하지 않은 것이 없고, 감정이 일어난 상태에서 한 생각 치고 어리석지 않은 생각이 없었다. 그렇기에 재빨리 도망쳐야 하는, 동물적 감정이 필요한 상황이 아니라면, 감정이 일어났으면 일어난 줄을 얼른 알아채고, 그 감정이 가라앉을 때까지 말하지 않고 생각하지 않고 기다리는 것을 내 행동의 준칙으로 삼고 있다.

"지극한 도는 어렵지 않으니 오직 간택을, 즉 분별을 하지 않으면 될 뿐"이라는 말 바로 뒤에 삼조가 "애증을 떠나기만 하면, 사태가 통연명백하리라(但莫憎愛 洞然明白)"고 썼던 것은 이런 맥락에서 이해해야 한다. 애증은 감정이다. 애증의 감정이 일어났다면, 그때 한 생각은 생각이 아니라 뇌의 신경 신호보다 빨리 달려온 감정의 메시지고, 그때 하려는 행동은 생각보다 빨리 달려온 감정의 충동질이다. 그러니 사태가 정확히 보일 리 없다. 사태가 제대로 안 보이는데 지혜가 발동될 리 없다. 탐진의 감정이

설법하는 고양이와 부처가 된 로봇

사고의 속도보다 훨씬 빨리 어이없는 우치愚癡를 낳는다. 이것이 분별하지 말라는 말이 갖는 인식론적 의미라 하겠다.

이는 윤리적 의미로, 다시 말해 실천의 철학으로 곧장 이어진다. 우리는 다른 이들과 함께 살아야 하는데, 그렇기에 남들에 대해 판단하게 되고, 그 판단에는 필경 저 동물적인 분별능력이 끼어든다. 그 '남'들이 정말 남들일 뿐이어서 큰 관심 없이 지낼 수 있는 관계라면 차라리 별 문제가 없다. 내 분별이 끼어들 여지가 별로 없으니 분별없이 '쿨하게' 지켜보는 경우가 많다. 문제는 가까운 사람들이다. 좋든 싫든 관심을 갖지 않을 수 없는 가까운 사람들일수록 분별하고 개입하게 되며, 개입 못하면 뒷말이라도 하게 된다. 가령 가족이나 친구, 혹은 공동체 같은 것이 그렇다. 다시 보지 않을 수 없고, 영향을 크게 받기에 하나하나의 언행에 대해 호오의 판단이나 애증의 감정을 갖고 분별한다. 그런데 이런 분별은 애초에 문제가 된 것보다 훨씬 더 난감한 상황으로 우리를 몰고 가는 경우가 대부분이다.

그동안 나는 꽤나 오랫동안 공동체를 만들어 공부하고 활동해왔다. 만들기도 여러 번 만들었고, 그 수만큼이나 깨지기도 여러 번 깨졌다. 만드는 경험은 즐겁지만, 깨지는 경험은 고통스럽다. 나만 아니라 여러 사람이 고통스러웠을 게다. 그런데 돌아보면 깨지거나 분열된 경험은 모두 분별심과 관련되어 있었다. 분별하는 행위는 해체의 유일한 이유는 아니라 해도 결정적인 이유 중 하나였음은 분명하다는 생각이다. 서울사회과학연구소라 지식공동체가 깨졌던 것은. 전에 《불교를 철학하다》에서 말한 적이 있는 것인데, 동료나 후배들에 대한 나의, 그리고 그 역방향의 애증의 감정 때문이었다. 뭘 하면 전심으로 몰두해서 하는 성격인지라 후배들을 열심히 챙겨준다고 챙겨주었는데, 어느날 그런 나의 관심과 행동이 후배들의 생활을 간섭하고 고유성을 억압한다는 얘길 전해 들었다. 대단히 놀라서 그렇게 하지 않겠다고 물러서긴 했지만 무척 서운했다. 그리고 일 년 뒤, 이번엔 반대로 내가 특정한 친구만 좋아하고 자기들에 대해선 관심을 갖지 않는다는 얘기를 또 전해 들었다. 그땐 여러 가지 이유에서 무척 화가 났다. 하여 그 말을 받아들이지 않고 대판 싸웠고, 결국 '머리를 깎는' 일까지 겪으며 그 친구들과 결별했다.

당시 나는 그렇게 한 것에는 충분한 이유가 있으며, 따라서 정당하다고, 즉 잘했다고 믿었다. 나로선 최대한 열과 성을 다해 애정을 갖고 대해주었는데 그걸 간섭이라고 밀쳐내곤, 나중엔 거리를 둔 것에 대해 서운하다 한 것이었으니까. 그러나 생각해보면, 후배들의 말로 인해 내 마음에 서운한 감정이 일었을 것이고, 그 서운함은 이전에 가졌던 애정만큼 컸을 테니, 그 뒤에 후배들에 대해 두었던 거리는 필경 그런 감정이 만든 것이었음이 틀림없다. 그런 감정에 타당성이 있든 말든, 그렇게 서로 애증을 오가며 분별심을 일으켰던 것이고, 결국 함께하던 공동체는

설법하는 고양이와 부처가 된 로봇

분열과 해체의 길을 걷게 된 것이다. 분쟁의 직접적 원인이 감정이었음이 분명했지만, 그것을 직시하기보다는 누가 옳고 그른지, 무엇이 옳은지를 계속 따지고 다투려 했다. 분별심은 이처럼 그것에 동반되는 애증을 감추며 작동한다.

'수유+너머'라는 이름으로 시작한 뒤에도 공동체가 두 번 깨졌는데, 그것 또한 모두 영향력 있는 사람들이 공동체의 회원들에 대해 '이 사람은 어떻고 저 사람은 어떻고…' 하는 분별 행위들 때문이었다는 게, 꽤나 시간이 지난 지금의 생각이다. 공동체를 주도하고 열심히 참여하는 사람일수록 분별심을 갖기 쉽다. 자신이 열심히 하기에 열심히 하지 않는 이들이 눈에 걸리기 마련이고, 공동체가 잘 되길 바라기 때문에 열심히 하지 않거나 '문제가 있는' 이들이 눈 밖에 나기 십상이다. 열의의 소산이니 그런 판단을 하는 게 문제라고 느끼기도 어렵다.

게다가 이런 분별심이 일어나면 그 얘기를 필경 다른 이들에게 하기 마련이다. "공동체가 잘 되려면 이렇게 해야 하는데, 이 사람은 이렇게 안 해서 문제고, 저 사람은 저런 식으로 행동해서 문제고…" 흔히 '뒷담화'라고 하는 이런 얘기들에 함축된 실질적 의미는, 그걸 듣는 이들에게 '이 사람 나쁘니 이 사람과 어울리지 마라'는 명령어다. 굳이 그걸 분명하게 말하지 않지만, 그 얘기를 들은 사람이 나쁜 평을 듣는 이에 대해 좋은 생각을 할 가능성은 거의 없다. 별 생각 없던 이들도, '아 저 사람…' 하며 거리를 두게 된다. 분별은 평판이 되고 소문으로 퍼져간다. 그러면 뒷담화에 오르내리던 사람 역시 그 거리나 감정 섞인 분별심을 어느새 알아챈다. 자신이 잘못한 걸 심지어 잘 안다 해도, 감정적 반감이 어찌 안 일어날 것인가. 그러면 그 역시 뒤에서 자기 얘기를 하는 이들은 물론, 그 얘길 듣고 거리를 두는 이들과 잘 지내기 힘들어진다. 이런 식으로 사람들 사이에 거리가 만들어지고 감정의 골들이 패이게 되면, 공동체는 이제 그 골을 따라 깨지거나 분열되는 길로 밀려간다. 그게 아니면 서로 불편하니 안 나오게 되면서 공동체가 공동화空洞化되어 간다. 활력은 사라지고 생기 없고 텅 빈 공동체가 된다. 결국 공동체는 깨지거나 분열되게 된다.

나는 다른 회원들에 대해 하던 그런 뒷담화가 대부분 이유 있는 얘기라고 믿는다. 그리고 그렇게 분별하고 뒷담화를 하는 사람이 공동체에 대해 애정을 갖고 공동체를 걱정해서 하는 얘기라는 것도 잘 알고 있다. 그런데 그게 모두 사실이라 해도, 그들이 분별하고 뒷담화를 한 결과는 공동체 성원들이 함께 지내고 활력있게 살아가는 것에 치명적인 독이 된다. '문제가 있는 사람'을 그냥 둔다면 그 사람이 공동체에 기여하는 바가 없는 걸로 끝나겠지만, 그에 대해 분별하는 언행은 사람들 사이에 감정의 골을 파고 끝내 공동체의 분열 내지 해체로 이어지게 한다. 공동체 자체의 해체나 분열이라는 귀착점에 비추어보면 애초에

설법하는 고양이와 부처가 된 로봇

문제가 있는 사람이 야기한 무익無益이나 해악은 정말 사소한 것 아닐까. 이 최악의 귀착점을 생각해보면, 그 사람 개개인의 문제가 뭐였든 그냥 내버려두는 게 훨씬 좋았을 것이다. 좋은 것으로 치자면, 뒤에서 분별하고 뒷말할 게 아니라 눈앞에서 비판하고 함께 다른 관계를 만들어가야 하지만, 그게 아니라면 차라리 못하는 사람은 못하는 대로 두고 열심히 하는 사람들이 열심히 하는 게 공동체의 생존이나 활동에 더 나았을 것이다.

나쁜 분별, 밀쳐내는 감정이 무엇보다 문제지만 좋아하는 감정 또한 경계해야 한다. 무언가를 좋아한다는 것은 그와 반대되는 것을 싫어하고 밀쳐낼 준비가 되어 있음을 뜻하기 때문이다. 부모가 자식을 힘들게 할 때, 대개는 그것이 지나친 애정에서 나온 것임은 잘 알려진 사실이다. 친구 또한 그렇다. 내가 좋아하는 걸 할 때 좋아하고 내가 싫어하거나 이해할 수 없는 걸 할 때는 '배신'이라며 미워하는 건 우정이 아니다. 이해관계가 일치하면 친구라고 하다가 이해관계가 충돌하면 '배신자'라며 더 미워하며 공격하는 조직폭력배 식의 '의리'는 우정도 아니고 제대로 된 신의信義도 아니다. 싫어하는 걸 할 때도 기다려 줄 줄 알고, 문제가 있을 때 비판을 하면서도 그가 그 문제를 넘어설 수 있도록 촉발할 수 있어야 하다. 이해하기 힘든 행동을 할 때도 무슨 이유가 있겠지 하고 마음을 열어둔 채 기다릴 수 있을 때에만 제대로 된 우정이요 신의라는 생각이다.

03
존재론적
평등성

《장자》의 〈제물론〉은 만물이 모두 평등하다는 장대한 존재론적 사상을 펼쳐 보여준다. 〈제물론〉만은 아니다. 외편에 속하는 〈병무騈拇〉 편을 보면, 상충되는 내용이 포함되어 있긴 하지만, 발가락 사이에 이어져 있는 흔히 없는 살조차 군더더기로 여기지 않으며, 손가락이 갈라져 여섯 일곱이 된 것 또한 쓸데없는 것이라 여기지 않는다. 그래서인지 《장자》 전편에 걸쳐서 추한 몰골의 인물이나 곱사등이, 절름발이 등이 최고의 도를 터득한 인물로 반복하여 등장한다. '기형'이나 '불구'라고 하시下視하는 이들에게 일부터 이른바 '정상인'은 물론 공자 같은 사람보다 훨씬 더 높은 경지에 있는 인물의 역할을 맡기는 것이다. 또한 다리 길이로 높이를 재려는 이들에게는 오리 다리가 비록 짧지만 다른 걸

억지로 이어주면 난감하지 않겠냐고 지적하고, 발빠른 움직임으로 민첩성을 재려는 이들에게는 학의 긴 다리가 답답하지만 잘라주면 죽어버리고 말지 않겠냐고 반문한다. 곽상郭象은 이렇게 주석을 단다. "각자는 모두 올바름의 기준을 갖고 있으므로, 한 사물을 기준으로 다른 사물을 바로잡거나 손익을 따져선 안 된다."(《장자 2》, 21)

이런 생각은 '적자생존'의 경쟁적 진화론을 쓴 것으로 알려진 다윈(1809~1882)의 책에서도 찾아볼 수 있다. 흔히들 진화나 적자생존은 형태가 좀 더 완전한 것이나 기능이 좀 더 충분한 것이 살아남으며 그런 방향으로 발전하는 것이라고 생각한다. 그러나 다윈에 따르면 진화란 환경에 따라 살아남기 유리한 것이 살아남는 방식으로 이루어진다. 이는 종종 형태나 기능의 완전성이 '감소'하는 방향으로 진행되기도 한다.

예를 들면, 마데이라Madeira 군도群島의 섬에 사는 풍뎅이는 그 종의 수에서나 개체수에서나 50% 정도가 날개가 없어서 날지 못한다. '기형'이나 '불구'라 할 만한 풍뎅이가 통상적인 경우에 비해 월등하게 많은 것이다. 다윈에 따르면 그곳이 바람이 많은 작은 섬이란 사실이 그 이유라고 한다. 즉 날개가 발달하여 잘 날아다니는 놈은 바람에 날려 바다에 빠져 죽는 경우가 많은 반면, 날개가 기형이라 못 나는 놈은 그러지 않아 살아남은 것이다. 적자생존이란 이런 것이다. 바람 많은 섬에선 날지 못하는 놈이 적응자로서 살아남는 것이고, 따라서 시간이 지나면 이 섬에 사는 풍뎅이는 점점 더 날지 못하는 것으로 진화하게 될 것이다.

생명체의 능력이란 주어진 환경에 적응하여 살아가고 또 살아남는 능력이다. 그것이 진화의 원동력이다. 이런 점에서 보면 물속에선 어류가 가장 탁월하고 습지에선 양서류나 파충류가 가장 탁월할 것이다. 높은 산 위에서라면 당연히 조류가 최고다. 미생물은 미생물대로 자신의 환경에서 살아가는 능력이 있고, 인간은 인간대로 자신의 환경에서 살아가는 능력이 있다. 작은 것은 작아서 생존에 유리하며, 큰 것은 커서 생존에 유리하다. 술어를 '불리하다'고 바꿔 써도 마찬가지다. 즉 모든 생명체는 나름의 생존 능력을 갖고 있다는 점에서 평등하다. '장애'라든지 '기형'이라든지, '불구' 같은 관념은 특정한 형태의 유기체를 기준으로 만들어진 관념일 뿐이다. 자연에 존재하는 것 가운데 '기형'은 없다. 각자 자기 나름의 형태가 있을 뿐이다. 동시에 자연에 존재하는 것 가운데 '불구' 아닌 것도 없다. 인간은 물에 들어가면 죽고 상어는 뭍에 올라오면 죽는다. 익숙지 않은 환경에선 모두 다 불구인 것이다. 그런 점에서 자연은 '공평하다'. 우리는 그 공평한 평면 위에서, 좀 더 생명력을 고양시키려는 양상의 차이만을 가질 뿐이다.

따라서 자연의 생명체들에게 선악 호오와 우열, 정상과 장애

설법하는 고양이와 부처가 된 로봇

같은 분별을 하는 것은 분별하는 자의 생각을 보여줄 뿐, 자연 자체의 질서와는 거리가 멀다. 자기 관점에서 세상을 분별하고 분별하는 기준을 만들어 정당화하려는 것일 뿐이다. 분별을 하지 말라는 말은 이런 의미에서 존재론적 가르침이기도 하다. 세상에 존재하는 것들은 모두 '차별 없이' 평등하다. 하지만 '차별 없이'라는 말은 모두 동일하다는 게 아니라 각자가 서로 다른 채, 또한 서로 다르기에 평등하다는 말이다. 각자가 서로 다른 채, 각자의 차이 그대로 평등하다는 말이다. "풀줄기와 큰 기둥, 문둥이와 서시西施로부터 세상의 온갖 이상한 것들에 이르기까지 도는 통해서 하나"라는 장자의 말이 그러하다(《장자 1》, 88).

그러나 지식은 분별한다. 이런 분별에 항상 애증의 감정이 수반된다 하기는 어렵다. 그러나 호오와 우열의 판단은 따라다닌다. 여기서 문제는 척도다. 판단하는 자의 특정한 척도로 모든 것을 분별하고, 평가하며, 위계화하기 때문이다. 가령 경제학은 생산성을 척도로 사물이나 사람을 분별하고 호오를 평가하고 분별한다. 같은 비용이면 좀 더 많이, 좀 더 싸게 생산하길 바라는 자의 척도가 경제학을 떠받치고 있는 것이다. 사물이나 사람이 갖는 다른 측면들은 사상捨象되어 보이지 않게 된다. 이들에게 왜 생산성이 높아야 하느냐고 물으면, 황당해하며 경제학 바깥의 얘기라며 내치고 만다. 물리학은 힘이나 에너지 같은 물리량에 따라 사물의 상태를 분별하고, 그것을 바탕으로 호오를 분별한다. 가령 엔트로피entropy가 작은 상태는 큰 것보다 '좋은' 상태다. 엔트로피가 늘어나면 날수록 가용한 에너지는 줄어들기 때문이다. 그러나 비빔밥을 휘저어 골고루 섞어주는 것은 애써 엔트로피를 증가시키는 것이다. 섞는 것은 모두 그렇게 언트로피를 일부러 증가시키는 것이다. 엔트로피가 크다고 언제나 나쁜 것은 아니란 말이다. 심리학은 '정상성'을 기준으로 사람을 분류하고 평가하고 분별한다. 그러나 정상적이란 말은 평범하다는 말이다. 공부를 잘 하는 학생, 뛰어난 예술가, 탁월한 지도자는 그런 평범한 정상성에서 벗어난 자들이다.

어느 경우든 쉽게 분별하는 눈은 자기 눈밖에 있는 것을 보지 않는다. 자신의 척도 바깥에 있는 것에 대해 제대로 보지 못한다. 장자가 보기에 이는 모두 자연의 존재론적 평등성을 보지 못하는 작은 지식이다. "큰 지식(大知)은 한가하고 너그럽지만 작은 지식(小知)은 사소한 일이나 또박또박 따지며, 큰 말(大語)은 담담하여 시비에 구애받지 않지만 작은 말(小言)은 수다스럽기만 하다."(《장자 1》, 73) 그래서인지 "도道로서 조화한다는 말이 무슨 말"이냐는 물음에 이렇게 대답한다. "(세간에서) 옳지 않다고 여기는 것을 옳다고 여기고, 세간에서 그렇지 않다고 여기는 것을 그렇다고 여기는 것이다."(《장자 1》, 124) 추하고 기형인 인물을 도에 가까운 자리에 올려놓은 것이 이 때문이었을까. 어쨌건 이럼으로써 세간에 통용되는 "편견을 없애버려 경계 없는 경지에

설법하는 고양이와 부처가 된 로봇

서 자유자재로 움직이"게 하고자 한다. 이를 "경계 없는 세계에 맡긴다(寓諸無竟)"고 한다(《장자 1》, 124).

"지극한 도는 어렵지 않으니 오직 분별하지 않으면 될 뿐이다"는 삼조의 말은 《장자》에서 펼쳐지는 이런 도의 개념과 무관하지 않을 것이다. 도와 시비의 분별을 상반되는 자리에 놓고, 도와 지식을 대립시켜 깨달음(證悟)을 지식에 의해 얻어지는 깨달음(解悟)과 대비하는 선가의 오래된 전통 또한 그렇다. 조주가 간택이나 명백함 이전으로 거슬러 올라가서 말했던 '모른다'의 경지는 이렇듯 간택을 모르는 간택 이전의 경지, 시비의 분별을 모르는 분별 이전의 경지였던 것이다. 이것과 저것의 구별이나 차별이 생겨나기 이전의 경지다. "보통 사람은 부지런히 힘쓰는데 성인은 어리석고 둔해서 만년의 세월을 합쳐서 하나로 하고 순수한 세계를 이룩한다."(《장자1》, 117) 시비로 갈라지기 이전의 '하나', 혹은 하나 이전의 '무'가 그것이다. "도는 본시 구별이 있지 않았고, 말은 본시 고정불변의 의미가 있지 않았다. (의미가 없는 말로 도를 표현하려 했으니) 이로 인해 사물에 구별이 있게 되었다." 좌우와 인륜, 의리, 차별과 경쟁, 다투는 일 등의 구별이 그로부터 나온 것이다(《장자 1》, 102).

분별이 사라진 세계, 그것은 존재론적으로 차별이 사라진 세계, 모든 것이 각자 다른 채 평등한 세계다. 그 존재론적 평등성의 평면 위에 펼쳐지는 것은 순수 긍정이다. 작은 것은 작은 대로 긍정하고, 큰 것은 큰 대로 긍정하는 것, 예쁜 것은 예쁜 대로 긍정하고 추한 것은 추한 대로 긍정하는 것, 움직이는 것은 움직이는 것이어서 좋고, 움직이지 않는 것은 움직이지 않아서 좋다고 긍정하는 것.

운문이 대중들에게 물었다.
"십오 일 이전에 대해서는 묻지 않겠지만, 십오 일 이후에 대해서 한 구절을 말해 보라."
그리곤 대중을 대신하여 스스로 이렇게 대답했다.
"날마나 좋은 날이다."《벽암록》상, 71)

십오 일은 안거가 끝나는 날을 말한다. 안거란 알다시피 깨달음을 얻고자 들어앉아 집중 수행하는 것을 뜻한다. 안거가 끝났다고 모두가 깨달음을 얻었을 리는 없지만, 제대로 안거를 하였다면 그 뒤는 모든 분별심이 사라지고 천 가지 차별이 끊어져야 마땅할 것이다. 적어도 깨달음을 얻고자 한다면 그렇게 분별심을 끊으려 해야 한다. 그러니 십오 일 이후를 묻는 것은 안거 이후를 묻는 것이다. 안거 이후 차별이 끊어진 뒤엔 어떠하겠는가 묻는 말이다. 차별이 끊어지면 모든 것을 오는 그대로 여여如如하게 긍정할 수 있다. 그렇게 긍정하는 이에게는 매일매일이 좋은 날일 것이다. 비 오는 날은 비가 와서 좋고, 개인 날은 개어서 좋고, 흐린 날은 또 흐린 날이어서 좋고….

　그러나 분별심을 내려놓는 것이 아무런 분별도, 어떤 판단도 하지 않음을 뜻하는 것은 결코 아니다. 아무런 판단 없이 일상의 삶을 살 순 없다. 분별 없이 생존을 지속할 순 없다. 중요한 것은 분별심을 떠날 때 정확하게 판단하고 올바르게 분별할 수 있다는 사실이다. 그런 분별이나 판단을 '지혜'라 한다. 지혜란 분별심을 떠나서 분별하고 판단하는 것이다. 장사長沙의 봄 얘기는 분별이 사라진 뒤에 '좋고 나쁨'을 말하는, 《장자》와는 다른 새로운 경지가 열림을 보여준다. 장사가 하루는 산을 유람한 뒤 돌아오니 수좌가 물었다.

　"스님께선 어딜 다녀오십니까?"

　"산을 유람하고 오는 길이다."

　위험한 대답이다. 분별을 떠난 이가 따로 좋은 것이 어디 있다고 유람을 한단 말인가. 하여 수좌가 다시 묻는다. 아니 원오 말대로 '다시 내지른다'.

　"어디까지 다녀오셨습니까?"

　"처음에는 향기로운 풀을 따라갔다가, 지는 꽃을 따라서 돌아왔느니라."

　역시! 이 얼마나 멋진 대답인가. 향기로운 풀은 향기로우니 좋고, 지는 꽃은 지는 모습 그대로 좋다 함이니 피어나는 것, 지는 것 모두가 좋다는 말이다. 분별을 떠난다 함은 아무런 판단을 하지 않는 게 아니다. 이건 이래서 좋고 저건 저래서 좋음을 아는 것이다. 운문처럼 매일을 좋은 것으로 긍정할 수 있음이고 장사처럼 각각을 좋은 것으로 긍정할 수 있음이다. 수좌도 이를 잘 알아들었던 듯하다.

"아주 봄날 같군요."

"아무렴, 가을날 이슬방울이 연꽃에 맺힌 때보다야 낫지."

여기서 장사는 《장자》와 달라진다. 《장자》에선 모두를 차별 없이 긍정하는 것이 지고의 경지다. 이것이 '제물齊物'의 경지다. 그러나 장사는 거기 멈추지 않는다. 꽃은 꽃 대로 좋고, 낙엽은 낙엽 대로 좋으며, 주룩주룩 퍼붓는 비는 비 대로 좋고, 세상을 하얗게 덮으며 오는 눈은 눈 대로 좋지만, 바로 그렇기에 꽃을 보는 데야 가을보단 봄이 좋고, 단풍을 보는 데야 어느 계절도 가을과 비교할 수 없다. 차별이 사라진 존재론적 평면에서 세상을 본다는 것은 아무 기준 없이, 아무것이든 그저 '좋다'고 하는 것이 아니다. 모든 사물을 하나의 초월적 척도로 재는 평면을 떠나 각자에게 '내재하는' 각자의 기준으로 보는 것이고, 그 기준에 따라 판단하고 평해가는 것이다. '내재성'의 평면에서 세상을 보는 것이다.

불교는 존재론적 평등성에 대한 장대한 사유의 장이다. 중관학의 공 사상은 모든 것이 연기적 조건을 떠난다면 어떤 본성도 없는 공으로서 동등함을 통찰한다. 잠재성 차원에서의 평등성을 보는 것이다. 화엄학은 모든 것이 시방삼세의 우주가 만들어 낸 것이며, 인간이나 호랑이, 소나무 등 모든 존재자에 시방삼세의 우주가 깃들어 있다는 점에서 모두 동등함을 통찰한다. 현행성의 차원에서 평등성을 보는 것이다. 선은 분별을 떠날 때 모든 것이 각자의 차이 그대로 동등함을 통찰한다. 모든 것에게 각자의 것을 되돌려주는 것이다. 각자가 가진 특이성과 힘을 되돌려주는 것이다.

●

제15장

만법이 하나로 돌아가는데,
그 하나는 어디로 가는가

●

모두인 하나와 '지금 여기'의 개체성

01
'하나'를
향한
의지들

어느 스님이 조주에게 물었다.

"만법이 하나로 돌아가는데, 그 하나는 어디로 돌아갑니까?(萬法歸一 一歸何處)"

"내가 청주에 있을 때 무명적삼을 한 벌 만들었는데, 그 무게가 일곱 근이더군."

이건 또 무슨 소리인가? 만법과 하나를 물었는데, 뜬금없이 무명적삼 얘기라니. 이런 동문서답이 어디 있을까. 동문서답을 일러 말할 때 종종 선문답이라 함은 이런 식의 문답 때문일 게다. 그러나 역시 최고의 '입'을 가진 조주니 실없이 이렇게 말했을 리 없다. 왜 이리 대답했을까? 그런데 이를 다루기 전에, 저 스님이 던진 질문 자체에 대해 자세히 천착할 필요가 있다. 이는

설법하는 고양이와 부처가 된 로봇

동양과 서양, 불가와 도가, 불학과 도학 등이 만나고 흩어지는 중요한 교차로이고, 그것들이 갈라지는 분기점으로 우리를 인도하는 중요한 질문이기 때문이다.

앞서 언급하기도 했지만, 선은 모든 것이 응축된 '하나'를 추구한다. 그 하나를 표현하는 간명한 한마디 말을 얻고자 한다. 원오 또한 말한다. "불법의 핵심은 번잡스러운 언어에 있지 않다." 그러나 이는 단지 선에만 고유한 것이 아니다. 도가道家도 하나를 말한다. 모든 것의 근원이 되는 하나, 모든 것을 싸안는 하나. '도'가 그것 아닌가. 주자朱子 또한 하나의 이치를 추구한다.

모든 것이 기원하는 하나, 혹은 모든 것이 귀착되는 '하나'를 추구하는 것은 서양 또한 다르지 않았다. 존재하는 모든 것의 존재 이유를 최초의 존재 하나로 설명해주려는 시도는 '최초의 창조자' 역할을 하는 하나의 신으로 사람들을 인도했다. 스스로는 운동하지 않지만 다른 것을 운동하게 시동을 걸어준 어떤 것('부동의 시동자'라고 한다)으로 모든 운동의 기원을 설명하려고 했던 아리스토텔레스도 이와 다르지 않았다.

이처럼 모든 것의 근거가 되는 하나, 모든 것을 통합해주는 하나로 모든 사물, 모든 현상을 통일적으로 설명하려는 태도를 서양에선 '형이상학(metaphysics)'이라고 부른다. 그리스 이래 모든 학문의 왕좌 자리를 차지하기도 했지만, 언젠가부터는 세상사와 무관한 공허한 주장을 뜻하는 '욕'으로 사용되기도 했던 게 '형이상학'이다. 신이나 이데아처럼 증명할 수 없는 어떤 가정으로 세상을 설명하려드는 사변적인 철학이나 종교 같은 비과학적 주장이라는 의미에서 그랬을 것이다. 그러나 과학이 유일하게 참된 지식이라 믿는 이들이 다른 종류의 지식들에 자주 퍼붓는 이런 비난은 형이상학이 무언지 모르고 하는 소리일 뿐아니라, 과학이 무엇인지도 잘 모르고 하는 소리다. 모든 것을 하나의 원리로 통합하거나 하나의 원리로 환원하려는 태도가 형이상학이라고 한다면, 현대 과학만큼 형이상학적인 것도 없다고 해야 하기 때문이다.

뉴턴 이래의 현대과학은 모든 것을, 그게 안 되면 최대한 많은 것을 하나의 원리나 법칙으로 통합하여 설명하려는 태도를 강박적일 정도로 강하게 견지하고 있다. 그것은 근대 이래 과학의 성공 요인이기도 했다. 가령 뉴턴은 갈릴레오가 정리한 지상에서의 운동 법칙과 케플러가 발견한 하늘에서의 운동 법칙을 '하나'로 통합하여 설명하고자 했다. 데카르트 공간이라고 불리는, 좌표들로 표시되는 동질화된 공간이 그걸 가능하게 해주었다. 그러나 그것만으론 부족했다. 사물들이 운동하는 '이유'가 있어야 했다. 이를 위해 뉴턴은 '중력'이라는, '마술사'들 사이에 사용되던 개념을 끌어들였다. 이 개념을 '만유인력'—보편중력—이란 개념으로 바꾸어 우주의 운동 전체를 설명하는 '하나'의 원리로 삼았다.

설법하는 고양이와 부처가 된 로봇

여기서 '마술사'란 말은 괜한 농담이 아니다. 자석에서 연원淵遠하는 '중력'의 개념은 자석에 매료되어 있던 마술사들의 전통에 속한 것이었다. 이는 아리스토텔레스식 '과학'과 묘하게 교차하면서 가까워졌다 멀어지며 존속해왔다. 직접적 접촉 없이 힘이 전달되거나 작용한다는 '원격지 작용력'을 인정하지 않았던 그 '과학'으로선 접촉 없이 밀고 당기는 자석의 존재가 곤혹스런 것이었다. 그러면서도 밀물과 썰물이 달의 움직임과 관련되어 있다는 관찰은 받아들였다. 근대과학의 '이념'을 수립한 갈릴레이는 아리스토텔레스주의 '과학자'들도 부정하지 못한 중력이라는 마술사들의 개념을 선명하게 부정하고자 한다. 그의 책《프톨레마이오스와 코페르니쿠스의 2대 세계체계에 대한 대화》(1632)의 원제목은《바다의 밀물과 썰물에 관한 대화》였다고 하는데, 밀물과 썰물의 원인이 달 때문이라는 주장을 반박하려고 쓴 것이었다. 그러니 그가 별들의 운동이나 물체의 낙하운동을 중력으로 설명하는 것을 받아들였을 리 없다. 반대로 밀물 썰물의 원인이 달의 중력 때문이라는 주장을 받아들였다는 이유로 케플러를 비난한다. 하지만 뉴튼은 자신을 유명하게 해준 책을 낸 이후에도 연금술을 연구하던 진지한 마술사였기에, 중력이란 개념에 대한 반감이 전혀 없었다. 그는 이를 더 적극 끌어들여 달과 바다의 관계는 물론 별들의 운동이나 지상의 운동 모두를 이로 설명한다. 이른바 '보편중력의 법칙'(흔히 '만유인력의 법칙'이라고 번역된다)을 통해 그는 지상에서의 운동과 하늘에서의 운동을 하나로 통합하는 이론을 제시했고, 이는 대대적인 성공을 거두었다.

'하나'로 모든 걸 설명하려는 시도는 거기서 멈추지 않는다. 잘 알다시피 뉴턴의 고전역학古典力學(classical mechanics)은 일상적인 세계에서의 운동을 서술할 때만 타당하다. 미시적인 입자들의 세계에서 벌어지는 일들을 설명하기 위해 사용하는 양자역학量子力學(quantum mechanics)은 고전역학과 아주 다른 물리법칙을 갖는다. 또 우주와 별들이라는 거시적인 세계에서 벌어지는 일들을 서술하는데 사용하는 상대성이론相對性理論(theory of relativity)도 고전역학과 아주 다른 물리법칙을 갖는다. 아주 다른 법칙을 갖는 세 이론이 우리가 사는 물리적 세계를 나누어 설명해주고 있는 셈이다. 옳다고 인정되는 세 과학, 즉 뉴튼의 고전역학과 양자역학, 상대성이론이 아주 다른 물리법칙을 갖는다는 사실은 과학자들로선 곤혹스런 것이었다. 다행히도 입자들의 세계에서 일상 세계 방향으로 밀고 가면(극한값을 취하면) 고전역학과 일치하고, 고전역학을 거시적 세계로 밀고 가면 상대성이론과 일치한다고 한다. 덕분에 물리학자들은 안도의 한숨을 내쉬긴 했지만, 아무리 그렇다 해도 서로 다른 법칙에 따르는 세 이론이 병존한다는 사실은 과학자들을 몹시 불편하게 한다. 하여 이 세 이론을 하나의 이론으로, 하나의 법칙 아래 통합하려는 시도들이 반복적으로 행해져왔고, 지금도 행해지고 있다. 즉 아직도 성공하지 못했다는 말이다.

현대 과학은 모든 것을 하나의 원리나 법칙으로 통합하려는 강력한 의지를 견지하고 있다는 점에서 형이상학적이다. 다른 형이상학도 그렇지만 과학 안에 있는 이 형이상학에도 명확한 하나의 믿음이 자리 잡고 있다. 진리는 하나이고, 또한 진리는 하나여야 한다는 믿음이. 그런데 '진리는 하나다'라는 말은 진리일까? 내가 아는 한, 이 말이 진리임을 증명한 사람은 아직 없다. 그것은 '신은 하나다'라는 말처럼 하나의 믿음일 뿐이다. 그렇다면 모든 걸 하나로 통합하려는 현대 과학의 시도는 증명된 적 없고 또 증명될 수 없는 믿음 위에 서 있다고 해야 하지 않을까.

그런데도 다들 진리는 하나여야 한다고 믿는다. 왜 그럴까? 하나의 법칙으로 모든 걸 파악하고 장악하려는 의지 때문일 수도 있고, 하나의 법칙으로 모든 걸 설명할 때 오는 쾌감 때문일 수도 있다. "멋있잖아!" 그래, 멋있는 건 사실이다. 그러나 멋있다는 건 진리의 요건이 아니다. 미학적 취향일 뿐이다. 누군가 그게 뭐가 멋있냐고 비난하면 딱히 반박할 방법도 따로 없는 하나의 취향이다. 단순한 것은 편하거나 깔끔하지만, 이 또한 진리의 요건이 아니다. 진리가 단순하고 깔끔해야 한다는 것 또한 취향에 따른 미적 판단이다. 그렇다면 다른 이론들을 통합하려는 시도는 비록 과학에 의해 행해지고 있지만 그건 진리를 추구하는 활동이 아니라 미를 위한 활동, 즉 미적 활동이다. 좀 더 많은 걸 설명해주는 법칙을 찾아냈을 때 사람들이 보내는 환호나 신뢰 역시 과학적 환호가 아니라 미적인 환호라 해야 한다. 미학적 호소력에 따른 것이다.

모든 것에 공통된 법칙이나 형식을 찾으려는 이런 시도와 달리, 만법이 '하나'가 아니면 발생하는 논리적 난점 때문에 '하나'임을 주장하는 경우도 있다. 이는 과학보다는 철학이나 신학에서 발견된다. 처음 본격적으로 등장하는 것은 플라톤의 말년 저작인 《파르메니데스》에서인데, 실질적인 중요한 문제로 등장한 것은 신학에서였다. 알다시피 기독교의 신학적 세계는 신과 피조물로 분할되어 있다. 전자는 무한자이고 후자는 유한자이니, 양자는 본성상 다르다는 게 통설이었다. 그러나 본질적으로 다른 존재라면 서로 만날 수 없고, 알 수 없고, 영향을 주고받을 수 없다. 바흐의 음악이 아무리 장대하고 탁월하다 해도 입만 있다면 들을 수 없고, 고흐의 그림이 아무리 아름답다 해도 귀만 있다면 있는지조차 알 수 없듯이. 후각 세포 없는 플라스틱이 꽃향기의 존재를 알 수 없고, 냄새를 모르는 돌이 향기의 세계를 창조하거나 악취나는 세계를 향기로운 세계로 바꿀 수 없듯이. 마찬가지로 본질이 다른 존재라면 신은 인간이 사는 피조물의 세계에 영향을 미칠 수 없고(따라서 창조할 수 없고), 인간은 신을 인식할 수 없다.

이런 난점 때문에 중세 신학자인 둔스 스코투스(1266~1308)는 '존재는 오직 하나'라고, 다시 말해 신과 피조물의 세계는 오직 하나의 동일한 존재라고 주장한다. 이를 '존재의 일의성—意性'이라고 말한다. 스피노자는 약간 다른 방식으로 신과 우주는 별개의 실체일 수 없음을 증명하며, 신과 자연은 하나의 동일한 것이라고 말한다. 자연이 곧 신이며, 자연 바깥에 따로 신은 없다는 것이다. 덧붙이면, 두 사람 모두에게 이는 존재론적 '하나'로서, 하나의 법칙을 굳이 가져야 하는 인식론적 '하나'와 다르다. 즉 존재 전체가 하나라고 해서 진리가 하나여야 하는 건 아니란 말이다.

기묘하게도 과학이 증명 없이 진리란 하나라는 가정을 충실히 믿었던 것과 달리 여기서 존재의 일의성, 즉 '존재는 하나다'라는 명제는 논리적 증명의 형식을 통해 등장한다. 미적인 의미보다는 논리적 의미가 크다는 말이다. 증명되었지만 대부분 믿지 않는 명제란 점도 과학의 경우와 정반대다. 반복되는 말이지만, 이때 '하나'란 말은 법칙이나 원리의 단일성이 아니라, 존재의 단일성을 뜻한다. 신이나 피조물이나 세상의 모든 것이 서로 섞이고 서로의 존재를 알 수 있으며, 서로 촉발하고 변용할 수 있는 단일성을 갖는다.

이해를 돕기 위해 정확함의 감소를 감수하고 약간 '낮추어' 말해보자면, 이는 모든 존재자가 동일한 '질료質料'로 만들어졌다는 말이다. 이 질료는 다른 모습(형상)으로 구별되고 흩어지기도 하지만 빗물이나 강물들이 그러하듯 다시 하나로 모일 수 있다는 점에서 '하나'다. 그러나 이 '하나'는 현상들의 양상을 설명해주는 원리는 아니다. 존재라는 말 대신 약간 '낮추어' 굳이 '질료'라는 비유적 개념을 사용한 것은, 신을 포함해 모든 존재자가 하나의 질료이기에 서로 촉발을 주고받고 변화하고 섞일 수 있는 연속성을 가짐을 말하기 위해서다. 가령 우리의 신체는 죽어서 분해되어 어떤 것은 흙으로, 어떤 것은 물로, 어떤 것은 공기 중으로 섞여 들어간다. 흙 속에 섞여 들어간 분자들은 물과 섞여 식물의 뿌리로 흡수되고, 그걸 먹은 동물의 세포 속으로 흡수되어 녹아들어가 그의 신체 일부가 되기도 한다. 이는 모든 것이 '하나'의 질료이기에 가능한 것이다. 이렇듯 이런 신체에서 저런 신체로 옮겨가고 바뀌어가는 것을 '질료적 연속성', 좀 더 정확하게는 '존재의 연속성'이라 한다.

하나의 원리로 통합하려는 시도와 하나의 질료로 통합하려는 시도는 '하나임'을 주장한다는 점에서 비슷해 보이지만 실은 아주 다르다. 후자는 '하나'로 모든 걸 통합하려 하지만 어떤 원리 같은 것을 상정하지 않기에, 그것만으로는 형이상학이라고 하긴 어렵다.

02
'하나'를 찾는
아주 다른
길들이 있으니

우리가 흔히 사용하는 '형이상학'이란 말은 아리스토텔레스의 '메타피직스metaphysics'의 번역어지만, 동양에서 사용되는 그 말은 원래 주자학朱子學이나 양명학陽明學의 모태가 된 중국의 도학자道學者들이 만들어낸 개념이다. 정명도程明道와 정이천程伊川은 세상의 모든 사물이나 그것을 형성하는 질료인 기氣는 형이하形而下의 것이고, 그 모든 사물이나 기의 형상을 이루는 것, 원리나 이치에 해당되는 리理는 형이상形而上의 것이라고 대비한다. 이 말대로라면 '형이상학'이란 사물이나 질료를 규정하는 하나의 원리나 이치에 대한 학문이란 뜻이니, 서양의 메타피직스와 거의 비슷한 의미다. 이 말은 모든 것을 하나의 원리나 이치로 통합하려는 태도는 서양에만 고유한 게 아니라 동양에도 비슷한 양상으로 존재했음을 뜻한다.

'하나'로 세상 만물을 설명하려는 생각은 그보다 오래되었다. 가령 《도덕경》에서는 이렇게 쓰고 있다. "도는 하나를 낳고 하나는 둘을 낳고 둘은 셋을 낳고 셋은 만물을 낳는다." 뒤집으면, 만물은 셋으로, 셋은 둘로, 둘은 하나로 거슬러 올라가게 되는 것이니, 이는 만물의 기원을 찾아 창조주로 거슬러 올라가는 형이상학과 유사한 사고방식을 보여주는 것처럼 보인다(여기에 더해 노자는 "만물은 음을 업고 양을 안고 있으며 그 기氣를 흔들어서 조화를 이룬다"고 하였다). 하지만 그 하나는 다시 '도'로 올라가는데, 그 '도'는 비어 있음이고 무라고 한다. 유 이전의 무, 모든 유가 발원하는 발생지로서의 무. 그러니 하나는 결국 무로, 영零으로 귀착되는 셈이다. 하나에서 영(0)으로 가는 이런 사고 또한 형이상학이라 해야 할까?

비슷해 보이지만 이는 형이상학과 아주 다르다. 어쩌면 형이상학과 반대라고 해야 한다. '하나'가 '무'의 심연 속에 빠져버리니 원리라고 부를 것이 소멸해버리는 셈이기 때문이다. 즉 '도'란 어떤 원리가 아니라 그 원리를 삼키고 지워버리는 무이고 심연인 것이다. 이렇듯 도가는 이런 무를 하나 이전의 기원에 설정함으로서, '하나'를 찾아 거슬러가는 사고를 급기야 무의 심연 속으로 들어가게 한다. 이점에서 노자의 도 개념은 형이상학적 '하나'를 세우는 게 아니라 그 하나를 지워버리는 역할을 한다.

　설법하는 고양이와 부처가 된 로봇

송명도학宋明道學의 선구자였던 주렴계周濂溪는 이런 도 개념 대신에 음양陰陽의 개념과 오행五行의 개념을 결합한 도교의 태극도太極圖를 유학 안에 끌어들인다. 장횡거張橫渠는 이를 《주역周易》에 나오는 태극의 개념과 연결하여 음양의 둘을 통합한 '하나'가 태극이라고 규정한다. 그리고 이 '하나'를 만물의 기원으로 삼는다. 그리고 이 '하나'는 형체가 없는 기의 본체를 뜻한다면서 '태허太虛'라고 명명한다. 그것은 형태 없이 흩어져 응축되지 않는 기를 뜻한다. 이런 점에서 허공은 그런 기들로 가득 차 있으니 무가 아니며, 태허 또한 무가 아니라고 한다. 이럼으로써 장횡거는 노자의 도 개념과 명확하게 거리를 둔다. 도라는 무의 심연을 기로 메워버린 것이다. 그런데 태허라고 불렀던 기는 형태를 갖는 모든 사물들의 '질료'—사실 정확한 표현은 아니나, 앞서의 비유를 염두에 두고 쓴 것이다—인 셈이니, 여기서 장횡거가 말하는 '하나'는 사실 질료적 연속성을 뜻하는 '하나'에 가깝다. 형이상학의 '하나'가 아니라 존재론의 '하나'에 가깝다 하겠다.

지고의 '원리'를 뜻하는 '하나'의 개념을 도입하여 명확한 이론적 지위를 부여한 사람은 정명도·정이천 형제였다. 그들에 따르면, 만물에 구비되어 있고 그 만물의 구체적 형태를 만들어내는 원리가 있으니, 리理, 혹은 '천리天理'가 그것이다. "리는 세상(天下)의 오직 하나의 리인 만큼 리는 온 세상(四海)에 작용하여

준칙(準)이 된다." 이들은 기와 사물들 모두가 형이하자形而下者라면 리는 형이상자形而上者라고 구별한다. 그런데 평유란馮友蘭(1894~1990)에 따르면, 형인 정명도는 리 또한 사물의 추세니 사물을 떠나 존재하지 않는다고 보았지만, 동생 정이천은 리가 사물이나 기와 분리된 위치를 갖는다고 보았다는 점에서 달랐다. 정명도에게서는 형이하와 형이상이 구별하기 어렵게 섞여 있다면, 정이천에게서는 양자가 명확히 구별되며, 형이상이 중요한 지위를 차지한다. 그리하여 정명도는 양명학 같은 '심학心學'의 선구자가 되고, 정이천은 주자학 같은 이학理學의 선구자가 된다《중국철학사》 하, 506).

이런 리 개념을 확고한 '형이상학'으로 발전시킨 것은 주희朱熹(1130~1200)였다. 그는 리란 모든 사물의 존재 이유이자 원천이라고 본다. "온갖 리가 있기에 온갖 사물이 있다"는 것이다. 동시에 리는 시공을 초월하여 존재하며 사물이 생기기 전에도 존재했다고 한다. 이런 리의 총화總和를 주희는 '태극'이라고 명명한다. 이것이 모든 것을 통합하는 초월적인 '하나'이다. 심지어 이 태극에 주희는 명확한 가치마저 부여한다. 즉 "태극은 가장 훌륭하고 지극한 선한 도리"라는 것이다. 지고한 형이상의 이치니 '선하고 훌륭하다' 하는 게 당연하다 싶었을 게다. 그러나 이렇게 되면 예전에 사물의 기원이자 원리로서 이데아를 주장하던 플라톤처럼 쓰레기나 똥오줌에도 리(이데아)가 있느냐는 난감한 질

설법하는 고양이와 부처가 된 로봇

문과 부딪치게 된다(《파르메니데스》). 쓰레기나 똥오줌, 혹은 도둑질이나 살인 같은 악행에도 리가 있다면, 태극은 훌륭하고 선한 도리이기를 멈춘다. 반대로 거기에는 리가 없다고 하면, '모든 것에 리가 있다'는 주장을 포기해야 한다.

　이와 달리 장자는 도라는 게 어디 있냐는 물음에 '없는 곳이 없다'고 하면서 땅강아지나 개미에게도 있고, 피나 쭉정이에도, 기왓장이나 벽돌, 심지어 똥이나 오줌에도 있다고 말한다. 도란 만물이 생성 변화하는 '원리'이기에 스스로 존재하지만 특별한 법칙이나 준칙이 아니라 각각의 사물이 스스로 그렇게(自然) 존재하고 변화함을 뜻하기에 '무위'를 원칙으로 한다. 원리 없는 원리인 셈이다. 노자처럼 장자 또한 존재도 없고 이름도 없는 무가 태초에 있었다고 하며, 거기서 하나가 생겨났지만 그 하나는 형태가 없었다고 말한다. 형태가 없으니 그 또한 무이다. 태초의 무에서 나온 '하나'조차 무인 것이다. 어떤 구체적 규정이 없는 무이기에 모든 사물이 그것을 따르면서도 각자가 하고자 하는 대로 할 수 있다. 대붕과 매미처럼 아주 다른 크기를 갖는 것이나 꽃과 거름처럼 사람들이 미추로 대비하는 것 모두가 동등한 지위를 가질 수 있는 것도 그것들을 평가할 어떤 기준이나 원리를 세우지 않았기 때문이다. '하나'라고 하지만, 모든 것이 나름의 존재 방식과 기준을 갖고 있음을 받아들이는 텅 비어 있는 장場일 뿐이란 점에서 주희가 말하는 리나 태극과는 아주 다른

'하나'라 하겠다.

세상을 하나의 개념으로 포착하려는 시도는 사실 개념을 사용하는 사고라면 어디서나 나타나게 마련이다. 그러나 그 하나가 '어떤 하나인가'에 따라 우리의 사고는 아주 다른 길을 가게 된다. 무를 뜻하는 하나인지 유를 뜻하는 하나인지가 그렇고, 질료라는 '형이하'의 연속성을 뜻하는 하나(장횡거)인가, 형상이나 리 같은 '형이상'의 원리를 뜻하는 하나인가(주희)가 그렇다. 그런데 노자나 장자가 보여준 것은 원리적 단일성은 물론 질료적 단일성과도 다른 '하나'가 있을 수 있다는 점이다. 어떤 유도 있기 이전의 무(노자), 혹은 모든 것이 있는 그대로 동등한 가치(齊物)를 갖게 되도록 해주는 평등성의 장(장자)이 그것이다. 각각의 사물이 자신이 취한 바에 따라 각이한 소리를 내고 각이하게 살아가게 해주는 텅 빈 '하나'. 이런 의미에서 도가에서 말하는 무로서의 도, 하나 이전의 도란 '하나'로 모든 걸 귀착시키려는 형이상학과 반대편에 있고, 그런 사유에 대한 비판이라 할만하다.

"만법은 하나로 돌아가는데, 그 하나는 어디로 돌아갑니까?" 조주에게 이리 물었던 스님은 이를 염두에 두고 있었던 것일까? 송명도학이 생겨나기도 전 얘기이니 그럴 리는 없다. 하지만 만법을 하나로 귀착시키는 것이 어떤 문제를 안고 있는지는 잘 알고 있었던 것 같다. 그래서 그 '하나'는 어디로 돌아가느냐고 물은 것이다. 불법을 얻고자 하는 이, 선가의 학인이라면 의당 만법이 돌아가는 그 '하나'를 얻고자 할 테지만, 그 '하나'가 세상사를 규정하는 어떤 원리나 이치가 된다면, 그것은 장자의 비판대로 세상을 재고 재단하는 기준이 될 게다. 그것은 세상을 하나의 기준에 두들겨 맞추는 것일 뿐 세상의 실상을 아는 것이 아니지 않은가. '하나는 어디로 돌아갑니까?'를 물었던 스님이 무슨 생각을 하고 있었는지야 알 수 없지만 적어도 이런 관점에서 본다면, 형이상의 '하나'를 추구하는 도학의 출현 이전에 이미 도학에 대해 핵심적인 질문을 던지고 있다 하겠다. 지금이라면 '형이상학 비판'이라고 부를 매우 근본적이고도 현대적인 질문을 던지고 있는 셈이다.

　불교 안에서 보면, 만법이 귀착되는 저 '하나'는 다시 어디로 돌아가느냐는 이 질문에 표면적으로는 상반되는 듯 보이는 두 가지 방향의 대답이 있었던 것 같다. 첫째는 그 '하나'가 '공'으로 돌아간다는 것이다. 중관학이 선명하게 보여준 것처럼, 만법은 모두 어떤 불변의 자성을 갖지 않는다는 점에서 동일하다. 즉 만법에 공통된 '하나'의 '원리'나 원칙이 있다면, 그것은 '어떤 불변의 자성도 갖지 않는다'는 것이다. 만법이 귀착되는 '하나'는 바로 '공'인 것이다. 이 경우 그 '하나'는 만법 '위'에 군림하길 정지한다. 어떤 규정도 원리도 없는 '공'이기에. 이런 '하나'를 도가의 도와 대비하여 무로서의 도가 마치 텅 비어 있기에 어떤 것도 담을 수 있는 그릇 속의 공간처럼 '없음'을 뜻한다면, 공이란 연기적 조건에 기대어 있기에 '유'라고 할 수 없지만 그렇다고 '무'라고도 할 수 없는 '비유비무非有非無'의 중도라고 할 수도 있겠다. 하지만 도가의 도가 흔히 '무'라고 서술되지만 때로는 모든 규정을 담고 있는 '혼돈'이라고 서술됨을 안다면, 이런 대비는 다소 안이하다 싶기도 하다. 어쨌건 중관학의 입장을 앞서 본 조주의 문답을 빌어 고지식하게 다시 써보면 이렇다.

"만법은 하나로 돌아가는데, 그 하나는 어디로 돌아갑니까?"

"공!"

둘째는 화엄학이 펼쳐 보여준 길로 이어진 것이다. 먼저, 만법이란 그것이 기대어 있는 연기적 조건으로 돌아간다는 점에서 '하나'인데, 이 연기적 조건은 어떤 원리도 아니고 기준도 아니면서 만법 각각을 규정한다. 연기적 조건이란 그때그때 다르게 있는 것이니 '무'도 아니고 '공'도 아니다. '연기'라는 말로 불리기에 '하나'지만, 사실 내용을 들여다보면 하나가 아니라 언제나 다르니 '하나'가 아니라 만법만큼이나 각이하고 많다. 이런 점에서 만법이 귀착되는 그 '하나'는 만법으로 돌아간다고 하겠다.

"만법은 하나로 돌아가는데, 그 하나는 어디로 돌아갑니까?"

"만법!"

화엄학은 각각의 사물이나 현상을 규정하는 연기적 조건이란 것이 우주적인 스케일로 이어진 중중무진重重無盡의 연쇄임을 보여준다. 오늘 아침에 핀 꽃은 그것을 피게 한 연기적 조건으로 귀착되지만, 그 연기적 조건이란 어제와 오늘까지 빛을 비추어준 해와 그것이 흡수한 물, 땅 속에 스며들어 물이 되도록 내려준 비, 그 비가 내리게 한 구름과 습기들, 그 습기로 증발한 강과 바다 등으로 이어지는 만물의 연쇄 전체다. 만법 하나하나마다 또다시 만법으로, 무한으로 돌아가는 것이다. 그러니 좀 더 정확하게 말하려면 이렇게 답해야 한다.

"만법은 하나로 돌아가는데, 그 하나는 어디로 돌아갑니까?"

"만법의 만법!"

혹은

"무한!"

03
지금 저
꽃 속에서
만법을 보라

이제까지 만법이 하나로 돌아가는데, 그 하나는 어디로 돌아가
느냐는 물음에 대해 꽤나 먼 길을 돌아왔다. 이제 우리는 그 물
음에 대한 조주의 대답과 다시 만나게 된다.

"내가 청주에 있을 때 무명적삼을 한 벌 만들었는데, 그 무게
가 일곱 근이더군."

무슨 말인가? 원오는 비슷한 양상의 문답을 몇 개 제시한다.
그 중 하나는 이렇다.

어떤 스님이 고덕귀종古德歸宗에게 물었다.

"깊은 산 가파른 벼랑처럼 전혀 사람의 자취가 없는 곳에도
불법이 있습니까?"

"있다!"

"어떤 것이 깊은 산속의 불법입니까?"

"돌멩이가 큰 것은 크고 작은 것은 작다."

깊은 산속의 불법, 그것은 사람이 있든 없든 작용할 불법의 요체를 묻는 것이다. 돌멩이가 큰 것은 크고 작은 것은 작다는 말은 어디서나 적용될, 어쩌면 하나마나한 말이다. 당연한 말이기도 하다. 깊은 산속이라고 무슨 심오한 불법이 따로 있을 리 없고, 불법이라고 특별한 것이 따로 있을 리 없다. 자연에서 발견되는 자연스런 이치, 그것이 불법이란 말이다. 하지만 반드시 '자연스런' 것만, 즉 평범하고 평균적인 것만 불법이라 할 순 없다. 겨울인데도 뜻밖에 오이가 열렸다면, 더구나 그 오이가 놀랍게도 아주 크다면 흔치 않은 일이고 특이하고 놀라운 일이지만 그 또한 자연의 이치에 따른 것이며, 그렇게 오이가 열리게 만든 연기적 조건의 결과다. 그럴 만한 조건이 있었기에 그리 된 것이다. 불법은 이처럼 특이한 것을 특이한 것으로서 받아들이고 긍정하는 것이다. 어떤 스님의 물음에 대한 목평木平의 대답이 그러하다.

"어떤 것이 불법의 대의입니까?"

"겨울 오이가 이토록 크구나!"

불법의 요체를 묻는 것은 이처럼 자연의 이법을 묻는 것이다. 수많은 현상이나 사태들을 규정하는 핵심적인 법칙, 그것이 곧 자연의 이법이고 그것이 곧 불법인 것이다. 따라서 불교는 자연의 법칙과 경전에 나온 얘기가 충돌할 경우, 과학에 반하여 경전에 나온 얘기를 고집하지 않는다. 광물을 조사하여 지구의 역사가 50억 년임이 밝혀졌다면, 그걸 두고 경전에 쓴 말을 흔들기 위해 악마가 장난을 친 거라고 받아치는 게 아니라 과학적 발견에 따라 경전에 나온 말들을 수정하거나 폐기한다. 경전에 나온 지구에 대한 얘기란 그 경전을 쓴 당시의 연기적 조건이 산출한 것이니, 지금 조건에서 새로 발견되고 확인된 것에 따라 수정하는 것이 불교적인 태도인 것이다.

그러나 불교적인 태도가 자연적인 사실을 법으로서 받아들인다는 말이 단지 그렇게 자명한 사실을 서술하는 것을 뜻하지만은 않는다. 큰 돌은 크고, 작은 돌은 작다는 말은 아무리 맞는 말이라도 그것뿐이라면 하나마나한 말이다. 귀종이 앞서와 같이 말했던 것은 여기서 한 걸음 더 나아가, 큰 것은 큰 것일 이유가 있고, 작은 것은 작은 것일 이유가 있다는 말이다. 따라서 큰 것은 큰 것으로서, 작은 것은 작은 것으로서 존재할 이유가 있다. 즉 큰 것과 작은 것 사이에 좋고 나쁨은 따로 없으며, 큰 것은 큰 대로, 작은 것은 작은 대로 가치가 있다. 마찬가지로, 큰 겨울 오이처럼 특이한 것은 특이한 대로, 여름날 작고 평범한 오이는 평범한 대로 다 존재할 이유가 있으며 나름대로 다 가치가 있다.

따라서 만법이 돌아가는 하나를 말한다 함은 단지 만법을 규정하는 하나의 법칙을 말하는 것과 다르다. 불법을 찾는 것은 모든 것에 적용되는 단일한 보편 법칙을 찾는 것과 다르다. 그보다는 오히려 작은 돌이든 큰 돌이든, 냄새를 모르는 돌이나 냄새를 지각하는 사람이나 다 나름대로 그렇게 존재하는 이유가 있고, 모두 다 나름의 가치를 가지며, 그런 점에서 차별 없이 동등하다는 것을 말함이다. 그러니 만법이 돌아가는 '하나'란 하나의 보편자나 단일한 보편 법칙이 아니라 장자가 〈제물론〉에서 쓴 제물의 세계나 둔스 스코투스나 스피노자가 '존재는 하나'라고 했던 것과 훨씬 더 가까이 있다. 그것은 만물이 각이한 각자의 모습 그대로 평등한 세계를 말한다. 차이 그대로 평등한 세계. 그 평등한 세계에서 각자의 존재에 눈 돌리는 것이 불법임을 말하는 것이다.

부연하자면, 만법을 포괄하는 '하나'의 법칙이 있다고 해도 그 법칙이 알려줄 수 있는 것은 매우 적다. 유전자에 대한 보편적 지식이 같은 유전자를 갖는 세포들이 신체 부위마다 아주 다른 단백질이 되고 기관이 되는 이유를 알려주진 못하며, 뉴런이 학습하는 방식을 알려주는 헵Hebb의 규칙이 내 뇌가 '지금 이렇게' 생각하는 이유를 알려주진 못한다. 보편적인 것일수록 구체적인 것에 대해 말해줄 수 있는 것은 아주 적거나 하나마나한 얘기이기 마련이다. 가령 사람에게 눈이 둘이라는 것은 분명 누구에게나 해당되는 보편성을 갖지만, 그게 우리가 만나는 사람들을 이해하는 데 무슨 도움이 되는가. 그런 '하나'를 붙들고 있으면 정작 중요한 걸 보지 못하게 된다. 심지어 보편적인 규칙은 새로운 현상을 보지 못하게 하는 역할도 한다. 유전에 대한 보편 규칙이라 믿었던 '중심 도그마' 때문에 옥수수에 대한 매우 세심한 관찰 끝에 매클린톡이 발견한 '자리바꿈인자'는 수십 년 동안 헛소리란 평가를 들어야 했다.

남전이 육긍대부陸亘大夫에게 했다는 말을 나는 이런 맥락에서 이해한다. 육긍대부는 남전의 제자로, 그의 문하에서 오랫동안 참선수행을 했던 사람이다. 그는 평소에 세상의 이치와 본성에 관심이 깊었는데, 승조의 《조론》을 깊이 연구했다고 한다. 그런데 어느날 남전과 대화를 하다가 이렇게 말했다.

"조법사(승조)는 '천지가 나와 한 뿌리며 만물은 나와 한 몸이라' 하였는데, 매우 놀라운 말인 듯합니다."

이에 남전은 뜨락에 핀 꽃을 가리키며 "대부!" 하고 부르더니 이렇게 말했다.

"요즘 사람들은 이 한 포기 꽃을 마치 꿈결 속에서 보듯 한다네."

이를 두고 많은 이들이 '몸으로 체험'하지 않은 채 그저 '교학에 매인' 육긍대부를 남전이 비판했다 하지만, 그건 육긍대부는 물론 남전마저 너무 '졸로 보는' 것이다. 남전이 고작 교학에 머물지 말고 몸소 체험하라는 말을 하려고 저리 말했다면, 그런 걸 선의 종지라고 말한다면 선을 너무 쉽게 보는 것이다. 그런 거라면 통상적 '경험(Erfahrung)'과도 구별하여 '체험(Erlebnis)'을 강조하는 해석학解釋學이나 현상학現象學, '생철학生哲學' 같은 서양철학에서도 수없이 하는 말이다. "몸소 체험하라"는 말이 무슨 대단히 심오한 종지를 담고 있다고 말한다면 그건 선사들의 얘기를 헤엄도 칠 수 없는 얕은 개울물에 처박는 게 될 터이다. 더구나 그런 얘기야 선가 근처에선 애들도 다 아는 얘기 아닌가! 그야말로 사구 중의 사구라 하겠다.

그보다는 천지와 나, 만물과 나가 하나라는 보편적인 이야기와 '지금 여기' 피어 있는 '이 한 포기 꽃' 간의 간극이 작지 않음을 지적하는 말일 것이다. '천지'와 '만물'에 대한 거창한 이론에 머물러 있는 한, 바로 눈앞에 있는 '이 한 포기 꽃'을 제대로 볼 수 없게 된다는 말을 하려고 '꿈결에 보듯 한다' 했을 것이다. 정작 우리가 보아야 할 것은 오늘 아침 활짝 핀 저 꽃이고, 필 때가 된 것이면 필 때가 된 것 대로, 필 때도 아닌데 핀 것이라면 또 그것 대로 저렇게 환히 꽃이 피어난 이유는 무엇인지 하는 것이다. 남전이 뜨락에 핀 꽃을 직접 가리키며 말한 것도 그렇고, '지금 여기' 있는 것의 '이러함(thisness, 특개성特個性)'을 표현하는 '이 한 포기 꽃'이라는 말도 그렇다. '천지와 내가 하나'라는 멋지고 거창한 이론도 좋지만, 그로 인해 저 꽃이 피고 지는 구체적이고 생생한 과정을 놓치는 일이 흔함을 지적하려는 말이었을 게다. 아니, '천지와 내가 하나'라는 생각의 요지는 바로 저기 피어있는 꽃을 '저 꽃'으로, 저기 있는 돌을 저기 그렇게 있는 '저 돌'로 보고 긍정하는 것임을 말하고자 함이었을 게다.

덧붙이면, 보편적인 것을 통해서 개체를 보는 것은 개체를 볼 때조차 개체를 놓치게 한다. 우리에게 친근한 서구의 임상의학 臨床醫學이 이런 경우에 해당한다. 19세기 이전에 서양 의사들은 전통적인 체액설의 관점에서 환자 몸의 개체적 특성을 포착하려 했다. 개인의 체질이나 기후, 공기, 그리고 정신적 상태나 먹고 마시는 생활 등으로 인해 환자의 몸이 '지금 이러하게' 되었음을 보려 했다. 이론은 낡았지만, 의사의 시선은 '지금 이 사람의 몸'을, 그 몸의 '이러함(thisness)'을 향해 있었다. 반면 19세기의 임상의학은 환자의 '지금 이 몸'이 아니라 그 환자 몸에 있는 '질병'을 본다. 질병이나 병리학적 형태 속에서 일정한 규칙성을 갖는 것에만 눈을 돌린다. 환자의 개인적인 특성이나 어떤 증상을 야기하는 그때그때의 복합적 요인들을 고찰하면서 환자 몸의 상태가 갖는 특이성 내지 병든 몸의 '이러함(특개성)'을 포착하는 게 아니라, 환자들 개인에 좌우되지 않는 객관적이고 보편적인 것으로 질병을 포착하려는 태도가 출현한다. 즉 환자의 질병이 아니라 환자 없는 질병이 의학적 시선의 대상이 된다. 환자란 그러한 병이 발생한 '장소', 혹은 질병의 보편성이 적용되고 관철되는 개별적 사례들에 불과한 게 되고 만다.

'보편성과 개체성의 통일'을 본다고들 하지만, 보편성의 사례로 개체를 보는 것과 개체성을 이해하기 위해 보편성을 이용하는 것은 아주 다른 것이다. 만법이 귀착되는 '하나'든 아니면 '불법'이든 개별적인 경우에 머물지 않는 어떤 '보편적인 것'을 함축하기 마련이지만, 그런 '법'을 말할 때에도 그저 보편적인 법칙에 시선이 가 있는 것인지, 아니면 '이 한 포기의 꽃'이나 '지금 이 환자의 몸' 같이 그때마다의 개체적 특이성('이러함·특개성')에 시선이 가 있는 것인지는 아주 다르다. 조주의 유명한 다음 이야기를 나는 이런 의미에서 읽었다.

어떤 스님이 조주에게 물었다.

"조사께서 서쪽에서 오신 까닭이 무엇입니까?"

"뜰 앞의 잣나무니라."

"스님께서는 경계를 가지고 설명하지 마십시오."

"노승은 경계를 가지고 설명한 적이 없다."

"조사께서 서쪽에서 오신 까닭이 무엇입니까?"

"뜰 앞의 잣나무!"

조사, 즉 달마대사가 서쪽에서 온 까닭을 묻는 것은 그가 전하고자 했던 불법의 요체가 무엇이냐 묻는 것이다. 그에 대해 조주는 엉뚱하게도 "뜰 앞의 잣나무"라 대답한다. 불법을 물었는데 '뜰 앞의 잣나무'라는 말을 들은 학인은 '경계', 즉 어떤 '대상' 하나를 예로 드는 식의 답을 구한 게 아니라고 항변한다. 이에 대해 조주는 경계를 들어, 즉 잣나무를 예로 들어 설명한 게 아니라고 답한다. 그러나 잣나무는 하나의 개별 대상에 불과하지 않은가.

그러나 조주가 '뜰 앞의 잣나무'를 들어 말하고자 했던 것은 그 말이 지칭하는 어떤 사물이 아니라, 저기 뜰앞에 있는 잣나무를 관통하고 있는 불법이다. 저기 뜰 앞에 잣나무를 피워내고 키워낸 자연의 이법, 그것이 달마가 가르치고자 한 불법이다. 그러니 이는 '뜰 앞의 잣나무'를 예로 들어 불법을 설명하는 것과 다르다. '경계를 가지고 설명한 적이 없다'는 말은 그런 뜻이다. 보편 법칙을 말하기 위해 잣나무를 예로 들어 말한 게 아니라, 저기 저렇게 있는 잣나무란 개체를, 또한 그 개체의 특이성을 구성하는 데 참여한 한에서의 '법칙'을 말한 것이다. '저 나무'를 '저렇게' 만든 조건을 뜻하는 법칙을 얘기한 것이다. 각자의 조건마다 다르게 꽃을 피우고 나무가 자라나게 만드는 연기법 말이다. 연기법을 본다는 것은 보편적인 법칙을 보는 게 아니라 어떤 개체의 '특개성(이것임)'을 만들어낸 조건을 보는 것이다. 연기법을 안다 함은 저런 모습으로 지금 저기 있는 개체의 특개성을 보는 것이다.

만법이 하나로 돌아가는데 그 하나에 머문다면, 우리는 보편 법칙을 얻을 뿐이다. 그것은 보편적이기에 어디에나 적용된다 하겠지만 그것만으로는 어느 '이것'도 충분히 설명하지 못한다.

설법하는 고양이와 부처가 된 로봇

그걸 알기에 처음에 조주에게 물은 학인도 '그 하나는 어디로 돌아가느냐'고 물었던 것일 게다. 그에 대해 조주는 "내가 청주에 있었을 때 무명적삼을 하나 만들었는데, 그 무게가 일곱 근이었다네"라고 답했다. 지금 아닌 청주에 있었을 때 그가 만들었던 무명적삼의 무게, 이 또한 바로 이처럼 특정 조건에서 개체적 특이성을, 그때 그 무명적삼의 '이러함(thisness)'을 뜻하는 말이다. 그 '이러함'에 깃든 연기적 조건을. 만법이 귀착되는 '하나', 그것은 이처럼 각각의 조건 속에서 그때마다 달라지는 개체의 '이러함'으로 돌아가야 한다는 대답이다.

●

제16장

부처를 만났을 때, 어떻게 죽여야 합니까

●

초월적超越的 경험과 초험적超驗的 경험

01
그런데,
부처를 만나야
부처를 죽이지

"법다운 견해를 터득하려 한다면 남에게 끄달리지 않기만 하면 된다. 안에서나 밖에서나 마주치는 대로 죽여라. 부처를 만나면 부처를 죽이고, 조사를 만나면 조사를 죽이며, 나한을 만나면 나한을 죽이고, 부모를 만나면 부모를 죽이며, 친척권속을 만나면 친척권속을 죽여야만 비로소 사물에 구애되지 않고 투철히 벗어나 자유자재하게 될 것이다."《임제록》, 74)

왜 그래야 하는가? "그대들이 부처를 구하면 부처라는 마에 붙잡히고 조사를 구하면 조사라는 마에 묶인다. 구하는 족족 고통이니, 아무 일 없느니만 못하느니라."(67)

설법하는 고양이와 부처가 된 로봇

"부처를 만나면 부처를 죽여라!" 임제를 모르는 사람은 많아도 이 말을 모르는 사람은 많지 않을 것이다. 이 얼마나 강렬한 말인가! 사실 어디서든 종조宗祖의 말이나 텍스트를 문자 그대로 떠받드는 것에 대해서 '교조주의敎條主義'라고 비판한다. 그러나 종교는 물론 이념이나 정치, 혹은 철학이나 예술 등 '전통'이 존재하는 곳 어디에서도 이런 식으로까지 말하는 경우는 그 이전에도 없었고, 그 이후에도 없었다. 신의 죽음을 설파했던 니체조차 '신을 죽이라'는 식으로 말하지는 못했다. 하나의 종교적 사상 안에서 지고의 가치를 표시하는 종조를 죽이라는 말은 아마 종교의 권위가 예전만 하지 못한 지금이라 해도 결코 다시 말하기 어려울 것이다.

"맑스를 만나면 맑스를 죽이고, 레닌을 만나면 레닌을 죽여라!" 권위나 권력에 대한 비판 의식에서 시작하여 그것의 전복을 시도하던 '혁명주의자'들조차 자신의 종조나 자신들이 믿는 지고한 가치에 대해서 이렇게까지는 생각하지 못한다. 반대로 사실은 종조의 사유에 다른 것을 섞어 넣어 슬그머니 이탈의 선을 그리고자 할 때조차 대개는 "맑스로 돌아가자!", "프로이트로 돌아가자!"와 같은 슬로건이 등장한다. 그들도 교조주의를 비판하지만, 그건 언제나 '남의' 교조주의에 대한 것일 뿐이다. 자신이 교조주의자라고 생각하는 사람은 찾아보기 어렵다. 문학조차 비슷하여, 통념에서 벗어나는 길을 가는 시인들조차 가령 무언가 문제가 될 때면 여전히 '김수영'으로 되돌아가고 '말라르메'로 되돌아간다. 물론 그들에게 여전히 배울 게 많아서, 그토록 풍부하고 뛰어나서 그런 것이겠지만, 어떤 가르침을 시작한 종조라면 누구라도 그렇지 않을까.

종조나 위대한 인물, 탁월한 텍스트가 사람들의 사유를 구속하고 저지하는 것은 그것의 위대한 면 때문이지 취약한 면 때문이 아니다. 그것의 강점이나 매력이 아니라면 누구도 거기 매일 이유가 없기 때문이다. '맑스로 돌아갈' 이유로 인해 맑스에 붙들리고, '프로이트로 돌아갈' 이유 때문에 프로이트에서 벗어나지 못한다. 그러니 그들을 죽여야 한다면, 바로 그 위대한 얼굴의 종조를 죽여야 한다. 부처 또한 그렇다. 불자들에게 부처란 종조의 이름일 뿐 아니라 자신들이 생을 걸고 구하고자 하는 것이다. 그럴 가치가 있는 것, 아니 최고의 가치를 표현하는 말이다. 그런데 바로 그렇기에 거기에 매이는 것이다. 가장 가치 있는 것이기에 감히 넘어서지 못하는 장애와 구속이 된다. 이는 넘어설 생각을 하지 못할 뿐 아니라 구속이란 생각조차 하지 못한다는 점에서 어느 것보다 강한 구속이다.

부처를 만나면 부처를 죽이라는 말은 단지 종조의 권위에 매이지 말라는 말일 뿐 아니라 자신이 최고의 가치를 부여한 것을 깨부수라는 말이고, 자신이 지향하는 목표를 내버리라는 말이며, 자신이 생을 걸고 얻고자 하는 것을 깨버리라는 말이다. 그래야 그것에 매이지 않을 수 있고, 그래야 그것을 넘어갈 수 있다는 말이다.

그러나 이를 두고 그저 내버리고 깨부수면 된다고 생각하면 아주 크게 어긋나게 된다. 삶이란 결코 그렇게 쉽지 않고, '부처'는, 삶의 가치는 결코 만만하지 않다. 사실 불도들에게 부처는 자기 생을, 그것도 몇 겁의 생을 걸고라도 도달해야 할 목표이고 어떤 것보다 소중한 가치다. 그것이 없다면 불도가 될 이유도 없고 생을 살 이유도 없다. 그러니 그저 버리고 포기하고 깨부수는 것뿐이라면 그건 삶의 지향점도, 의미도 잃은 것이 되고 말 것이다. 부처를 만나면 부처를 죽이라고 했던 임제 자신도 이렇게 말한 바 있다.

> "한순간 법계를 뚫고 들어가 부처를 만나면 부처를 말하고
> 조사를 만나면 조사를 말하며(逢佛說佛 逢祖說祖) 나한을 만나
> 면 나한을 말하고 아귀를 만나면 아귀를 말한다."《임제록》, 52)

그 또한 부처를 구하러 나섰고, 부처를 묻다가 황벽에게 세 번이나 얻어맞고는 황벽을 떠나 다른 곳에 가려다가 대오하여 깨달음을 얻었으니 부처를 얻었다 해야 할 것이다. 임제는 또 부처나 스승인 조사에 대한 더없는 믿음을 말하기도 한다. "믿음의 뿌리가 약한 자는 영영 깨칠 기약이 없다."(31)

부처를 죽이라면서 부처를 말하고 부처에 대한 믿음을 요구한다. 어쩌라는 것인가? 생각해 보면 부처는 사실 쉽게 죽일 수 있는 게 아니다. 부처를 만나면 부처를 죽이라 했으니 부처를 죽이려면 부처를 만날 수 있어야 한다. 부처의 근처에도 못 가본 이라면 죽이고 싶어도 죽일 수 없다. 만나지도 못했으면서 '부처를 죽인다'고 하는 것은 지나가던 개도 웃을 일이다. 부처를 따로 구하지 말라고 하지만, 그러려면 부처란 따로 구할 것도 없음을 몸으로 체득해야만 한다. 따로 구할 필요가 없음을 실제로는 알지 못하면서 구하지 않는 것은 아무것도 아닌 것이다. 하여 임제는 말한다.

"큰 선지식이라야만 비로소 감히 부처와 조사를 비방하고, 천하를 옳다 그르다 하며, 삼장三藏의 가르침을 물리치며, 어린애 같은 모든 무리들을 꾸짖고, 따라가기도 하고 거슬러가기도 하며 사람을 찾는다(向逆順中覓人)."《임제록》, 64)

큰 선지식이라야 비로소 부처를 죽일 수 있다는 말이다! 부처를 죽이려면 먼저 큰 선지식이 되어야 한다. 부처를 만나야 한다.

부처를 죽이라는 말은 '부처'에 머물지 말고 넘어가라는 말이다. 자신이 지고하다고 믿는 가치마저 넘어가고, 자신이 생을 걸고 얻고자 하는 것도 넘어가라는 말이지, 얻고자 하는 의지 이전이나 얻을 수 있다는 믿음 이전으로 되돌아가라는 말이 아니다. 물론 부처를 구하려 하면 부처에 사로잡힌다. 부처를 향해 가게 된다. 그러나 그 길을 가지 않는 것, 그 길을 가다 마는 것이 부처를 죽이는 것은 아니다. 부처를 죽이라는 말은 부처로부터도 자유로워지라는 말이다. 오해의 여지가 있지만, 차라리 이렇게 말하는 게 더 나을지도 모른다. 간절함을 갖고 부처를 찾아라. 믿음을 갖고 부처를 따라 가라. 그래서 부처가 있는 곳까지 가거든 거기서 부처를 죽이고 가라. 부처를 넘어서 가라. 그리고 다시 또 부처를 찾아라. 다시 부처를 만나거든 다시 죽이고 가라. 만나는 족족 죽이고 가라. 몇 번이든 죽이고 가라. 어느 부처에도 머물지 말고 부처를 찾아서 가라.

원하는 바가 없다(無願)함은 원하는 것이 오면 오는 대로, 가면 가는 대로 받아들이라는 것이지 아무 의욕 없는 무기력한 자포자기의 마음으로 살라는 말이 아니다. 무위란 애써 하지 말라는 말이지만, 변화나 흐름을 타고 가며 하라는 말이지 아무것도 하지 말라는 말이 아니다. 이는 모두 자유자재하게 원하고 행하는 법을 말하는 것이지 아무것도 안 하는 것을 말하는 게 아니다. 아무것도 안 하는 것은 누구나 할 수 있는 일이다. 반면 부처를 죽이는 것도, 무원이나 무위도 아무나 할 수 있는 게 아니다. 어떻게 해야 제대로 하는 것인지 알기조차 쉽지 않은 것이다. 물론 알고 나면 따로 하려 할 것도 없이 간단한 일이라 하겠지만.

올라갔다 내려올 건데 뭐하러 산에 올라가느냐고 하는 사람들이 있다. 그들은 자신이 정상까지 올라갔다 온 사람과 다르지 않다고 생각한다. 그들과 나란히 서 있다고 믿는다. 그러나 산에, 그것도 높고 험준한 산에 올라갔다 온 사람은 안다. 자신이 그들과 얼마나 다른지를. 사상이나 예술을 배우는 것도 그렇다. 조금 읽어보고 쉽게 단점을 찾아 비판하는 '똑똑한' 이들이 있는 반면, 단점이 눈에 훤히 보여도 뭣에 홀린 듯 배우겠다며 깊숙이 따라 들어가는 이들이 있다. 전자는 누구에게서도 제대로 배우지 못한다. 그 모두를 쉽게 비판하지만 어느 한 사람의 발밑에도 미치지 못하는 얼치기 신세를 벗어나지 못한다. 제대로 배운다는 것은 누군가를 따라가 그 끝을 보는 것이다. 끝을 보지 않고서 어찌 그를 넘어설 것인가. 끝, 그 한계가 보일 때까지 따라갔을 때 비로소 그 끝을 넘어설 수 있다. 스승을 버리고 스승을 넘어서 갈 수 있다. 스승을 죽이고 간다 함은 이런 것이다.

설법하는 고양이와 부처가 된 로봇

02
나를 죽이라며
머리를
내밀지만

부처를 만나면 부처를 죽이라고 했던 것은 임제였지만, 그런 얘기를 한 것이 임제만은 아니었다. 가령 조주는 "부처가 있는 곳도 그냥 지나가라. 부처가 없는 곳은 얼른 지나가라"고 했고, 운문은 태어나자마자 "천상천하 유아독존"이라 했다는 석존을 두고 "그때 내가 그 자리에 있었다면 그 놈의 주둥이를 찢어 개에게 던져주어 세상의 소란을 미연에 막았을 것이다"라고 했다. 누구는 웃음 짓게 하는 말로 말하고 누구는 섬뜩하고 경악스런 말로 말하지만, 부처를 만나면 부처를 죽이려는 분들임은 어느 경우든 다르지 않다. 부처를 만날 때마다 죽일 줄 알아야 진정 부처가 될 수 있음을 알기에 그럴 수 있었을 게다. 그러나 실은 아무리 죽여도 죽지 않는 게 부처임을 알기에 그럴 수 있었을 것이다.

　이런 것이 선승이고 조사이니, 그들 자신 또한 부처와 '조사'
를 겨눈 학인의 칼에 죽기를 주저하지 않는 분들일 것이다. '조
사를 만나면 조사를 죽여라'라는 말은, 조사들 입장에선 학인
들에게 자신을 죽이라고 하는 말이기도 하다. 하여 그들은 목을
치러오는 학인들에게 서슴없이 목을 내놓는다. 협산에게 법을
전해주곤 자꾸 못 잊어 뒤돌아보는 협산을 불러 세우곤 스스로
배를 뒤집어 물속으로 들어가 죽어버린 선자화상 덕성의 얘기
는, 목을 내놓는다는 말이 은유가 아닌 경우라 하겠다. 이런 생
물학적이고 인격적인 죽음과 다르지만, 여기선 덕산선감과 그의
제자들이 탁월한 솜씨를 발휘했다. 먼저 덕산. 덕산 밑에 머물며
수행하던 용아龍牙(835~923)가 의심이 일어났는지 덕산에게 이
렇게 물었다.

　"학인이 막야鎮鎁 보검寶劍을 들고서 스님의 머리를 베려고
할 때는 어떻게 하시렵니까?"

　막야의 보검은 당시엔 잘 알려진 얘기였지만, 지금 우리는 잘
모르는 얘기니, 잠시 부연하자.《오월춘추吳越春秋》에 따르면 막
야 보검은 오나라의 유명한 대장장이 간장干將이 만든 두 개의
보검 중 하나인데, 막야는 간장의 아내 이름이다.《수신기搜神
記》에 전하는 이야기는 많이 다른데다 좀 더 극적이다. 거기서
검을 만들게 명한 것은 오왕이 아니라 초왕楚王인데, 검이 너무

늦어진데다 진상한 검이 두 개가 아니라 하나(막야검)임에 분노해 간장을 죽인다. 이때 임신중이던 막야는 아들 적비를 낳고, 성장한 적비는 어머니에게 이 얘기를 전해듣고 아버지가 숨겨둔 검(간장검)을 찾아 왕에게 복수하고자 한다. 왕은 이를 알고 적비목에 현상금을 걸었고, 적비와 만나게 된 협객 하나가 적비의 목과 칼을 들고가 초왕의 목을 쳐 복수해준다는 이야기다.

어느 이야기가 맞든, 막야의 보검은 천하의 명검을 뜻한다. 위에서 용아의 말은 용아 자신이 막야의 보검을 들고 덕산의 머리를 베려 하는데 어떻게 하겠느냐는 말이다. 그 말을 듣고 덕산은 목을 쑥 빼며 "앗!" 하고 소리를 질렀다. 목을 치라고 내 준 것이다. 그러자 용아가 말했다.

"스님의 머리는 떨어졌습니다."

그 말을 듣고 덕산은 방장실로 돌아가버렸다. 수긍하지 않은 것이다. 물론 그 유명한 몽둥이질을 하지 않은 걸 보면 그저 부인한 것만은 아니라 할 것이다. 나중에 용아가 이 얘기를 동산에게 하자 동산이 말하였다.

"덕산이 당시에 무어라고 말하던가?"

"아무 말도 없었습니다."

"그가 말이 없던 것은 그만두고, 떨어진 덕산 스님의 머리를 내게 가져와보게."

용아는 이 말에 완전히 깨닫고 향을 사르면서 멀리 덕산에게 절을 올리며 참회하였다.

덕산의 제자 암두와 설봉에게도 비슷한 공안이 있다. 암두가 자신을 참방한 스님에게 물었다.

"어느 곳에서 왔는가?"

"서경西京에서 왔습니다."

"황소黃巢가 지나간 뒤 칼을 주웠느냐?"

서경은 당의 서쪽 수도 장안이다. 황소는 '황소의 난'으로 한때 당의 수도 장안을 점령하여 잠시나마 황제의 자리를 얻기까지 했던 인물이다. 친구 왕선지가 일으킨 반란에 동조하며 난의 중심인물이 되었는데, 길에서 '천사황소天賜黃巢', 즉 '하늘이 황소를 내렸다'는 글씨가 새겨진 칼을 줍게 되어 확신을 갖고 반란을 밀고가게 되었다고 한다. 황소가 지나간 뒤 칼을 주웠느냐는 말은 황소처럼 하늘이 내린 칼을 주웠느냐는 말이다. 용아가 말한 막야 보검이 그렇듯 선승들이 말할 때 그 칼은 천하를 얻는 칼이 아니라 번뇌와 생사를 잘라버릴 칼을 말한다. '취모검吹毛劍'이니 뭐니 하는 칼들이 선사의 어록에 자주 등장하는데 대개 이와 유사한 의미를 담은 상징이다. 이 질문에 스님은 대답한다.

"주웠습니다."

그러자 암두는 목을 그의 앞으로 쑤욱 빼면서 "얏!" 하고 소리를 질렀다. 머리를 베면 어쩌겠냐고 묻기도 전에 덕산이 했던 것처럼 머리를 쑤욱 내밀고 어찌 하려나 본 것이다. 과연 그 스승에 그 제자다. 그 스님이 말했다.

"스님의 머리가 떨어져버렸습니다."

전에 용아가 덕산에게 했던 대답과 똑같다. 용아처럼 이 스님 역시 암두의 시험에 걸려든 것이다. 그러자 암두는 껄껄대고 크게 웃었다. 전에 덕산은 말없이 방장실로 돌아가버렸는데, 암두는 왜 껄껄 대고 웃었을까? 덕산의 공안을 알기에 우리는 최소한 이 웃음이 저 스님의 답을 그저 긍정한 것이 아님을 알 수 있다. 원오는 "그의 웃음에는 독기가 서려 있었다"고 말한다. 어떤 독기가 서려 있다는 것일까? '목이 떨어졌다는데 이 웃음은 뭔 웃음인고?' 하고 물으려는 것이었을까?

그러나 이 스님은 무슨 일이 벌어진 건지 알지 못했고, 암두의 웃음에 서린 독기를 알아채지 못했다. 반대로 암두가 웃음으로 자신을 인정한 것이라고 믿었던 것 같다. 하여 나중에 설봉에게 갔을 때 암두와 나누었던 이야기를 그대로 전한다. 그러자 그 얘기를 들은 설봉은 서른 방망이를 쳐서 그 스님을 쫓아내버렸다. 원오는 심지어 서른 방망이론 모자란다며 아침엔 3천 방망이, 저녁엔 8백 방망이를 쳐야 했다고 착어를 붙였다. 왜 그랬을까?

덕산도 암두도 자신의 목을 서슴없이 내준다. 부처를 만나면 부처를 죽이고 조사를 만나면 조사를 죽이라는 말 그대로, 자신의 목을 내놓곤 가져가라는 것이다. 그러나 이는 동시에 학인을 시험하기 위해 던지는 물음이다. 무엇을 시험하려는 것인가. 상대가 부처나 조사의 머리를 쳐서 가져갈 만한 물건인가를 시험하려는 것이다. 자신을 죽이고 가라고 했지만 아무나 머리를 잘라갈 수 없음을 안다. 쥐봐야 가져가지 못하는 이들이 태반일 것이다. 부처나 조사를 죽이는 것은 그럴 능력이 있을 때나 가능한 것이다. 그렇지 못한 채 칼을 휘둘러봐야 부처도 조사도 죽이지 못한다. 부처도 조사도 그렇게 만만한 상대가 결코 아니다. 어떤 궁지에서도 자유자재로 어느새 빠져나가는 게 부처고 조사 아닌가!

선사나 스승을 넘어설 능력도 없이 "머리가 떨어져버렸습니다"라고 해봐야 멀쩡한 생사람이나 잡을 뿐이다. 그게 아니면 공허한 헛소리에 지나지 않는다. 그러니 잘못 칼질을 했다간 조사의 머리가 아니라 학인 자신의 머리가 떨어져버리기 십상이다. 그러고 보면 머리를 서슴없이 내주는 것은 내주는 방식으로 죽이러 온 이를 붙들고 그의 머리를 치는 놀라운 주객전도의 칼질인 셈이다. 암두를 참방한 스님도, 덕산에게 물었던 용아도 모두 그 번개 같은 칼질에 당한 줄도 모르는 채 머리를 잃어버린 것이다. 그래도 껄껄대고 크게 웃어준 것은 천하의 부처를 죽이고 조사의 머리를 가져가겠다는 패기를 살려주고자 함이었을 게다. 덕산이 말없이 방장실로 돌아간 것도 그렇다. '사람을 죽이고 살림이 자재롭다' 함은 바로 이런 경우라 하겠다.

　　　　　　　　설법하는 고양이와 부처가 된 로봇

앞서 용아는 스스로 막야 보검을 들고 왔지만 암두는 자신에게 물은 스님에게 슬그머니 칼을 쥐어 준다. 그 스님은 황소의 칼을 받아든다. 그러나 사실 그걸 받아든 순간부터 그의 견처見處는 드러나버린다. 부처의 머리를 얻는 데 보검은 필요없다. 아니, 사실 보검으로 쳐서 가져가야 할 것이 있다면 그는 아직 부처나 조사의 수준에 이르지 못한 것이다. 스스로에게서 부처를, 본래면목의 자리를 아직 보지 못하고 있는 것이다. 그걸 보았다면 남의 머리를 쳐서 떨어뜨릴 이유가 없다. 따라서 "스님 머리가 떨어져버렸다"는 식으로 말하지 않았을 것이다. 부처의 머리를 가져갈 수 있는 자는 이미 부처의 머리를 갖고 있는 자, 자신이 그 머리를 갖고 있음을 아는 자뿐이다. 보검으로 덕산의 머리를 잘랐다는 용아에게 동산이 물은 것도 그것이다. 잘라왔다면 그 머리를 내놓아보라고. 내놓을 머리가 없으니, 그는 머리를 잘랐다고 했지만 가져가지 못한 것이다. 동산의 질문으로 인해 비로소 용아는 자신이 갖고 있는 것은 자기 머리뿐임을 깨달았던 것이고, 그때 덕산에게 죽었던 것임을 알았던 것이다. 여기서 놀라운 역설이 출현한다. 부처를 죽일 수 있는 자는 부처를 죽일 필요가 없는 자뿐이다. 부처를 죽여 머리를 얻을 수 있는 자는 부처를 죽일 필요가 없음을 아는 자뿐이다.

말난 김에 보검 얘기를 좀 더 하자면, 보검 또한 유사한 역설을 담고 있다. 보검은 주인을 알아본다 한다지만, 보검에 어울리는 주인은 보검이 필요없는 사람이다. 보검이 없으면 안 되는 사람은 보검에 어울리는 고수가 아니다. 이안李安의 영화 〈와호장룡〉에 보면 청명검을 훔쳐 미친 듯 칼질을 하며 강호의 꿈을 따라가는 여인 교룡嬌龍과 그의 광기를 제압해 그 밑에 숨은 '깨끗한 마음'을 살려내려는 리무바이가 싸우는 시퀀스가 여러 번 나온다. 그 중 하나에서 최고의 검객 리무바이는 보검을 들고 달려드는 용과 맞서 길거리의 막대기 하나를 주워든다. 자신을 파고드는 보검을 막대기 하나로 완전히 제압하며, 역으로 검을 사용하는 법을 가르치기까지 한다. 진정한 고수 앞에선 천하의 보검이 아무 소용이 없다. 진정한 고수라면 막대기가 보검이다. 막대기도 필요없다. 맨손으로 모든 걸 훔칠 수 있고 맨손으로 모든 이의 목을 칠 수 있다. 번뇌를 끊고 부처를 죽일 수 있는 이라면 보검이 따로 필요없다. 목까지 내주고서도 남의 목을 치는 자, 그게 진정 고수인 것이다.

세간에서도 그렇다. 상대와 대결하고 비판하기 위해 특별한 무기가 필요한 사람은 고수가 아니라 하수다. 노동자의 입장에 서서 노동자의 개념적 무기로 자본주의를 비판하는 것은 아주 쉽고, 페미니즘의 입장에서 그것의 이론으로 남성중심주의를 비판하는 것 또한 아주 쉽다. 그건 어쩌면 무기를 사용하는 법을 배우면 누구나 쉽게 할 수 있는 일일 게다. 그러나 그것으론 입장을 달리하는 사람을 비판할 순 있지만 그를 설득하긴 어려울 것이다. 진정 어려운 것은 입장을 달리하는 사람을 설득하는 것이다. 그러려면 쉬운 비판을 가능하게 해주는 개념이나 무기는 내려놓는 게 좋다. 진정한 고수라면 차라리 상대방의 개념이나 이론, 상대방의 무기를 들고 들어가 상대방을 제압한다. 가령 스피노자가 그랬다. 그는 초월자인 신을 무력화하기 위해 '스스로 존재하는 자'라는 신의 정의를 받아들이고, 신학과 대결하기 위해 신학 안으로 들어가서 싸운다. 처음부터 자신의 목을 내주고 시작해 상대방의 머리를 얻어온다. 초월자인 신이 사라진 기이한 신학이론이 거기서 탄생한다.

앞서 지나가며 말했지만 '취모검'이란 칼날 위에 털(毛)을 올려놓고 이를 입으로 불면(吹) 털이 잘리는 날카로운 칼(劍)이다. 번뇌를 자르는 보검이다. 깨달음이란 모든 번뇌와 결별하는 것이니, 취모검이란 깨달음을 얻는 수단이기도 하다. 그래서 부처나 조사의 머리를 자르는 검으로 등장한 것이다. 취모검에 대한 유명한 공안이 있다. 어느 스님이 파릉巴陵에게 물었다.

"어떤 것이 취모검입니까?"

"산호의 가지 끝마다 달이 걸려 있구나."

달, 천강에 비친 하나의 달이 그러하듯, 불도의 상징이다. 산호의 가지 끝마다 달이 걸려 있다 함은 산호 가지 하나하나가 달을 얻는 수단임을 뜻한다. 산호 가지뿐이랴. 모든 나뭇가지가, 아니 모든 것이 취모검인 것이다. 리무바이에게 흔한 나무막대기 하나가 천하의 명검을 제압하는 보검인 것처럼. 그렇다면 취모검에 대한 말은 모든 것이 취모검이니 따로 구하려 하지 말라는 말이다. 모든 보검을 내려놓고 가라! 모든 취모검을 내려놓고 가라! 다시 말해, 모든 것을 취모검으로 써라! 모든 것을 보검으로 써라!

설법하는 고양이와 부처가 된 로봇

부처를
만났다고
믿는 이들이여!

부처를 죽이라지만 아무나 부처를 죽일 순 없고, 조사를 죽이라지만 조사 또한 아무나 죽일 수 없다. 죽일 필요가 없는 자만이 죽일 수 있다. 보검에 어울리는 주인은 보검이 필요없는 사람이다. 그렇다면 보면 부처를 죽이라는 말은 아직 부처를 만나지 못한 우리 같은 속인들을 속이는 말이 되고 마는 것일까?

그렇지 않다. 사실 부처를 만난 사람은 따로 부처를 만났다는 생각을 하지 않지만, 부처를 만나지 못한 사람들 가운데는 부처를 만났다고 믿는 사람이 많다. 부처를 가슴에 안게 된 것만으로도 이미 부처를 만난 것처럼 느끼는 사람도 적지 않다. 모두들 부처를 의지처로 삼는 사람들이다. 부처만이 아니다. 예수를 만난 사람도, 맑스를 만난 사람도, 알라를 만난 사람도 있다.

가장 일차적인 단계여서 가장 흔히 보게 되는 유형은 부처든 맑스든 존경할만한 사람, '위대한 사람'으로 표상되는 어떤 이념이나 가치, 종교를 만나 그에 빠져들때 나타난다. 오해할까봐 미리 말해두지만, '빠져든다'는 말은 나쁜 뜻으로 쓴 게 아니다. 빠져들어감이나 휘말려들어감은 무언가에 매료될 때 발생하는 일이다. 무언가의 매력을 알아볼 때 발생하는 일이다. 어떤 것에 말려들어가거나 휘말려들 줄 모르는 사람은 언제까지나 자기 안에만 머물러 있는 사람이다. 그렇게 말려들어갈 때 자아의 궤도에서 벗어나 이제까지 생각지 못했던 어떤 것을 보고 듣고 생각하게 된다. 그런 사유나 개념과의 만남은 분명 새로운 세계로 들어가는 문이다. 새로운 세계를 본 기쁨은 그에게 문이 되어준 사람이나 사상에 대해 진심 어린 존경심이나 애정, 경외심을 낳는다. 그런 점에서 이런 경외심이나 애정은 충분히 이유가 있는 것이고, 바로 그렇기에 매우 강력한 힘을 갖는다. 그 강력한 힘이 과거의 낡은 세계를 떠나 새로운 세계를 찾아가게 해주는 동력이 된다. 이런 것이 없다면 우리는 매일의 일상 속에서 지루하고 권태로운 삶을 살게 될 게 분명하다.

그렇기에 그 새로운 문이 열리는 순간을 부처를 만나고 맑스를 만나는 결정적인 체험이라고 믿게 되는 일 또한 어쩌면 자연스럽다 해야 한다. 이런 경험을 강하게 겪었다면 이제 부처나 맑스는 새로이 세상 모든 일을 이해하게 해주는 해석의 틀이 되고, 세상을 살아가는 의미나 가치의 중심이 된다. 정확하게 바로 이런 이유에서 그것은 역으로 자신이 새로 만난 것과 다른 것을 쳐내게 되고, 자신이 새삼 소중하다고 믿게 된 가치 아닌 다른 가치를 밀쳐내게 한다. 새로운 세상은 낡은 세상을 버리게 하면서 더불어 그 새 세상과 다른 세상 모두를 버리게 하기 십상이다. 내가 버리는 것이야 어쩔 수 없는 일이라 해도, 남들이 사는 세상, 남들이 소중하다 여기는 가치를 내가 얻은 새 칼로, 보검이라 믿는 칼로 잘라버리고 쳐내버리는 것은 의도가 어떠하든 새로운 불행을 야기한다. 남에게 독이 될 불행일 뿐 아니라 내게 필경 되돌아와 나 또한 새로운 갈등과 번뇌 속으로 끌고 들어갈 불행을. '자업자득自業自得, 자작자수自作自受'의 불행이다.

다른 유형은 자신이 문을 열고 들어간 새 세계 안에서, 자기 나름의 '경지'를 이루었다는 믿음과 더불어 나타난다. 세간에서라면 어떤 사상이나 이론을 열심히 연구하던 끝에 자기 나름의 개념이나 사유에 도달하게 되었을 때가 그럴 것이다. 불도의 세계에서는 선방에 앉기를 반복하며 삼매의 경지를 맛보게 되었을 때가 그럴 것이다. 새로운 세계의 문 안에 들어선 때와는 다른 경지의 기쁨이나 뿌듯함이 거기 있을 터이다. 그 체험이 강도가 크고 경지가 높다면 그 기쁨이나 뿌듯함이 남다를 것이다. 앞서 자신이 밀고 들어온 문이 새로운 세계의 시작이었다면 이는 그 새로운 세계의 정점, 혹은 그 세계의 끝이라는 믿음이 그 기쁨과 함께 올 가능성이 크다. 자신이 찾던 것에 이르렀고, 자신이 가고자 한 목적지에 도달했다는 생각이 거기서 피어나기 십상이다. 여기 부처가 있다!

거기서 얻은 신념이나 확신, 생각이나 가치는 흔들릴 수 없는 확고한 것이 되기 마련이다. 자신이 거기 이르도록 해준 수행의 방법에 대해선 무엇과도 비교할 수 없는 최고의 방법이라는 확신이 생겨날 것이다. 다른 수행의 방법들은 어쩌면 시시하게 보일 수도 있고, 심하면 '삿된 길'로 보일 수도 있을 게다. 그러니 책을 읽고 해석하며 불도를 공부하는 이들이 헛된 노력을 하는 것으로 보일 것이다. 불도의 세계 안팎에 있는 많은 것들이 발아래 있는 것으로 보일 것이다.

이러한 느낌이나 확신은 앞서 새로운 세계가 열리며 얻었던 확신과는 비교할 수 없는 힘으로 그 '경지'에 도달한 사람을 사로잡을 것이 틀림없다. 그러나 불도에 관한 한, 그것은 아마 불도에서 벗어나는 문이 될 것이다. 부처로부터 멀어져가는 길이 시작될 것이다. 그렇기에 불전들은 반복하여 가르친다. 삼매야말로 부처로 가는 길을 막는 마구니고, 부처가 바로 불도를 망치는 마구니라고. 그렇게 도달한 '경지'를 두고 들어가면 빠져나올 줄 모르는 '귀신굴'이라는 말을 선승들이 반복하여 말하는 것도 이런 이유에서일 터이다.

"부처를 만나면 부처를 죽여라!"라는 말은 사실 이런 분들을 위해 설한 말일 테고, "부처가 있는 곳도 그냥 지나가라"라는 말 또한 이런 이들 들으라고 한 말일 터이다. 부처를 만난 분들, 부처를 죽일 필요도 없는 분들을 위해 그 말을 임제가 굳이 설했을 이유는 없기 때문이다. 그런 분들이야 부처를 죽이라는 말이 필요없는 분들 아닌가. 부처를 만났다는 믿음, 그런 생각을 일으키는 어떤 특별한 체험이나 생각으로 마구니 굴로 들어가 앉아 있는 이들이야말로 정작 문제가 되는 이들이다. 설사 '오매일여'의 경지에 이르렀다고 해도 사태는 다르지 않을 게다.

04
초월적 경험과
초험적 경험

'부처를 만나면 부처를 죽이라'는 말은 '넘어섬'의 가르침이다. 가려던 목적지에 도달했다고 생각될 때, 그 생각도 그 목적지도 넘어서 나아가라는 말이고, 최고의 경지에 이르렀다는 생각에 이르렀을 때에도 그 경지를 넘어서라는 말이며, 지고한 가치를 얻었다고 생각될 때에도 그 가치를 넘어서 가라는 말이다. 그런데 이 '넘어섬'에도 비슷해 보이지만 아주 다른 두 가지가 있음을 지적해야 한다. 미리 말해두자면, '초월적 경험'과 '초험적 경험'이 그것이다.

사실 '넘어섬'의 경험은 중요하다. 수행이란 현재의 상태, 현재의 익숙해진 습관이나 사고, 행동 방식을 넘어서는 능력을 닦는 것이다. 그렇게 넘어서는 방식으로 현행의 내 행을─닦는 것이

설법하는 고양이와 부처가 된 로봇

다. 현행의 것과 다른 방향으로 열며 닦는 것이다. 그러나 내가 보던 것과 다르게 보고, 보이지 않던 것을 보는 것은 얼마나 어려운 일인가. 듣지 않던 것을 듣고 듣기 싫던 소리를 기꺼이 듣는 것은 또 얼마나 지난한 일인가. 하여 언제나 우리는 우리의 눈에 보이는 것만 보고 우리가 이해할 수 있는 것만 이해한다. 심지어 보이지 않던 것은 보여도 보지 않으려 하고, 이해할 수 없는 것은 이해하려고도 하지 않는다. 예전에 지율 스님이 도롱뇽의 친구를 자처하며 이른바 '도롱뇽 소송'을 제기했을 때, 그동안 보이지 않던 도롱뇽의 생명이, 그들의 존재가 가시화되었지만, 법원도 정부도 철도공사도 끝내 도롱뇽의 생명을 보지 않으려 하지 않았던가. 또 흔히들 하는, "난 너를 도저히 이해할 수 없어!"라는 말은 자신의 무능력을 표현하는 말이지만, 알다시피 이 말은 이제부터 너를 이해하려 해보겠다는 말이 아니라 너를 결코 이해하고 싶지 않다는 말이다.

자신이 보고 듣고 이해하는 모든 것을 가능하게 떠받쳐주는 것을 해석학에서는 '지평地平'이라고 한다. 의미의 지평, 시야가 작동하는 지평. 우리는 지평 안에서 보고 듣고 이해하고 생각하고 행동한다. 지평 바깥에 있는 것은, 지평선 너머의 세상이 보이지 않듯, 보이지 않는다. 시야에 들어오지 않으면 생각이 미치지 못한다. 심지어 안 보이던 것이 보이면 그것을 지평 안의 시야에서 보고 해석하며, 안 들리던 것이 들리면 그 또한 지평 안에서 듣던 것을 포개어 듣는다. 생각하지 못한 것이 나타나면 지평 안의 여러 자원들을 동원해 의미를 부여하고 해석한다. 그런 식으로 우리는 모든 것을 우리가 익숙한 지평 안에 끼워 맞추고 의미를 부여함으로써 그 안에 한 자리를 할당한다. 하이데거는 심지어 '존재'의 의미조차 모두 이 지평 안에서 우리가 알고 있는 의미를 통해 해석하고자 하며, 그런 점에서 그것은 이미 우리에게 '알려져 있다'고까지 말한다. 다만 잊고 있을 뿐이라고.

그러나 이런 발상이란 내가 아는 것에 세상사를 두들겨 맞추고 내가 보는 것에 모든 것을 끼워 맞추는 '아상'의 작동과 다르지 않다. 예를 들어 하이데거는 구두를 그린 반 고흐의 그림에서 존재의 목소리가 망각에서 벗어나 탈은폐되는 사태를 보았다고 한 적이 있다. 그 구두에서 그는 평탄한 밭고랑 사이를 걸어가는 강인함과 기름진 땅의 습기와 풍요로움, 저물어가는 들길의 고독함, 잘 익은 곡식을 선사하는 대지의 베풂, 쓸쓸한 휴경지에 맴도는 대지의 거절 등을 본다. 그것은 농부 아낙네의 세계 속에 감싸인 대지고, 그렇게 보는 이에게 말 건네는 존재의 목소리라고 말한다(《예술작품의 근원》, 《숲길》, 42~43). 그러나 이젠 잘 알려진 것처럼, 고흐의 그 그림은 도시에 살던 시절에 그려진 것이었다. 그는 놀랍게도 도시 노동자의 것이었을 구두에서 농부 아낙네의 세계를 통해 건네져오는 존재의 목소리를 들은 것이다. 냉정하게 말하면, 그것은 그 구두나 그림이 건네는 존재의 목소리가 아니라 자신의 지평 안에서 울리는 자기 목소리의 메아리였던 것이다.

지평 안에서 세상을 보면 이처럼 자신이 보고 들은 것, 혹은 자신이 보고 싶은 것만 본다. 그것은 정확하게 아상이 해석하고 만든 '목소리'고 형상이다. 그것은 무엇을 하든 되돌아오는 '아상'의 영원한 그림자들이다. 아상과 다른 게 있다면, '지평'이란 개인이 아니라 개인을 둘러싸고 있고 떠받치고 있는 것이니 '아상'이 아니라 아상을 둘러싸고 있는 것이란 점이다. 그러나 그것은 내 시선이 닿지 못하는 바깥이 아니라 내 시선이 기대어 있는 것이고 내 생각이 쉽게 미칠 수 있는 것이란 점에서 확대된 아상에 지나지 않는다. 공동의 업(共業)과 마찬가지로 공상종자共相種子의 작용이고, 공유된 상을 형성하는 공통감각共通感覺 같은 것이다.

삼매가 중요하다면, 그것은 지금까지 '내'가 보고 듣던 것과 다른 것을 보고 듣게 되는 체험이란 점에서 아상을 형성하는 익숙한 저 공통의 감각, 공통의 상을 깨며 오는 사건이기 때문이다. 강력하게 형성된 나의 상, 나의 감각, 내가 생각하는 세계를 깨어줌으로써, 그 지평의 바깥이 있음을 알게 해주고, 그 바깥의 한 자락을 보고 듣게 해주기 때문이다. 그런 점에서 그것은 '넘어섬'의 경험이다. 익숙한 것들을 깨주는 어떤 외부와의 만남이다.

그러나 넘어섬을 가능하게 해주는 이런 외부와의 만남조차 자칫하면 우리가 익숙한 어떤 관념이나 상들로 어느새 바꾸어 버리기 십상이다. 지평 안의 어떤 자리를 부여하기 위해 이해가 능한 어떤 것으로 바꾸는 것이다. 모르던 것을 모르는 채 두고 그것을 통해 나를 넘어 그리 다가가는 게 아니라, 기존에 알고 있던 어떤 것으로 바꾸고, 이미 알고 있던 나의 관념에 맞추어버린다. 물론 삼매의 체험은 내가 맛보지 못했던 어떤 것의 체험이기에 대개 '지고한 것', '성스러운 것', 내가 꿈꾸거나 내가 찾고자 하던 것 등과 같은 최고의 어떤 것의 형상을 거기 포개기 마련이다. 부처를 보고 예수를 보고 성모를 보고 천국을 본다. 지고한 것, 초월적인 어떤 것을 거기서 본다는 점에서 '초월적超越的 경험(transcendent experience)'이라 할 것이다.

초월적 경험은 현행의 나를 넘어서는 어떤 것과의 만남을, 내가 발 딛고 선 지평 바깥의 경험을, 내가 생각하는 '초월자' 인근에 있는 것으로 해석하며 이루어지는 경험이다. 초월적인 것을 추구하는 종교의 영역에서라면 아주 흔히 보게 되는 경험이다. 그러나 이런 경험은 대개 볼 수 없던 것이나 듣지 못했던 것과의 만남, 생각지 못했고 이해할 수 없는 것과의 만남을 나를 넘어서 있는 지고의 초월자와의 만남으로 해석하는 것이다. 서양에서는 잔다르크의 예에서 잘 보이고, 또 다른 많은 성인들의 경험에서 보이듯, 신을 보고 예수나 성모, 혹은 어떤 성자를 본 수많은 이야기들이 전해진다. 이는 자신을 넘어서는 어떤 사건을 자신의 초월적 개념이나 가치들로 해석하며 겪었던 '초월적 경험'이다. 넘어섬의 경험을 초월자의 경험으로 대체한 것이다. 불도를 닦으며 부처를 보고 관세음보살을 본 경험 또한 이와 다르지 않을 터이다.

사실 이런 점에서 보면 초월적 경험은 '넘어섬'의 일종이지만 근본에서 보면 나를 넘어서지 못하는 경험이다. 내가 아는 지고한 것, 내가 아는 초월자와 만나는 것이니 나를 넘어선 게 아니라 내 안에서 맴도는 것이기 때문이다. 내가 아는 최고의 것과 만난 경험일 뿐이다. 어쩌면 나를 넘어선 어떤 것을 만나는 순간을 내가 아는 지고의 것으로 되돌려놓음으로써 자신을 넘어서지 못한 채 끝나고 마는 경험이다.

이와 다른 넘어섬의 경험이 있다. 내가 보지 못하던 것을 그게 무엇인지 알 수 없는 채 그대로 만나는 것, 또 내가 듣지 못하던 것을 그게 무엇인지 알지 못하는 채 그대로 만나는 것이 그것이다. 내가 생각하지 못했고 어쩌면 생각할 수도 없었던 것을 만나지만, 내가 아는 것에 두들겨 맞추지 않고 내가 모르는 것, 어떻게 생각해야 할지 모르는 것으로 그대로 둔 채 만나는 것이 그것이다. 그렇게 만난 것들을 내가 서 있는 지평 속의 의미들을 이용해 해석하는 것과 반대로, 그 이해할 수 없는 것들을 통해 내가 알고 있던 의미들을 부수고 내가 갖고 있던 관념이나 가치를 깨는 방식으로 밀고가는 것. 모든 의미나 가치를 무로 돌리는 그 와해의 경험을 통해 모든 의미와 가치를 근본에서 다시 생각하기 시작하는 것. 알 수 없고 이해할 수 없고 생각할 수 없는 것에, 그것이 주는 놀라움에 어떤 초월자의 형상을 덧씌우거나 내가 아는 최고의 가치를 부여하지 않고, 거꾸로 알수 없고 생각할 수 없는 것에서 나오는 의문이나 물음을 의문이나 물음으로 그대로 끌어안고 가는 것. 그 근본적인 의문과 물음 속에서 내가 익숙한 모든 것을 아주 다른 낯선 감각으로 사유하며 나아가는 것.

　이는 그 낯선 것과의 만남을 나의 모든 경험經驗을 넘어선(超) 것으로 경험하는 것이란 점에서 '초험적超驗的 경험(transcendental experience)'이다. '경험을—넘어선 경험'이란 뜻이다. 초월적 경험과 달리 초험적 경험은 초월자나 지고의 것으로 해석하거나 포개지 않고 나를 넘어선 것을 넘어선 것 자체로 대면한다는 점에서 진정 '넘어섬'의 경험이다. 이는 나를 넘어선 것과의 만남에 내 지평 안의 지고한 자리를 배당해주며 편안해 하는 게 아니라 지평 안에 그것의 자리가 없음을 받아들여 그것을 따라 지평 밖으로 나가는 계기로 삼는 것이다. 굳이 애써 대비하자면, 초월적 경험이 최고의 가치, 초월적인 것이 있는 지고한 높이로 상승하며 그 낯섦과 당혹을 쉽게 받아들이는 엑스터시의 경험이라면, 초험적 경험은 내가 지향하던 모든 최고의 가치가 무너지고 내가 발 딛고 있던 확고한 지반이 무너져 밑바닥 없는 아래로 추락하는 지극히 당혹스런 경험이다. 바닥 없는 심연 속에서 오직 의문 내지 물음을 얻어 그것을 따라 지평 바깥, 아상 바깥으로 나가는 경험이다.

05
초험적
경험과
선禪

이런 의미에서 선은 흔한 종교나 사상과 달리 '초험적 경험'을 추구한다. 부처나 불법 같은 지고한 가치를 똥통 속에 처박기도 하고, 경전에 나온 수많은 개념들을 뒤엎어버리면서, 익숙한 모든 의미들을 깨부수어주고 당연한 모든 감각을 당혹 속에 밀어넣으며, 백척간두의 절벽에서 아득한 심연 속으로 밀어넣는 것이 그렇다. 때론 고함소리로 때론 몽둥이질로, 혹은 멱살을 잡거나 욕하고 뺨을 때리며 손에 잡힐 것 없는 벽 앞에서 기어오르라고 걷어차는 것도 그렇다. 경전에 나온 모든 말을 엎어버려 단 하나 의문으로 바꾸어주곤 그 의정의 힘으로 아상 밖으로, 지평 밖으로 돌진하도록 몰아세우는 것, 그것이 선승들이 사용하던 가르침의 방법 아니었던가!

설법하는 고양이와 부처가 된 로봇

아상을 버리고 자신이 서 있는 지평을 벗어나는 것, 가진 것을 모두 내려놓고 적수공권赤手空拳, 철저히 빈손으로 세상의 도를 향해 여는 것, 사실 이는 말로는 쉬워보여도 실제로는 거의 불가능해보인다. 불교는 어쩌면 갈 수 없는 곳을 목적지로 적어놓은, 더없이 난감한 열차표를 사람들에게 나누어주고 있는지도 모른다. 선은 이 난감함을 곱게 설득하고 살살 달래는 대신, 강렬한 당혹 속에서 대지를 뚫고 심연 속에 밀어넣는다는 점에서 '심연의 종교'다. '천상의 종교'와 반대로 '지하의 종교'다.

'넘어섬'은 난감하고 곤혹스럽다. 하여 진정한 넘어섬의 기회를 뜻하는 삼매와 같은 초험적 경험을 흔히 환희의 상승감을 주는 초월적 경험으로 바꿔버린다. 심연으로 추락해야 할 때, 추락을 저지하고 하늘을 향해 상승해버리는 초월적 경험은 초험적 경험을 망쳐버린다. 탁월한 식견의 경지에서 부처를 보고, 어느 날 찾아든 삼매의 경험에서 어느새 부처를 만나는 것은 초험적 경험의 기회를 초월적 경험으로 바꾸어버린다.

'부처를 만나면 부처를 죽여라!'라는 가르침은 그래서 중요하다. 열심히 찾던 부처는 사실 내 눈이 닿는 지평 밖에 있다. 그러니 내가 만났다고 믿는 부처는 대부분 부처가 아니다. 그 부처에 홀리면 부처를 찾지 못한다. 삼매로 다가온 부처도 그렇다. 그것은 내가 보고 생각하던 것 바깥이 도래한 사건을 내가 아는 지고의 가치로 도색해버린다. 그러니 부처를 만나면 부처를 죽이고 가야 한다. 만나는 족족 죽이고 가야 한다. 그래도 부처는 끊임없이 되돌아온다. 끊임없이 죽여야 한다. 죽일 때마다 가능해지는 '넘어섬'이, 그 '넘어섬'의 경험 자체가 바로 진정한 부처와의 만남이다. 우리는 부처를 죽일 때 비로소 부처와 만날 수 있다. 끝없는 넘어섬은 끝없이 부처와 만나는 과정이다. 부처와 영원히 만나는 길이다. 영원한 법이란 그렇게 얻어진다. 그렇게 끝없이 넘어서며 가는 길(道) 자체가 부처이다.

담주의 대광거회大光居誨에게 어떤 학인이 물었다.

"달마대사는 조사가 맞습니까?"

"조사가 아니다."

"조사가 아니라면 중국에 온 까닭은 뭡니까?"

"그대가 조사의 지위에 오르지 못했기 때문이다."

"올라간 다음에는 어떠합니까?"

"그때 비로소 '조사가 아니다'라고 한 뜻을 알게 될 것이다."《정선 공안집 2》, 1,095)

설법하는 고양이와 부처가 된 로봇